本书系厦门大学张艳涛教授主持完成的国家社会科学基金项目
“全球视野下中国话语体系建构与中国话语权提升研究”
（项目批准号为 16BKS093）的最终成果。

大国强音

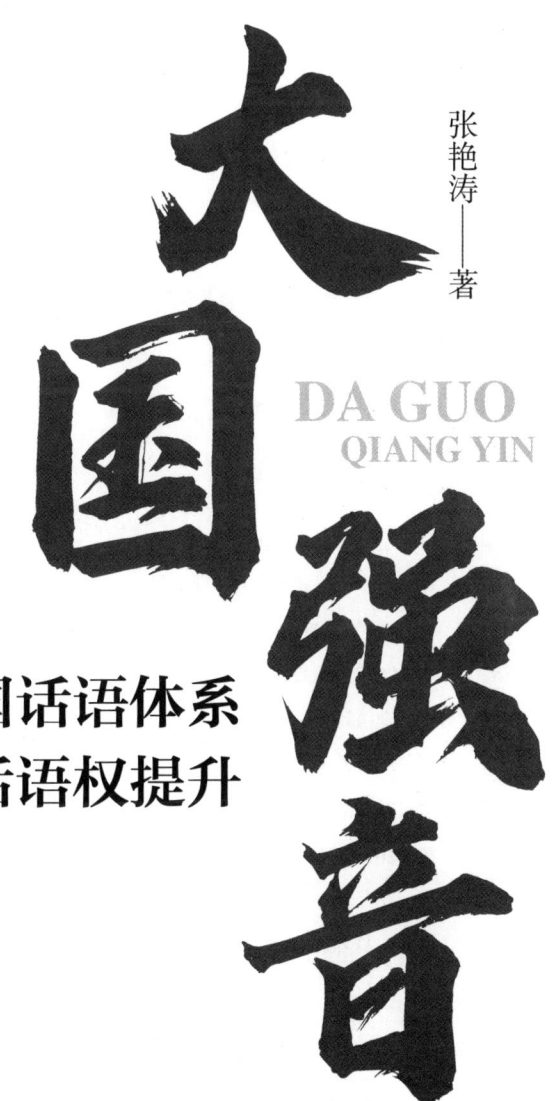

张艳涛——著

DA GUO QIANG YIN

全球视野下中国话语体系建构与中国话语权提升

中共中央党校出版社

图书在版编目（CIP）数据

大国强音：全球视野下中国话语体系建构与中国话语权提升 / 张艳涛著 . -- 北京：中共中央党校出版社，2024.11. -- ISBN 978-7-5035-7761-1

Ⅰ . D0-05

中国国家版本馆 CIP 数据核字第 2024BA1068 号

大国强音：全球视野下中国话语体系建构与中国话语权提升

策划统筹	任丽娜
责任编辑	桑月月　马琳婷
责任印制	陈梦楠
责任校对	王明明
出版发行	中共中央党校出版社
地　　址	北京市海淀区长春桥路 6 号
电　　话	（010）68922815（总编室）　　（010）68922233（发行部）
传　　真	（010）68922814
经　　销	全国新华书店
印　　刷	中煤（北京）印务有限公司
开　　本	710 毫米 ×1000 毫米　1/16
字　　数	261 千字
印　　张	20
版　　次	2024 年 11 月第 1 版　2024 年 11 月第 1 次印刷
定　　价	68.00 元

微 信 ID：中共中央党校出版社　　邮　箱：zydxcbs2018@163.com

版权所有·侵权必究

如有印装质量问题，请与本社发行部联系调换

序　言

当前，要加快构建中国话语和中国叙事体系，全面提升国际传播效能。强国建设、民族复兴必定伴随文化软实力和精神力量的强大。话语体系构建是一个国家文化软实力和精神力量强大的重要标识，也是一个国家文化自信的重要表现。在强国建设、民族复兴的关键时期，构建中国话语体系已成为中国亟待完成的历史任务。在全球化时代，用什么样的方式表达中国话语、表述中国思想、表明中国声音、表现中国智慧，已成为时代课题。尤其是在中国成为世界第二大经济体之后，如何把中国的发展优势、制度优势和治理效能有效转化为话语优势，如何面向世界重大现实问题构建中国话语体系，已成为中国的重大课题。

构建中国话语体系不仅关涉国家文化软实力的提升问题，而且关涉国家和民族的精神独立性问题，必须高度重视。当前，西方主导国际话语权，中国必须跳出"西方话语体系"和"西方标准"的陷阱。实现中国话语理论体系的构建与创新，关键是构建融通中外的新概念、新范畴、新表述。而要实现这一历史性超越，就要系统地总结人类现代文明发展的经验，特别是系统总结中国特色社会主义道路建设的经验，基于中国道路凝练中国理论，基于中国理论构建中国话语，基于中国话语提升中国形象，最终形成一套被国内外广泛认同的价值理念、思维方式、话语体系、学术体系、学科体系。新时代构建中国话语体系，要以科学性、民族性、时代性、人民性为基本原则，要从政治话语、学术话语、大众话语和世界话语四个维度全面推进中国话语的思想构建与世界表达，多管齐下讲清中国道路、讲透中国文化、讲好中国故事、讲出中国精神,彰显道路的文明、原创的文明、认同的文明、对话的文明。

21世纪是中国崛起和中华民族复兴的世纪,也理应是中国话语复兴的世纪。中国话语复兴不会自然而然地到来,而是需要思想的引领。习近平新时代中国特色社会主义思想就是中国话语复兴的思想引领。从中国话语视角看,习近平新时代中国特色社会主义思想具有原创性和原理性的话语贡献,其本质上就是强国时代所需要的理论——"强国理论"。基于中国道路进行中国话语构建,本质上是进行一种划时代的整体性话语构建,这一话语构建具有重要意义。中国话语体系正是在解答中国之问、世界之问、人民之问、时代之问的过程中逐渐确立的,其主要标志是,中国不仅是全球规则与规范的追随者、使用者和遵守者,而且要努力成为全球规则与规范的制定者、倡导者和主导者。

中国道路具有世界意义。中国式现代化道路成功拓展了实现现代化的路径,开创了人类文明新形态,为人类文明发展与进步提供了一种新的路径选择。这是近代以来特别是中国共产党诞生以来中国共产党人团结带领中国人民接续奋斗、勇于创新所开辟出来的光明之路。中国道路的成功实践彰显了中华民族伟大复兴光明前景。阐释中国道路不能囿于表层逻辑,而要提升到人类文明新形态高度,揭示内在的"文明逻辑"。中国共产党领导中国人民开创的中国式现代化道路,是中国为世界和人类作出的"文明性贡献"。

为什么会有"中国理论"和"中国话语"的需求?归根结底是中国道路即中国发展的现实需要,是中国道路不断深化和拓展的自然结果。"在解读中国实践、构建中国理论上,我们应该最有发言权,但实际上我国哲学社会科学在国际上的声音还比较小,还处于有理说不出、说了传不开的境地。"习近平总书记在谈及构建中国话语体系时,强调要"打造融通中外的新概念、新范畴、新表述",这为我们构建中国话语体系指明了基本路径。中国话语本质上是中国道路的理论表达，我们应基于中国独特传统和现实语境，基于中国自身历史和现实规定性的思想理论体系，进行相关概念的原创性表达、定义与诠释，从而用中国话语构建中国理论。

我始终倡导，理论研究要瞄准国家发展重大战略需求，要用哲学研究现实问题，用思想传递时代声音。马克思指出："理论在一个国家实现的程度，总是取决于理论满足这个国家的需要的程度。"因此，符合时代要求和国家战略需求的理论研究要有创新性和前瞻性，不能满足于做黄昏时才起飞的"猫头鹰"，而应努力成为黎明前报晓的"雄鸡"。《大国强音：全球视野下中国话语体系建构与中国话语权提升》这本书既契合国家发展重大战略需求，又具有一定的创新性和前瞻性。概括起来，本书至少有三点创新：

一是视野创新。作者能够立足人类文明视野审视"中国话语体系建构与中国话语权提升"问题。全球视野下中国话语体系建构与中国话语权提升已经成为当代中国迫切的理论任务和实践需要。当前，全球化进程中话语交流、话语交锋和话语交融成为新常态。虽然中国对世界的贡献越来越大，但在世界范围话语权上"西强我弱"的格局还没有根本改变，中国发展优势和制度优势还没有完全转化为中国话语优势，中国话语体系还没有完全建立起来，中国声音偏小偏弱，不少方面处于"失语"或"无语"状态，要么"有理讲不出"，要么"讲了没人听"。"落后"就要挨打，"少语"即被边缘，"失语"就要挨骂。在解决"挨打"问题之后，解决"挨骂"问题成为现实问题。为此，必须从战略层面重视中国话语体系建构与中国话语权提升，以有效应对西方的话语霸权。

二是观点创新。作者能够提出一些有启发有新意的学术观点并进行必要的学术分析和学理论证，明确提出"把中国发展优势和制度优势转化为中国话语优势"。中国话语是中华民族作为世界历史民族发展到一定阶段的产物，是成熟的标志，也是文化自信的体现。总的看来，中国话语体系建构主要包括对内和对外两个方面：对内主要是不断增强意识形态领域主导权和话语权，主要表现为形塑、引导和控制社会舆论的能力，其基本任务是巩固和提升马克思主义话语权，进而整合人心、凝聚力量，朝着强国建设、民族复兴迈进；对外主要是建构中国话语体系和提升中国国际话语能力，主要表现为中国在国际上的话语权，其基本任务是打造融通中外的新概念、新范畴、新表述，讲好中国故事，传播好中国声音，进而建构良好中国形象。

三是守正创新。作者能够立足中国大地，面向现代化、面向世界、面向未来坚持守正创新。进一步全面深化改革、推进中国式现代化，向我们提出了加快建构自主知识体系的紧迫要求。中国道路不仅对世界作出了"生存性贡献"和"发展性贡献"，而且还作出了"和平性贡献"和"文明性贡献"。面向中国道路构建中国理论和中国话语，是进行划时代的总体性理论构建，这一理论构建不仅具有中华民族首创意义，而且具有世界历史意义。强国建设、民族复兴关键是构建有思想深度的中国理论和中国话语。话语是一种社会实践形式，话语权之争背后是制度与道路之争，话语体系是思想成熟和文化自信的重要体现。

作为本书作者的博士生导师，我很欣慰张艳涛教授能循着"中国道路—中国奇迹—中国理论—中国方案—中国话语"的逻辑，深入思考和研究"全球视野下中国话语体系建构与中国话语权提升"问题，希望越来越多的学者能够研究和关注这一重大现实问题。

国家哲学社会科学一级教授韩庆祥

2024年11月10日于中央党校

目 录

第一编

中国道路与中国话语

一、中国共产党与中国道路 / 003

二、力量转移与中国发展 / 010

三、战略思维与中国崛起 / 017

第二编

中国奇迹与中国话语

一、全球视野中的中国道路和中国奇迹 / 023

二、世界百年未有之大变局之哲学分析 / 035

三、改革开放以来中国社会转型的阶段性特征 / 049

四、以人民为中心的发展思想的哲学基础 / 063

五、中国特色社会主义进入新时代的世界历史意义 / 073

六、现代文明新秩序建构与中国话语权提升 / 084

第三编

中国理论与中国话语

一、建构面向中国问题的历史唯物主义理论话语体系 / 101

二、历史唯物主义的公共性维度 / 113

三、马克思资本逻辑批判的当代意蕴 / 128

四、《资本论》的文明意蕴 / 139

五、全球视野下的能力正义与能力路径 / 156

第四编

中国方案与中国话语

一、创新驱动与高质量发展 / 175

二、走出"共享"是"均分"的认识误区 / 179

三、共享发展：中国发展的价值基因 / 184

四、"一带一路"的世界历史意义 / 191

五、构建人类命运共同体的人学意蕴 / 203

第五编

"四个伟大"与中国话语

一、伟大斗争与中国话语 / 215

二、伟大工程与中国话语 / 229

三、伟大事业与中国话语 / 246

四、伟大梦想与中国话语 / 260

第六编

价值观论争与中国话语

一、当前我国思想理论界思想状况 / 275

二、社会主义核心价值观建构路径 / 277

三、社会主义核心价值观的独特贡献 / 287

参考文献 / 299

后　　记 / 307

第一编

中国道路

与

中国话语

一、中国共产党与中国道路

"道路"既是功能性与方向性、现实性与理想性的统一,也是历史规律性与主体选择性的统一。习近平总书记曾多次强调:"道路问题是关系党的事业兴衰成败第一位的问题,道路就是党的生命。"[1]近代以来,中国社会经历了空前的民族灾难和前所未有的深刻变革,"中国向何处去"成为时代性的中心问题。围绕这一问题的破解,中华民族和中国人民进行了不屈不挠的探索,经过反复比较与不断实践,历史和人民最终选择了中国共产党、选择了马克思主义、选择了社会主义,后来又选择了改革开放。1921年,在马克思列宁主义同中国工人运动相结合的进程中,中国共产党应运而生,从此中国革命的面貌为之一新,中国人在精神上就由被动转入主动,最终于1949年10月1日成立了中华人民共和国,并经过艰难探索和不懈努力,找到了一条适合中国国情的中国特色社会主义道路,成功带领中国人民走向实现第二个百年奋斗目标和中华民族伟大复兴中国梦的历史新征程。"中华人民共和国的成立,是中华民族走向复兴的伟大历史开端,也是中国话语走向世界的伟大历史开端"[2]。由此可见,中国共产党与中国道路具有内在关联。

---

[1]《习近平谈治国理政》第1卷,外文出版社2018年版,第21页。
[2] 何毅亭:《中华民族伟大复兴与中国话语的崛起》,《学习时报》2019年9月27日。

（一）开辟中国道路：
中国共产党在历史变革中的伟大觉醒——使中国人民站起来

学习党史、新中国史是必修课，既是我们判断所处历史方位的需要，也是党员领导干部坚定理想信念的需要，还是牢记党的初心和使命的需要。民族复兴的前提是民族独立。因此，中华民族复兴之路始于以毛泽东同志为主要代表的中国共产党人，其重要标志是使中国人民"站起来"。根据生产方式的现代共性即"世界历史条件"的观点："联合的行动，至少是各文明国家的联合的行动，是无产阶级获得解放的首要条件之一。"[①]因此，只有在生产力高度发展，各国之间相互紧密联系至一定程度的情况下，无产阶级革命才会在全世界范围内持续爆发，无产阶级才能上升为"统治阶级"。列宁在这一基础上认识到"经济和政治发展的不平衡是资本主义的绝对规律。由此就应得出结论：社会主义可能首先在少数甚至在单独一个资本主义国家内获得胜利"[②]。受此启发，中国开始通过工人发动武装暴动走上了无产阶级革命的道路。

中国共产党在诞生之初，采取与苏联相同或相似的革命模式即城市中心暴动，由于当时没有找到一条适合中国国情的革命道路，其结果使得党和革命的事业受到重创。在危急关头，毛泽东总结失利教训，立足中国当前的革命形势和具体国情，主张以土地革命为中心任务，以农村武装割据为战略依托，走农村包围城市、武装夺取政权的新民主主义道路。1935年遵义会议召开，确立了毛泽东在党内的领导地位。自此以后，中国共产党和中国革命出现了转机。随后，党将这一正确的革命道路贯穿抗日战争

[①]《马克思恩格斯选集》第1卷，人民出版社1995年版，第291页。
[②]《列宁选集》第2卷，人民出版社1995年版，第554页。

和解放战争时期，推翻了帝国主义、封建主义和官僚资本主义在中国的统治，成立了新中国，完成了历史赋予其实现民族独立和人民解放的任务。紧接着，中国共产党还领导全国人民不失时机地进行社会主义改造，建立了社会主义制度，构成了中国特色社会主义道路的历史前提。这充分说明：只有中国共产党可以救中国，也只有中国共产党将马克思主义与中国实际相结合指导中国革命才能担当起这一历史重任。

毛泽东在社会主义建设的探索初期，提出"以苏为鉴"独立探索出一条有别于苏联模式，适合中国社会主义建设的道路。但是，由于当时对"什么是社会主义，怎样建设社会主义"认识不清，这条路依旧是在高度集中的计划经济体制和高度集权的政治体制框架中进行的，没有摆脱以苏联为代表的传统社会主义的藩篱。而真正开创建设有中国特色社会主义事业的是以邓小平同志为主要代表的中国共产党人，这是以党的十一届三中全会作出改革开放的历史性决策为标志的。邓小平紧紧抓住"和平、发展、合作"的时代主导潮流，从"阶级斗争"的思维范式转向"建设与发展"的思维范式，确立了"发展生产力"的社会主义初级阶段的中心任务。以实施农村家庭联产承包责任制和设立四个经济特区的实践方式作为探索中国特色社会主义的起点，开始大刀阔斧的改革，并影响了中国特色社会主义建设的全过程。一方面，从中国现实出发推进经济体制各方面的改革，在旧有体制的基础上，采用计划与市场相结合的方式，发展社会主义市场经济，从而解放和发展生产力；另一方面，在同经济全球化相联系的进程中，抓住发展机遇，加大对外开放，引进外来资金和技术发展本国经济，从而独立自主地建设中国特色社会主义。同时，中国共产党在实践经验的基础上，深入研究中国特色社会主义建设规律，在党的十二大上作出了"把马克思主义的普遍真理同我国的具体实际结合起来，走自己的道路，建设有中国特色的社会主义"[①]的科学论断。

---

① 《十二大以来重要文献选编》（上），人民出版社1986年版，第3页。

（二）坚持中国道路：
中国共产党在复杂局势中的清醒自立——使中国人民富起来

20世纪80年代末90年代初，随着东欧剧变、苏联解体，世界范围内的社会主义事业受到重创。并且，以美国为首的西方国家对中国进行资产阶级自由化的思想渗透，是追随苏联放弃社会主义制度，走西方资本主义道路，还是停止改革开放，走原有单一公有制和计划经济的老路？在关键时期，邓小平始终坚持中国特色社会主义道路，坚定了改革开放的发展之路。在党的十三大上，邓小平阐明了社会主义初级阶段的理论，并提出了党在社会主义初级阶段的基本路线，即"一个中心，两个基本点"。在1992年发表的南方谈话中，邓小平通过说明社会主义的本质回应了人们对市场经济"姓社、姓资"的疑问：社会主义的本质是"解放生产力，发展生产力，消灭剥削，消除两极分化，最终达到共同富裕"[①]。因此，计划和市场并非社会主义与资本主义的本质区别，社会主义也可以搞市场经济以发展生产力。邓小平从生产力和生产关系的辩证运动中认识社会主义的本质，并突出解放和发展生产力的重要性，这既符合唯物史观的基本原理，又满足了人的发展要求。随后，邓小平还强调了党的基本路线要坚持一百年不动摇，即坚持走中国特色社会主义道路不动摇。

世纪之交，一方面，国际政治环境风起云涌，中国面临着来自国际的挑战；另一方面，全球化进程进一步加快，如何不失时机地抓住这一战略机遇，又能坚持自身独立自主的发展？以江泽民同志为主要代表的中国共产党人面对这一时代任务，依然毫不动摇地坚持党的"一个中心，两个基本点"的基本路线。尤其是党的十五大将邓小平理论作为党的指导思想

[①]《邓小平思想年谱（1975—1997）》，中央文献出版社1998年版，第460页。

写入党章,并确立了党在社会主义初级阶段的基本纲领,明确了以公有制为主体、多种所有制经济共同发展的社会主义基本经济制度,把坚持社会主义基本制度同发展市场经济结合起来,既发挥社会制度的优越性又发挥市场资源配置的有效性,这是党的基本路线的具体化。同时,中国与时俱进,加大对外开放,于2001年成功加入世界贸易组织(WTO),以开放的姿态积极融入世界市场,成功将中国特色社会主义事业推向21世纪。同样,进入新世纪、新阶段之后,以胡锦涛同志为主要代表的中国共产党人在面对新形势、新问题时,依然高举中国特色社会主义伟大旗帜,坚持走中国特色社会主义道路。胡锦涛指出:"在当代中国,坚持中国特色社会主义道路,就是真正坚持社会主义。"[1]

总之,自改革开放至今,"建设有中国特色的社会主义"已成为中国社会主义发展事业的理论指导和实践主体。同时,这也成为全民族的时代共识,正是因为我们毫不动摇地坚持中国特色社会主义道路,我国才从"一穷二白"的贫困状况中逐渐走出来,发展成为世界第二大经济体。如今,我们坚信,"中国特色社会主义道路,是实现社会主义现代化的必由之路,是创造人民美好生活的必由之路"[2]。

(三)创新中国道路:
中国共产党在新历史条件下的战略谋划——使中国人民强起来

"道路决定命运"。习近平总书记多次强调"道路问题是关系党的事业兴衰成败第一位的问题,道路就是党的生命。"[3]无论如何,"新民主主义革命的胜利成果决不能丢失,社会主义革命和建设的成就决不能否定,改革

---

[1]《胡锦涛文选》第2卷,人民出版社2016年版,第621页。
[2]《胡锦涛文选》第3卷,人民出版社2016年版,第526页。
[3]《习近平谈治国理政》第1卷,外文出版社2018年版,第21页。

开放和社会主义现代化建设的方向决不能动摇。这是党和人民在当今世界安身立命、风雨前行的资格。"①因此,我们既不走封闭僵化的老路,也不走改旗易帜的邪路,而要走新路。中国特色社会主义道路本质上是面对中国问题的理论创新和实践创新,它要求我们面对新问题时,探究新思路、总结新方法、形成新理论,发展和拓宽社会主义道路。这样的道路才是真正能够解决中国问题并引领中国走向民族复兴的富强之路。自党的十八大以来,以习近平同志为核心的党中央为破解当代社会发展难题,统筹推进"五位一体"总体布局、协调推进"四个全面"战略布局,践行创新、协调、绿色、开放、共享新发展理念、决胜全面建成小康社会、开启全面建设社会主义现代化国家新征程,将尊重社会发展客观规律同追求发展的价值目标紧密结合,体现了中国共产党治国理政方略的创新和中国特色社会主义道路的创新。

"道路决定方向"。一方面,马克思与恩格斯并没有为社会主义国家提供一套完整的国家建设和发展的具体方案。因此,中国只能"摸着石头过河",在实践中探索和总结出一条适合中国发展的特色道路。但是,中国的发展要具有科学性和可持续性,就需要一种带有根本性、全局性、稳定性和持续性的顶层设计。不仅要大胆实验、大胆突破,还要统筹考虑、全面论证和科学决策,将"摸着石头过河"和"加强顶层设计"结合起来;另一方面,自改革开放至今,中国逐步实现了经济领域的转型,即从传统计划经济转入社会主义市场经济。随着中国改革进入攻坚期,这就要求我们深入社会结构的核心。因此,中国必定会进入整体的转型升级期:"中国整体转型升级涉及经济社会发展方式、国家治理方式和社会治理方式等诸多方面。从秩序建构的视角看,中国整体转型发展既要建立起现代国家治理秩序,又要建立起现代市场经济秩序,还要建构起现代社会治理秩

---

① 《习近平谈治国理政》第2卷,外文出版社2017年版,第13页。

序，更要建立现代心灵秩序。"①

道路决定前途。"五位一体"总体布局、"四个全面"战略布局和新发展理念是在关键领域引导下以问题导向为主的认识方面的创新，既要满足现实问题的需要，又要顺应人民群众的期盼，还要突出重点，抓主要矛盾。首先，我国正处于"当前和今后一个时期是以中国式现代化全面推进强国建设、民族复兴伟业的关键时期"。②但同时，各种矛盾风险挑战不断涌现：经济进入新常态，资源约束趋紧，环境污染，城乡区域发展不平衡、不充分、不协调问题比较突出。中国想要如期全面建成社会主义现代化强国，就必须应对和解决这些难题。因此，优化产业结构，转变经济增长方式已迫在眉睫，这就要求我们创新发展动力，从投资规模驱动转变为科技驱动、人才驱动，发展绿色产业以减少对资源和环境的压力，通过"一带一路"和建立亚洲基础设施投资银行等方式在国际市场上开拓经济发展新空间。其次，坚持和完善中国特色社会主义制度、推进国家治理体系和治理能力现代化，这要求我们在完善、发展体制机制和法律法规科学性的基础上，把各方面制度的优势转化为治理国家的效能。同时，要求以思想建党和制度治党的紧密结合为主线，加强党的建设，保证党科学执政、民主执政和依法执政。最后，公平正义是中国特色社会主义的内在要求，也是全面深化改革的出发点和落脚点。因此，我们必须在经济发展的基础上建立以权利公平、机会公平、规则公平为主要内容的社会公平正义保障体系，营造一个保障社会成员能够"人人共建、人人共享、各尽所能、各得其所"公平正义的社会发展环境。同时，必须具有"兜底思维"，健全保障和改善民生制度体系，缩小贫富差距，改善民生，切实保障每个

---

① 韩庆祥、张艳涛：《当代中国的整体转型与力量转移》，《毛泽东邓小平理论研究》2016年第1期。
② 《中共中央关于进一步全面深化改革　推进中国式现代化的决定》，人民出版社2024年版，第3页。

成员共享社会发展成果。

综上可见，中国道路与中国共产党具有内在关联。可以说，没有中国共产党，就没有中国道路的开辟、坚持和创新；没有中国共产党，就没有社会主义中国；没有中国共产党，就没有中国特色社会主义；没有中国共产党，就没有中华民族伟大复兴。中国要变成一个强国，各方面都要强，其中自然包括中国话语体系和中国话语权。

二、力量转移与中国发展

随着时代的发展，主导人类发展的基本力量也在转移。总的看来，"力量转移"的趋向是由"暴力主导"经"权力主导"到"资本主导"再到"创新能力主导"。如今，"力量转移"已成为人们观察世界格局发展趋向和中国发展动向的重要分析框架之一。未来学家阿尔文·托夫勒在《力量转移》一书中揭示，"知识""暴力"和"财富"这三种力量在三次文明浪潮的历史过程中，同时并存，共同作用，但作用大小各不相同，质量最高的力量来自知识创新。[①]在全球化进程中，包括中国在内的广大非西方国家群体性崛起与全球秩序重构有何关联？在第四次工业革命方兴未艾之际，中国如何抢占制高点更好更快地发展自己？在全球激烈竞争中，中国如何深度开掘国家、社会和个人三个层面的自主创新能力，为全面建成社会主义现代化强国、推进中国式现代化和中华民族伟大复兴提供动力？这些问题都是中国在发展过程中必须深入研究的重大现实课题。

[①] 参见〔美〕阿尔文·托夫勒著，刘炳章等译：《力量转移：临近21世纪时的知识、财富和暴力》，新华出版社1996年版，第16—17页。

（一）世界力量转移的新趋向：
从西方国家到非西方国家

当前，我们生活在世界格局发生巨大变动的时代，世界变化的速度和方式将比我们已知的以往500年都更加动荡不定。法里德·扎卡里亚在《后美国世界》一书中探讨世界力量转移及其趋势时指出，当前的转折是过去500年来人类历史第三个重要的结构性转移：第一个是西方世界（主要是指西欧）的崛起；第二个是美国的崛起；第三个是非西方世界的崛起。前两个都是西方世界（通常所谓的西方世界主要包括美国、西欧国家、加拿大、澳大利亚、新西兰）的崛起，第三个则是非西方世界的崛起，也许会给世界带来一些新的可能性。从趋向上看，西方国家处于相对衰落之中，非西方国家在提升自己的力量，这并不是现象的描述，而是从分析角度提出来的。从第二次世界大战结束至今，是边缘地区在不平等条件下进行工业化时期，这一时期包括中国在内的许多亚洲和拉丁美洲国家重新获得国家的政治主权，这为建立公平公正的国际政治经济秩序提供了可能性。如今，非西方国家（中国、印度、广大伊斯兰国家、巴西、南非等）正在新一轮力量转移进程中逐渐崛起，因此，西方继续主导世界力量中心的可能性越来越小。

2008年以来的国际金融危机和2010年欧洲主权债务危机加速了力量转移速度，进一步改变了世界各国的力量对比，对世界格局产生深刻影响。发达经济体试图重塑实体经济，出现所谓"制造业回归"，新兴经济体则力争保持快速崛起之势，努力实现所谓"结构转型"，不同国家围绕主导权、话语权、发展权的斗争将更加复杂和激烈。美国实施战略力量转移"重返亚洲"，进行所谓"亚太再平衡"，在此影响下，世界力量格局和大国间的力量平衡将受到冲击。21世纪初，西方经历两次大型经济衰退后，美国和欧洲经济可能会长期陷入紧缩，经济力量正由北美洲和欧洲转移到亚洲（尤其是中国和印度）。

当前，能源问题已引发新全球地缘政治的力量转移。如果把能源比喻成"血液"，那么，信息通信系统就像"神经"，没有"血液"，人类不能存活；没有"神经"，人类同样不能存活和交往。如今，以矿物燃料为基础、以汽车为中心、以一次性物品为基本的消费模式已弊端丛生。如果中国选择将其经济向第四次工业革命转变，则有可能迎头赶上、后来居上，关键是建设创新型国家，提升国家创新体系整体效能。现在的问题是，西方发达国家在技术创新方面，不仅仅是"待价而沽"的问题，而且是一个"垄断利润"的问题。比如，当前美国在陆地"页岩油"和"页岩气"开采中已率先取得技术突破，日本在海底"可燃冰"开采方面也已取得突破性进展，虽然中国地下及周边海域也蕴藏着大量的"页岩油""页岩气"和"可燃冰"，但是中国目前还没有能力安全地开采这些能源，如果美国和日本技术垄断，恐怕会对全球降低污染的努力是一大打击。

未来几十年，世界经济可能继续沿着低迷路线发展，美国力量相对下降，以中国为首的非西方国家日益崛起。中国作为"崛起大国"如何与"守成大国"（美国）和其他国家打交道？中国作为一个拥有14亿多人口的发展中大国，已进入中等收入阶段，如何实现经济高质量发展是一个重要课题。要了解中国有没有高质量发展的可能，关键是看中国究竟有多大的后发优势和比较优势，以及中国能否合理利用自己的后发优势和比较优势推动自身发展。新中国成立以来，尤其是改革开放以来，中国经济持续快速发展是建立在追赶西方发达国家技术创新与产业升级的基础上，中国充分利用了时间上的后发优势和空间上的比较优势，在一定程度上缩小了与发达国家之间的发展差距。未来中国发展更多的则要靠人才上的竞争优势和技术上的创新优势。

总之，改革开放以来，中国的崛起是人类历史上最大规模、最快速的工业化过程，其规模和速度都是空前的。中国式现代化既是中华文明的"转型"（创造性转化与创新性发展），也是顺应世界历史力量转移趋向而注重发展工业和市场经济、注重资本运作进而强调自主创新能力的结果。在21世纪，包括中国在内的非西方世界的全面兴起，将打破20世纪"一元现代化"力量格局，"多元现代化"将成为21世纪的基本特征。如何重建公正合理的全球政治秩序，是21世纪人类面临的最为严峻的挑战。

（二）世界力量转移的新挑战：
中国如何应对第四次工业革命

由于历史原因，中国错过了第一次工业革命，赶上了第二次工业革命和第三次工业革命的尾声，中国在第四次工业革命中应扮演什么样的角色？应发挥怎样的作用？中国应该如何推进第四次工业革命助力中国的转型发展？

当前，西方现代化面临困境，大量生产、大量消费、大量废弃的生产方式、消费方式和生活方式是造成这一困境的主因。中国发展必须摆脱这一模式，寻求全面、协调和可持续的发展新模式。作为世界第二大经济体，中国发展早已不仅仅是中国自己的事情：中国发展与世界经济浪潮息息相关，中国式现代化与人类文明进程息息相关，中国崛起与世界力量平衡息息相通。在《第三次工业革命》一书中，杰里米·里夫金预言：在21世纪"一种建立在互联网和新能源相结合基础上的新经济即将到来。"如今，"我们正处在信息技术与能源相融合的时代。互联网信息技术与可再生能源的出现让我们迎来了第三次工业革命"[1]。里夫金所言的第三次工

---

[1]〔美〕杰里米·里夫金著，张体伟等译：《第三次工业革命》，中信出版社2012年版，第31页。

业革命其实质是第四次工业革命。在第四次工业革命面前，中国与发达国家站在同一起跑线上，如果转型发展，完全可以迎头赶上、后来居上；反之，则可能陷入发展困境、越抛越远。当前中国必须通过进一步全面深化改革和扩大高水平对外开放，深度参与并融入新一轮世界科技革命和产业革命，把握力量转移的战略机遇期，更好更快地发展自己。

如何在发展工业文明的同时建设生态文明？这是后发展中国家必须回答的现实问题。关键是在加快转变经济发展方式中推动能源经济与生态文明协调发展。在中国特色社会主义建设进程中，必然会遇到依附与自主、守旧与创新的矛盾，中国特色社会主义建设内在地要求我们必须把自主和创新看作矛盾的主要方面。从毛泽东的"以苏为鉴"，到邓小平的"走自己的路"，到江泽民把创新作为"治国之道"，再到胡锦涛所强调的"走中国特色自主创新道路""实施创新驱动战略"，实质上都蕴含着中国共产党人开创中国特色社会主义事业新局面的主体能动性。以习近平同志为核心的党中央提出的"必须深入实施科教兴国战略、人才强国战略、创新驱动发展战略"，充分反映了"力量转移"的大趋势。中国发展决不能以牺牲人的生命为代价，决不能以牺牲生态环境为代价，牺牲人的生命为代价取得的是"人民不满意的发展"，牺牲生态环境取得的经济发展是"得不偿失的"，人的生命一旦失去不可挽回，生态环境一旦遭到破坏极难恢复，而且"牺牲人的生命"和"破坏生态环境"也很难跻身"世界文明大国"之列。

（三）世界力量转移的新机遇：
中国应提升自主创新能力

新中国成立以来尤其是改革开放以来，中国发展逐渐掌握世界历史力量转移趋向进而掌握自身发展命运而逐渐崛起，这为中国话语体系建构和话语权提升奠定了基础。当前，中国发展面临的形势纷繁复杂，需要应对各种风险和挑战，合理把握力量转移趋向，建设创新型国家，提升社会自主创新能力，发掘每个人的创新潜能，是决定中国前途命运的根本性、全局性和战略性问题。

首先，就国家而言，建设人力资源强国，建设创新型国家，能更好地实现中国由大国迈向强国。力量转移的趋向要求中国发展要实施创新驱动发展战略。实施创新驱动发展战略是我国当前经济社会发展进入历史新阶段的根本任务，是全面建成社会主义现代化强国的重要保障，也是深入贯彻落实新发展理念的关键所在。建设创新型国家，走自主创新之路，是我们总结历史经验得出的基本结论，是中国特色社会主义建设的内在动力，也是反映力量转移趋势的国家核心发展战略。以前，"富国强兵"成为中国发展的主导趋向，后来，"强国富民"成为中国发展的主要目标，如今，"民富国强"成为中国发展的现实诉求。笔者认为，当前中国发展的核心问题是结构转型和产业升级，关键是提升自主创新能力和建设创新型国家。用力量转移理论分析近代中国的衰落，主要教训就是中国没有抓住世界历史力量转移的趋向，与世界潮流背道而驰，其结果导致落后挨打。可见，自主创新能力既是中国产业升级和转型发展的强大"助推器"，也是强国建设、民族复兴的关键所在。

当前，世界经济已由"生产决定消费"转型为"供给决定消费"，因此中国要在新的国际分工格局中扮演重要角色，关键是科学设定发展目标。对于中国而言，转变政府职能"简政放权"是应对复杂形势、激发经济社会活力的必然选择。转变政府职能，既要自觉地放掉该放的权，又要负责地管好该管的事，既"放得活"又"管得住"，做到简政放权和加强监管齐推进、相协调，以更有效的"管"促进更积极的"放"，使转变职能的成效不断显现，使"改革红利"惠及人民大众。

其次，就社会而言，开发"集体的能力"，激发社会活力，能更好地实现"社会团结"。我国存在的社会问题多是结构性问题，应树立结构性问题意识。"社会矛盾的结构性转变要求社会管理的结构性应对。社会结构性问题的破解，社会结构性矛盾的解决，都要求社会管理要创新"[①]。所谓创新，关键是针对社会管理中的新问题，需要具备新形势下处理人民内部矛盾的新思路和新举措，需要坚持和发展新时代"枫桥经验"。如今，我国经济结构已处于工业社会中期水平，但社会结构还处于工业社会的初级阶段，这是当前中国产生诸多经济社会矛盾和问题的结构性原因。当前，要下大气力打通制约社会发展的"肠梗阻"，真正物尽其用、人尽其才、和谐相处。力量转移的趋向要求社会发展要注重开发"集体的能力"。严复在欧洲思想中发现两个秘密：一是必须充分发挥人的全部能力；二是必须培育把能力导向为集体目标服务的公益精神。中国在建构公民社会的过程中最应该避免的是出现西方那种绝对的个人主义——"个人自由有余"而"社会团结不足"。在中国转型发展过程中，如何培育一个健康而稳定的"中产阶级"并使其成为社会阶层的主流，成为社会稳定和发展的中坚力量？关键是破除传统的"金字塔式"层级结构，建构"橄榄型"现代社会结构，从而激发社会的活力。

最后，就个人而言，提升个人的创新能力，能更好地掌握个人的发展和命运。力量转移的趋向要求个人提升创新能力。在知识经济时代，个人如何更好地掌握自身发展和命运？关键是具有创新能力，从而实现用"知识创造价值"、凭"能力服务社会"、靠"贡献赢得尊重"。在一个公正的社会里，个人创新能力强，财富就多，创新能力弱，财富就少。第四次工业革命要求每个人既是有能力的个体，又是可以合作形成合力凭能力回报

[①] 张艳涛：《结构性问题破解与社会管理创新——基于社会结构视角的分析》，《桂海论丛》2013年第1期。

给社会的整体，这是互联网时代的精神本质。第四次工业革命更加强调"创新""互联""共存"，更加强调"协作""互动""共享"。通过激发个人内在动力和强化外在压力，从而形成个人的创新能力和持久竞争力，只有如此，才能更好地掌握个人的发展和命运。问题是，中国传统社会结构是"金字塔式"的自上而下的层级结构，这种层级结构在一定时期促进了中国的稳定和发展，但同时也造成了中国发展的"结构性困境"。这一"结构性困境"如果得不到及时有效的解决，势必会阻碍中国发展，其中最大的障碍也许就是国家政治权力占据社会经济的主导地位，其结果"国家强大""社会软弱""个人无力"。因此，应充分调动各方积极性，在理性、利益、能力和自立理念下建构国家、社会、个人三者合理划界、三维制衡的现代社会结构，是中国未来的发展方向。

总之，提升自主创新能力是中国顺应力量转移趋向的必然要求。而创新不仅仅要有思想力，还需要有执行力，不仅要顺应力量转移趋向，还要顺应民众需求。中国要占据力量转移的制高点，拓宽中国发展空间，赢得世界的广泛认同，显示出制度优势、比较优势或独特优势，关键是提升自主创新能力建设，这是总结中西方社会发展的经验教训得出的一个重要启示。

三、战略思维与中国崛起

战略在本质上是一种思维方式，这种思维方式强调从根本、全局、长远上把握各种本质关系，并制定战略目标。战略问题是一个政党、一个国家的根本性问题，也是治国理政的关键问题。战略上判断得准确，战略上谋划得科学，战略上赢得主动，党和人民事业就大有希望。在习近平新时代中国特色社会主义思想的指引下，党的十九大开启了全面建设社会主义现代化国家新征程，党的二十大提出党的中心任务就是团结带领全国各族人民全面建成社会主义现代化强国、实现第二个百年奋斗目标，以中国式现代化推进中华民族伟大复兴。战略思维和战略谋划也进入了新阶段。在以中国式现代化全面推进强国建设、民族复兴伟业的关键时期，能否提出具有全局性、战略性、前瞻性的行动纲领，事关党和国家事业继往开来，事关中国特色社会主义前途命运，事关最广大人民根本利益。因此，在中国崛起历史进程中，应高度重视战略思维能力培养与战略谋划能力提升。

当前，中国正处于发展的重要战略机遇期，风险和挑战并存。此时，要准确把握战略机遇期科学内涵的新变化，大力提升国家治理体系和治理能力现代化以有效地应对风险和挑战，推动中国由大国迈向强国。围绕这一战略目标，以习近平同志为核心的党中央，从战略高度、以长远眼光看问题，从整体上把握事物发展趋势和方向，科学分析了当前国际国内形势，开启了进行伟大斗争、建设伟大工程、推进伟大事业、实现伟大梦想的新征程。"四个伟大"之所以伟大，就在于"四个伟大"是一个有机整体，其中任何一个"伟大"离开其余"三个伟大"都不能获得完整的政治意义、历史意义与实践价值。"四个伟大"只有作为一个有机整体，才能彰显出中国共产党的世界眼光和战略思维。为了更好地完成"四个伟大"历史任务，全党要提高战略思维能力，坚定战略自信和战略定力。坚定提升战略自信和战略定力，关键是提升对中国和世界重大现实问题的判断力、批判力和建构力。

习近平总书记在纪念邓小平同志诞辰110周年座谈会上强调，中国共产党人要学习邓小平同志"高瞻远瞩的战略思维方式"，"在解决突出问题中实现战略突破，在把握战略全局中推进各项工作。"①当前我们进行的具有许多新的历史特点的伟大斗争，可谓复杂而严峻。积极应对我们党面临的诸多挑战、经受住"四大考验"和克服"四种危险"，努力破解推进中国特色社会主义伟大事业和实现中华民族伟大复兴进程中出现的诸多难题，都需要我们进行艰苦卓绝的斗争。我们应进一步培养战略思维，准确把握机遇、有效应对挑战、科学破解难题，确保中国特色社会主义事业行稳致远。

改革开放40多年来，中国从经济结构到社会结构再到人的心理结构，从人们的生产方式到生活方式再到生存方式，从人们的思维方式到行为方式再到心灵秩序，都发生了广泛而深刻的变化，使党的面貌、国家的面貌、人民的面貌、军队的面貌、中华民族的面貌都发生了前所未有的变化，这些变化为中国由大国迈向强国、为中华民族伟大复兴奠定了坚实的基础。党的十八大以来，党和国家事业取得了历史性成就、发生了历史性变革、产生了世界性影响，中国特色社会主义进入了新时代。当前，推动经济、政治、文化、社会、生态文明全方位发展，满足人民群众对美好生活多样化多层次多方面的需求，需要以宏阔的战略眼光和高超的战略思维能力进行战略谋划。

什么样的思维方式，才能适应统筹推进"五位一体"总体布局、协调推进"四个全面"战略布局、强国建设、民族复兴的新要求？战略思维无疑是其中之一。那么，领导干部应如何增强战略思维？战略思维不仅是一种能力，更是一种责任和担当。战略思维的根本价值取向，即根本价值目标必须牢牢定位于人民群众的利益实现上，人民对美好生活的向往，就是我们的奋斗目标。老百姓对美好生活的追求，就是我们的努力方向。

总之，在中国崛起和中国共产党治国理政过程中，以战略思维谋全

---

①《习近平著作选读》第1卷，人民出版社2023年版，第251、253页。

局、以战略定力迎挑战，关键是要掌握战略辩证法。习近平总书记既注重从战略上治国理政，又注重运用战略思维来处理和化解治国理政中的各种复杂的矛盾关系。这种战略辩证法在治国理政中的根本体现，就是确定好治国理政的战略目标。这种战略目标，既包括近期全面建成社会主义现代化强国战略目标，也包括中长期实现中华民族伟大复兴的中国梦战略目标。

第二编

中国奇迹

与

中国话语

一、全球视野中的中国道路和中国奇迹

百余年来，中国共产党在马克思主义的指导下团结带领中国人民找到了一条适合中国国情的中国道路，创造了中国奇迹。在全球化时代，中国学者要牢牢掌握阐明中国道路、解读中国奇迹的话语权。要用中国道路阐明中国奇迹，中国道路是破解中国奇迹的关键密码；要用中国理论阐释中国道路，中国道路是中国理论的前提和基础；要用中国话语表达中国理论，中国道路是中国话语的支撑。从全球视野看，中国道路蕴涵着自身文明的基因与历史逻辑，蕴涵着丰富的世界历史意义和人类共同价值，蕴涵着丰富的中国文化主体性和中国精神。中国道路源自中国，属于世界。

2024年是中华人民共和国成立75周年，75年来，我们党团结带领全国各族人民不懈奋斗，创造了经济快速发展和社会长期稳定两大奇迹，中国发生沧海桑田的巨大变化，中华民族伟大复兴进入了不可逆转的历史进程。科学阐明新中国70多年来历史性变革内在逻辑的关键是聚焦中国道路和中国奇迹。中国道路是破解中国奇迹的关键密码。不同于世界上既有的其他道路和制度模式，中国道路是一条适合中国国情、符合中国人民愿望的发展道路。理解中国道路必须具有全球视野，只有在全球视野中才能真正理解中国道路的世界历史意义、社会主义现代化探索的超越意义和人类美好生活的选择意义。在21世纪，随着中国逐渐走近世界舞台的中央，为了在全球视野中更好地总结中国道路的经验，为了更好地引领中国与世界的未来发展，需要从学理上深入研究中国道路和中国奇迹，这有助于中国话语体系建构和中国话语权提升。当今世界处于百年未有之大变局，世界进入新的动荡变革期，当前中国发展处于近代以来最好的发展时期，国际社会越来越多地把目光投向中国、聚焦中国；当代中国将发生什么变化，发展的中国将给世界带来什么影响，越来越成为国际社会广泛关注的问题。在21世纪，中国需要更多地了解世界，世界也需要更多地了解中国。全球视野中的中国道路和中国奇迹已成为重大课题。为此，中国学界应聚焦中国道路和中国奇迹，深化对中国道路和中国奇迹的学理研究。"熟知非真知。"[1]中国道路的科学内涵是什么？中国道路的历史逻辑是什么？中国道路的文明意蕴何在？这些问题都需要进行深入思考与精深研究，以引导人们从感性直观和知性经验走向理性自觉和文化自信。

（一）中国从哪里来：
中国道路蕴涵着自身文明的基因与历史逻辑

道路，既是途径，也是方向，无论是途径还是方向，道路均指向通达，在此意义上，道路是历史规律性与主体选择性的统一。对于中国而言，道路问题是关系党和国家事业兴衰成败第一位的问题，更是中华民族发展前途命运的决定因素。理解中国道路关键是要充分理解中国道路所蕴涵的文明基因与历史逻辑。

近代以来，围绕"中国向何处去"这一根本问题，中国人经过反复比较，最终选择了中国共产党、选择了马克思主义、选择了社会主义、选择了改革开放。十月革命一声炮响，给中国送来了马克思列宁主义，中国先

---

[1] "熟知"与"真知"有别。一般说来，熟知的东西之所以不是真正知道了的东西，正因为它是熟知的。有一种习以为常的自欺欺人的事情，就是在认识的时候先假定某种东西是已经熟知了的，因而就这样地不去管它了。这样的知识，既不知道它是怎么来的，因而无论怎样说来说去，都不能离开原地前进一步。"熟知"只是对于眼前事物熟视无睹，未加深思。参见〔德〕黑格尔著，贺麟译：《小逻辑》，商务印书馆1980年版，第37页注①。

进分子从马克思列宁主义的科学真理中找到了解决中国问题的出路，中国革命的面貌为之一新，从这时起"近代世界历史上那种看不起中国人，看不起中国文化的时代应当完结了"①。在马克思列宁主义同中国工人运动的结合过程中，中国共产党应运而生，从此，"中国人民谋求民族独立、人民解放和国家富强、人民幸福的斗争就有了主心骨，中国人民就从精神上由被动转为主动"②。我们党团结带领人民找到了一条以农村包围城市、武装夺取政权的中国革命道路，进行了28年浴血奋战，完成了新民主主义革命，成立了中华人民共和国，实现了中国从几千年封建专制向人民民主的伟大飞跃。中华人民共和国的成立，"中国取得了一个资格：人们不敢轻视我们"③。后来，改革开放使中国大踏步赶上时代。如今，中国共产党正带领中国人民迈向实现第二个百年奋斗目标的历史新征程。改革开放以来我们取得一切成就和进步的根本原因，归结起来就是：把马克思主义进一步中国化，开辟了中国特色社会主义道路，形成了中国特色社会主义理论体系，确立了中国特色社会主义制度，发展了中国特色社会主义文化。"中国特色社会主义道路，是实现我国社会主义现代化的必由之路，是创造人民美好生活的必由之路。"④后发展中国家不能亦步亦趋地重走西方发达国家现代化的一般路径，而要超越西方现代化道路，开辟现代化新路、开启人类文明新样态。

道路决定命运。习近平总书记多次强调："道路问题是关系党的事业兴衰成败第一位的问题，道路就是党的生命。"⑤无论如何，"新民主主义革命的胜利成果决不能丢失，社会主义革命和建设的成就决不能否定，改革

---

① 《毛泽东选集》第4卷，人民出版社1991年版，第1516页。
② 《习近平著作选读》第2卷，人民出版社2023年版，第11页。
③ 《邓小平文选》第3卷，人民出版社1993年版，第289页。
④ 《习近平谈治国理政》第1卷，外文出版社2018年版，第9页。
⑤ 《习近平谈治国理政》第1卷，外文出版社2018年版，第21页。

开放和社会主义现代化建设的方向决不能动摇。这是党和人民在当今世界安身立命、风雨前行的资格。中国近代以来的全部历史告诉我们，中国的事情必须按照中国的特点、中国的实际来办，这是解决中国所有问题的正确之道。"[1]因此，我们要更加自觉地坚定"四个自信"，既不走封闭僵化的老路，也不走改旗易帜的邪路，始终坚持和发展中国特色社会主义道路。中国特色社会主义道路本质上是面对中国问题的理论创新和实践创新，它要求我们面对新问题时，探究新思路、总结新方法、形成新理论，这样的道路才是真正能够解决中国问题并引领中国走向国家富强、民族振兴、人民幸福之路。我们要牢牢把握为中国人民谋幸福、为中华民族谋复兴的初心和使命不动摇，不为任何风险所惧，不被任何干扰所惑，善于驾驭和利用矛盾，准确把握主次矛盾，始终掌握应对变局的主动权。党的十八大以来，在习近平新时代中国特色社会主义思想的指引下，中国走出了一条稳中求进、由高速发展转向高质量发展的道路，实践已经证明这条道路是符合中国国情的"强国之道"，我们要坚定地走下去。

当前，中国特色社会主义进入新时代，这一重大判断具有重要的理论意义和实践意义。科学认识和精准把握新时代离不开历史唯物主义的理论支撑和思想透视。从中国经济社会发展的维度看，新时代意味着近代以来久经磨难的中华民族迎来了从站起来富起来到强起来的伟大飞跃，由大国迈向强国成为现实任务；从世界社会主义发展的维度看，新时代意味着科学社会主义在21世纪的中国焕发出强大生机活力，在世界上高高举起了社会主义伟大旗帜，"历史终结论"和"社会主义失败论"不攻自破；从人类文明发展的维度看，新时代意味着中国特色社会主义道路、理论、制度、文化不断发展，拓展了发展中国家走向现代化的途径，给世界上那些既希望加快发展又希望保持自身独立性的国家和民族提供了全新选择。

---

[1]《习近平谈治国理政》第2卷，外文出版社2017年版，第13页。

中国人走自己的路，建设中国特色社会主义是伟大的创举。一方面，马克思和恩格斯并没有为社会主义国家提供一套完整的国家建设和发展的具体方案。因此，中国只能"摸着石头过河"，在实践中探索和总结出一条适合中国发展的特色道路。但是，中国的发展要具有科学性和可持续性，就需要一种带有根本性、全局性、稳定性和持续性的顶层设计。不仅要大胆实验、大胆突破，还要统筹考虑、全面论证和科学决策，将"摸着石头过河"和"加强顶层设计"结合起来；另一方面，自改革开放至今，中国逐步实现了经济领域的转型，即从传统计划经济转向社会主义市场经济。随着中国改革进入攻坚期，这就要求我们深入社会结构的核心，统筹改革、发展、稳定三者关系。随着中国的现代化进程中国必定会进入整体的转型升级期："中国整体转型升级涉及经济社会发展方式、国家治理方式和社会治理方式等诸多方面。从秩序建构的视角看，中国整体转型发展既要建立起现代国家治理秩序，又要建立起现代市场经济秩序，还要建构起现代社会治理秩序，更要建立现代心灵秩序。"[①]中国道路为走出人与自然冲突的生态危机、人与物冲突的人文危机、人与人冲突的道德危机、人的心灵冲突的精神危机和文明之间冲突的价值危机提供了一种新的选择。

（二）中国到哪里去：
中国道路蕴涵着丰富的世界历史意义和人类价值

举什么旗、走什么路，这是决定一个国家和民族前途命运的重大问题。当前西方主导的世界秩序正在走向终结，非西方国家更多地参与到全

[①] 韩庆祥、张艳涛：《当代中国的整体转型与力量转移》，《毛泽东邓小平理论研究》2016年第1期。

球治理中来。人类正处在"文明范式转换"即创造一种新文明的历史进程之中,各国人民形成了你中有我、我中有你的命运共同体。因此,需要从文明论的高度重新思考:人类命运共同体建构何以可能?"为了塑造一个反映我们共同目标和价值观的美好未来,共识至关重要。"①

中国道路源自中国,属于世界。邓小平创造性地提出了"一国两制"的构想。如何调整"两岸三地"的社会规范系统,使之共生共存于一个中国的框架之中,这也是构建"一个文明多种制度"的题中应有之义。"一国两制"既是一个"伟大的创造",也是一个"伟大的妥协",它既能维持中国统一,又对地方差异给予足够的尊重。这种思维与民族国家的思维完全不同,它源自中国悠久的文明史,如果囿于民族国家思维是提不出"一国两制"构想的。无独有偶,习近平总书记创造性地提出了"构建人类命运共同体"的伟大构想,倡导各国要树立命运共同体意识,客观上也要求各国在寻求自身发展时要兼顾别国发展,最终让每个国家的发展都能同其他国家的发展形成良性互动效应。

当前,世界经济复苏乏力,南北差距、贫富差距远未消失,贸易保护主义抬头、逆全球化和反全球化暗流涌动,如何推进开放、包容、普惠、平衡、共赢的新经济全球化成为现实挑战。在21世纪,社会正发生着快速的剧变,而在社会、科技及文化等许多要素都同时转变的情况下,"我们不只是在过渡,更是在转型;我们创造的不仅仅是一个新社会,而至少是一个崭新文明的开始"②。在新旧文明的交汇期,我们要分辨出哪些变化是工业文明的延伸,哪些是在迎接新文明的到来。众所周知,第一次工业革命和蒸汽机的发明密切相关,始于18世纪晚期(大约从1760年延续

---

① 〔德〕克劳斯·施瓦布著,李菁译:《第四次工业革命》,中信出版社2016年版,前言第5页。

② 〔美〕阿尔文·托夫勒、海蒂·托夫勒著,白裕承译:《再造新文明》,中信出版社2006年版,第17页。

至1840年）英国纺织业的机械化，实现了大规模生产；第二次工业革命发轫于19世纪末20世纪初的美国，主要是电能和生产线的广泛应用，实现了电气化生产；第三次工业革命肇始于20世纪60年代，以计算机的诞生为标志，实现了自动化生产；第四次工业革命，始于20世纪末和21世纪初，以新能源和物联网的连接为标志，将实现定制化生产。在一定程度上，"第四次工业革命的最终走向从根本上取决于我们充分挖掘其潜力的能力"。①

当今世界正处于大发展大变革大调整时期，世界历史主导"力量转移"已成为人们理解和把握21世纪世界发展趋向的重要坐标。从大的历史尺度看，暴力、财富和知识三种力量在人类发展过程中，同时并存，共同作用，但比重、影响和价值排序不同。总的看来，力量转移的趋向是由"暴力主导"到"资本主导"再到"创新能力主导"，力量的这种转移，既是科学技术广泛应用的必然结果，也是人类社会发展的必然趋向。中国发展要把握力量转移趋向，发掘每个人的创新潜能，提升社会自主创新能力，建设创新型国家。中国提出的"实施创新驱动战略"，充分反映了力量转移的大趋势。以中国为代表的新兴力量，通过自身发展、联合自强，实现和平崛起和文明崛起，将对世界秩序产生深远影响。当前，在世界向何处去的关键十字路口，中国为世界注入了巨大的稳定性和确定性，发挥了国际形势稳定锚、世界增长发动机、和平发展正能量、全球治理新动力的积极作用。"一带一路"建设绝不仅仅具有经济发展意义，而且可能给全球治理模式带来巨大变革。

总之，在全球视野下，我们要科学阐明中国道路蕴涵着丰富的世界历史意义和人类价值，并在此基础上建构中国话语体系和提升中国话语权。

---

① 〔德〕克劳斯·施瓦布著，李菁译：《第四次工业革命》，中信出版社2016年版，第116页。

（三）中国如何实现自己的目标：
中国道路蕴涵着丰富的中国主体性和中国精神

正是在中国共产党坚强有力的领导下，中国发展创造了举世瞩目的中国奇迹，中国奇迹归根结底源于中国共产党团结带领中国人民开辟了一条基于自身国情、适合自身发展阶段、解决中国问题、具有自身特色的现代化道路，这条道路不仅促成了中华民族的伟大觉醒，而且使中国逐渐走上一条摆脱西方列强压迫的自主自立自强的发展道路。就此而论，中国道路蕴涵着丰富的中国主体性和中国精神，中国奇迹彰显着中国人民的首创精神和中国共产党的"主心骨"作用。对此，我们要坚定对中国道路、中国理论、中国制度、中国文化的自信。中国精神就是中国主体性觉醒在精神层面的凝练和表达。中国道路，彰显了伟大创造精神、伟大奋斗精神、伟大团结精神、伟大梦想精神。就此而论，"全面建成小康社会""基本实现现代化""全面建成社会主义现代化强国"和"实现中华民族伟大复兴中国梦"的提出，是过去中国发展逐渐掌握世界历史力量转移趋向进而掌握自身发展命运而日益自信的表现。我们要理直气壮讲清楚说明白：中国共产党为什么能？马克思主义为什么行？中国特色社会主义为什么好？

中国共产党为什么能？首先应当明确，如果离开中国共产党坚强有力的领导，就没有中国道路，更不会有中国奇迹。没有中国共产党坚强有力的领导，民族复兴必然是空想。如果说社会主义市场经济是中国特色在经济上的体现，那么中国共产党的领导则是中国特色在政治上的体现。因此，要想理解和把握中国道路和中国奇迹的关键密码，关键是研究好中国共产党。中国共产党在理论和实践中不断取得突破，才成功开辟和拓展了中国特色社会主义道路，使当代中国和中华民族展现出光明前景。

如何在普遍与特殊的张力中科学阐明中国道路？其中一个重要问题就是合理处理自我与他者的关系。众所周知，"文化政治是文化之间以文化为形式进行的支配与反支配斗争，所争者即是谁的标准居于支配地位"。标准与我异者，构成了他者。在一些狭隘的人看来，他者即竞争者、对手甚或是敌人。文化政治的结构性思路在于："强者对于弱者的支配、剥削以及污名化，通常表现为强者的普遍者姿态：强者代表的是某种具有普遍妥当性的文化，而弱者则需要自贬为特殊者，'承认'强者文化的规定。"正如马克思所揭示的，一些阶级往往把本阶级的利益说成全人类的普遍利益。历史上很多所谓的普遍主义乃是自诩为普遍主义的特殊主义，本质上则是"虚假的普遍主义"。中国道路的精髓要义就在于，它不是偏离人类文明发展趋向的，而是顺应、适应、引领人类文明发展趋向的。

如何认识中国特色社会主义？毫无疑问，中国特色社会主义是人类文明的重大成果。从"走俄国人的路"到"走自己的路"，这是伟大的历史觉醒，从此中国人精神上从被动转为主动。中国道路逐渐超越苏联模式和西方模式，既不走苏联的老路，也不走西方的邪路，而要开辟新路，从而中国道路具有内生自主成长的特性。"源自德国经俄国到达中国的社会主义探索，仍然承担着矫正、改造现代资本主义文明，创建更高更好的新文明的使命。"[①]改革开放既是改变中国命运的"关键一招"，也是中国一次"伟大的变革"，它使中国逐渐赶上时代，进而引领时代。从"跟跑"到"并跑"再到"领跑"，这是伟大的历史赶超。在道路问题上，生搬硬套、削足适履不仅是不可能的，而且是十分有害的。"历史和现实都告诉我们，只有社会主义才能救中国，只有中国特色社会主义才能发展中国，这是历史的结论、人民的选择。"[②]中国共产党是中国道路的领航者，无论是"站

[①] 刘森林：《物与无：物化逻辑与虚无主义》，江苏人民出版社2013年版，第57页。
[②] 习近平：《关于坚持和发展中国特色社会主义的几个问题》，《求是》2019年第8期。

起来之路""富起来之路"还是"强起来之路",都需要中国共产党坚强有力的领导和领航。

如何看待中国崛起？1949年新中国成立尤其是1978年改革开放以来，中国崛起是人类历史上最大规模、最快速的工业化。如何把中国发展优势转化为话语优势？要改变中国理论在西方理论面前的失语状态，关键是基于中国道路进行中国理论建构，并以此树立当代中国学人的理论自信和文化自信。当代中国学人首先应该理解和把握自己所生活的时代。在21世纪，面对世界百年未有之大变局，各国道路、制度、理念的竞争和博弈日趋激烈。中国之治和世界之乱形成强烈对比，凸显出中国治理的成效。然而，"尽管世界上随处可见中国制造的产品，但缺少被世界广泛接受的中国学术话语；尽管我们进行了鲜活的实践创造、积累了丰富的理论创造资源，但一些人仍然盲从甚至照搬西方理论和学术话语，削中国实践之足、适西方理论之履，等等。"[1]中国处于"经济大国""话语小国"的尴尬境地，"言必称西方"的局面必须改变。实际上，"在解读中国实践、构建中国理论上，我们应该最有发言权。"[2]为此，中国学者要出精品力作，勇于推进实践创新基础上的理论创新，为建构"理论中的中国"和"思想中的中国"献计出力。

当前，在中国展开的工业化和现代化过程，其规模和速度都史无前例。我国已是世界第二大经济体，现在要追求的新目标是大而强。"由于现代文明本质上是一种源自西方的资本主义文明，更由于这种文明在全球扩张的过程中已经不可避免地遇到了自身的界限，所以中国要想拥有自己的未来，决不能走全面融入'现代文明'的全盘西化之路，而必须在学习、消化、吸收现代文明积极成果的基础上，创造一种不同于现代文明且

---

[1] 中共中央党校中国特色社会主义理论体系研究中心：《增强理论自觉和理论自信用中国话语体系解读中国道路》，《求是》2012年第14期。
[2]《习近平谈治国理政》第2卷，外文出版社2017年版，第346页。

优于现代文明的新型文明。"①当代中国人要正确看待国际化，不能把国际化与西化对应、把国际化与中国化对立。实际上，国际化不等于西化，国际化也不是与中国化相对立的。因循守旧只能更加落后，关起门来只能自绝于人类文明发展大道，崇洋媚外只会丧失中国主体性和民族尊严。在21世纪，以美国为核心的单极体系式微，资本主义全球化陷入困境，以西方为中心的世界日益没落。西方不能阻止中国崛起，中国崛起既是中国主体性觉醒的必然结果，也是世界历史力量转移的必然结果。中国经济转型成就令世界瞩目：2015年时，中国GDP在全球总量中的占比超过15%，如今已经达到18%左右。中国进入工业化、后工业化阶段，需要一种新的愿景与发展模式，这种愿景和发展模式要有效超越西方现代化和工业化的主要弊端，开启一种"文明崛起"和"贡献型崛起"新的文明形态。

当代中国人如何走出学徒心态走向自我主张，告别他信建立自信？当前，中华民族前无古人的伟大实践正在开辟出一个伟大时代，在伟大时代做一个能思的和批判的主体至关重要。毕竟，人的现代化是现代化的核心与关键。"人们自己创造自己的历史，但是他们并不是随心所欲地创造，并不是在他们自己选定的条件下创造，而是在直接碰到的、既定的、从过去承继下来的条件下创造。"②过去，通过中国道路和中国奇迹，中国共产党发现了自己的力量，中国人民和中华民族发现了自己的力量。"中国人民和中华民族从斗争实践中懂得，中国社会发展，中华民族振兴，中国人民幸福，必须依靠自己的英勇奋斗来实现，没有人会恩赐给我们一个光明的中国"③。未来，我们要继续坚持中国共产党的领导，坚持人民的主体地位，前者是中国特色和政治优势，后者是社会主义本质和制度优势。

---

① 余在海、江永霞：《从现代文明的本质界限来看中国道路的历史必然性》，《天津社会科学》2019年第2期。
② 《马克思恩格斯选集》第1卷，人民出版社1995年版，第585页。
③ 习近平：《在纪念五四运动100周年大会上的讲话》，《人民日报》2019年4月30日。

面对西方的话语霸权和理论强势，面对西方对中国道路的曲解和质疑，我们要牢牢掌握阐明中国道路的话语权。"物质力量只能用物质力量来摧毁"①，同理，话语力量也只能用话语力量来摧毁，理论力量也只能用理论力量来摧毁，精神力量也只能用精神力量来摧毁。要摧毁西方对中国道路的误读，关键要靠我们自己对中国道路的正读，我们只有正确阐明中国道路才能有效地应对西方对中国道路的误读。现实地看，"中国的发展是世界的机遇，中国是经济全球化的受益者，更是贡献者"②。"文明因交流而多彩，文明因互鉴而丰富。文明交流互鉴，是推动人类文明进步和世界和平发展的重要动力"③。中国道路不仅改变中国，而且深刻改变世界。"我们的改革不仅在中国，而且在世界范围内也是一种试验，我们相信会成功。如果成功了，可以对世界上的社会主义事业和不发达国家的发展提供某些经验。"④就此而论，中国道路具有开创性、启发性、示范性，承载着扬弃资本主义文明、开启人类文明新形态的历史使命。

总之，在全球化时代和世界力量转移加速期，中国道路和中国奇迹导致一些西方理论正在被质疑，一种新版的马克思主义理论正在颠覆西方的传统理论。21世纪是中国崛起的世纪，中国崛起必然伴随着中华文化的繁荣兴盛，中国崛起也必须要借助于中国人高度的文化自觉、文化自信和文化自强。历史地看，中国道路和中国奇迹是中国共产党和中国人民在奋斗实践中创造的。"中国的学术界理论界正在摆脱对西方话语的路径依赖，不断增强建构中国话语体系的集体自觉"⑤。我们坚信，中国道路必将越走

---

①《马克思恩格斯选集》第1卷，人民出版社1995年版，第9页。
②《习近平谈治国理政》第2卷，外文出版社2017年版，第484页。
③习近平：《文明交流互鉴是推动人类文明进步和世界和平发展的重要动力》，《求是》2019年第9期。
④《邓小平文选》第3卷，人民出版社1993年版，第135页。
⑤何毅亭：《中华民族伟大复兴与中国话语的崛起》，《学习时报》2019年9月27日。

越宽广，坚强有力的中国共产党和伟大的中国人民必将创造越来越多、越来越大的中国奇迹！

二、世界百年未有之大变局之哲学分析

当今世界正处于百年未有之大变局，这是中国共产党对于世界新的时代特征的全新、科学和准确的研判。为历史与现实服务始终是哲学的任务。对世界百年未有之大变局进行哲学分析，是当今时代重大问题赋予哲学的新课题。百年未有之大变局具有深厚的马克思主义哲学的本体论基础、认识论基础、矛盾论基础和历史观基础。作为科学世界观与方法论，马克思主义哲学的辩证唯物主义和历史唯物主义为我们深刻认识和精准把握百年未有之大变局的深层本质和哲学依据提供了重要的认知性引导、方法论基础和实践智慧支撑

如何科学认识世界处于百年未有之大变局，这是当前中国理论界、学术界十分关注的重大课题。2018年6月，习近平总书记在中央外事工作会议上明确指出："当前中国处于近代以来最好的发展时期，世界处于百年未有之大变局，两者同步交织、相互激荡。"[1]实际上，百年未有之大变局不仅是一个关于世界新的时代特征的重大论断，也是当前十分重要的学术命题和哲学命题，亟须我们从哲学视野，尤其是从马克思主义哲学视野中对其展开深入分析和思考。基于此，我们主要围绕以下问题展开：为何进行百年未有之大变局之哲学分析？马克思主义哲学何以是分析百年未有之

---

[1]《坚持以新时代中国特色社会主义外交思想为指导 努力开创中国特色大国外交新局面》，《人民日报》2018年6月24日。

大变局的理论指南？我们应该如何深入把握百年未有之大变局的深层本质和哲学根据？这是一个值得深入研究的重大理论与现实问题。

（一）为何进行百年未有之大变局之哲学分析

哲学分析研究旨在探寻事物发展的哲学根据，深入事物发展内部深层结构，揭示和把握其内在运动规律、运动机理和发展趋向。进行百年未有之大变局的哲学分析主要在于，当前从哲学视野中对百年未有之大变局展开分析和诠释并未引起国内理论界足够的重视。从哲学视角上分析和思考百年未有之大变局，这是当今重大时代问题赋予哲学的新课题。

1.当前国内理论界关于百年未有之大变局的研究现状及述评

从总体上看，当前国内理论界对百年未有之大变局研究主要围绕以下方面展开。

第一，关于百年未有之大变局的内涵论研究，国内理论界主要从两个方面展开。其一，内涵模糊论。以赵可金等为代表的学者认为，对百年未有之大变局的理论内涵讨论缺乏明确的测量指标，科学内涵并未得到界定。其二，内涵多维论。以蔡翠红等为代表的学者认为，从宏观整体角度、综合国力角度把握百年未有之大变局含义。以金灿荣、高祖贵等为代表的学者认为，要从国际格局、现代化模式、世界生产力布局、人类面临问题中把握百年未有之大变局的含义。[1][2]

第二，关于百年未有之大变局的表现论研究，国内理论界主要从四个方面展开。其一，世界力量对比论。以张蕴岭等为代表的学者认为，百年

---

[1] 金灿荣：《如何深入理解"世界正面临百年未有之大变局"》，《领导科学论坛》2019年第14期。

[2] 高祖贵：《世界百年未有之大变局的丰富内涵》，《学习时报》2019年1月21日。

未有之大变局是世界新旧力量的交锋和博弈的过程。①其二，全球领导权力转移论。以杨光斌等为代表的学者认为，当前全球体系的领导权、权力结构正在出现新调整。②其三，全球治理体系变革论。以赵可金等为代表的学者认为，当前全球治理机制深刻变革、世界秩序深度调整。其四，发展中国家崛起论。发展中国家群体性发展和崛起改变了世界权势结构。

第三，关于百年未有之大变局的动因论研究，国内理论界主要从四个方面展开。其一，重大事件论（包括中国国内与国际社会）。以权衡等为代表的学者认为，"2008年全球金融危机""2011年中国成为世界经济第二大经济体""2013年中国提出'一带一路'倡议""2018年中美贸易摩擦"等重大事件是引发百年未有之大变局的重要因素。③其二，生产力革命论。以金灿荣、庞金友等为代表的学者认为，第四次工业革命必将引起百年未有之大变局。④⑤其三，中国参与全球治理能力增强论。

第四，关于百年未有之大变局的中国应对论研究，国内理论界主要从对内与对外两个维度展开。其一，以李拓、杜庆昊等为代表的学者认为，中国应当要从国家利益维护论、创新论、改革论、使命论、安全论等角度来应对百年未有之大变局。⑥⑦其二，以蔡拓等为代表的学者认为，中国应当要从再全球化论、全球治理完善论、塑造大国形象论等来应对百年未有之大变局。

---

① 张蕴岭：《百年大变局：变什么（上）》，《世界知识》2019年第8期。
② 张蕴岭、杨光斌、魏玲、朱锋、金灿荣、谢韬：《如何认识和理解百年大变局》，《亚太安全与海洋研究》2019年第2期。
③ 权衡：《"百年未有之大变局"：表现、机理与中国之战略应对》，《科学社会主义》2019年第3期。
④ 张蕴岭、杨光斌、魏玲、朱锋、金灿荣、谢韬：《如何认识和理解百年大变局》，《亚太安全与海洋研究》2019年第2期。
⑤ 庞金友：《百年大变局与中国方案》，《人民论坛·学术前沿》2019年第7期。
⑥ 李拓：《"百年未有之大变局"中的中国特色社会主义》，《科学社会主义》2019年第3期。
⑦ 杜庆昊：《大历史视野中的"百年未有之大变局"》，《学习时报》2019年3月11日。

第五，关于百年未有之大变局与大国之间的关系研究，国内理论界主要从三个方面展开。其一，从百年未有之大变局审视中美关系、中日关系。其二，百年未有之大变局与中国崛起和中华民族伟大复兴的关系研究。其三，百年未有之大变局与世界社会主义运动的关系研究。

从整体上看，通过以上梳理和概括可知，当前国内理论界从经济学、历史学、国际关系等学科视角对百年未有之大变局进行全方位的研究和分析，取得了丰富的理论成果，这为拓展其他学者当前及今后关于这一时代性议题研究的学术视野夯实了丰富的思想资源基础，也为中国特色社会主义发展道路在百年未有之大变局的大历史时代中行稳致远提供了重要的实践指导意义。然而，我们发现，当前国内理论界对百年未有之大变局的研究，大部分学者侧重从国际关系、国际政治经济角度进行分析，较少有学者从马克思主义理论的视角对其展开理论维度和哲学维度上的研究和思考，在一定程度上造成了马克思主义理论工作者在这一重大时代问题上失语、失声，结果就缺少一种马克思主义基本原理的立场、观点和方法对其理论和实践上指导和应有的哲学关怀。鉴于当前国内理论界对百年未有之大变局研究尚未从哲学视角予以充分关注，这为笔者力求从哲学这一角度推进百年未有之大变局的研究提供了一定的空间。

2.百年未有之大变局之哲学分析的紧迫性和重要性

其一，对百年未有之大变局展开哲学分析可以鲜明反映出重大时代问题与哲学关系的内在逻辑关联。马克思指出："任何真正的哲学都是自己时代的精神上的精华。"[①]这深刻揭示了哲学与时代问题之间的良性互动关系。任何时代重大现实问题的凸显，都或多或少地反映、表征和引领该时代发展的哲学主题；任何时代重大现实问题的破解，都需要作为时代精神精华的哲学提供认知性引导、方法论指导。中国共产党对当今世界作出

[①]《马克思恩格斯全集》第1卷，人民出版社1995年版，第220页。

百年未有之大变局的科学研判，是建立在对时代现实发展基础上的，其背后有深厚的哲学基础和哲学依据，而不是其无中生有、主观臆造的。因而我们必须要加强研究百年未有之大变局的哲学基础和哲学依据，反过来也能从百年未有之大变局的哲学研究中推动、深化乃至创新21世纪马克思主义、当代中国马克思主义研究。

其二，对百年未有之大变局展开哲学分析是我们深刻明察当前世界发展所溢出的众多新情况，从而迅速抓住新机遇、准确解决新问题的关键所在。在西方传统哲学中，在本体论意义上人们总是力求在纷繁的世界中找寻一种统一于世界的永恒存在的"一"，事实上就是为揭示世界运动未来趋向和发展规律，以期在变化无常的共在世界中为人们寻找安身立命、构筑精神家园的基点；中国哲学"道生一，一生二，二生三，三生万物"的哲学思想亦是对人们寻找安身和精神栖息之所的生动体现。在一定意义上说，当今世界处于百年未有之大变局的大历史时代，无论是从作为"时间"的纵向度的"百年"看，还是从作为"空间"的横向度的"世界"看，百年未有之大变局深层反映出了当前我们直面的是无限增长的纷繁复杂、变化无常的世界，而如何在复杂性、瞬息万变的百年未有之大变局中寻求和揭示其内在规律，获得一种本质性、统一性的认识，提炼出当前百年未有之大变局深层的时代本质、哲学方法、哲学精髓和哲学理念，从而为当前中国人民乃至世界人民深刻明察新情况、抓住新机遇、解决新问题奠定思想基础，提供行动指引，这是当今时代问题赋予哲学的重大课题。

（二）马克思主义哲学何以是分析百年未有之大变局的理论指南

恩格斯在《自然辩证法》中曾深刻指出："一个民族要想站在科学的最

高峰，就一刻也不能没有理论思维。"①这说明，任何一个民族国家要在瞬息万变、百花齐放和纷繁复杂的世界里，抓住和站在历史发展的重要战略机遇期和制高点，具有较强的理论思维能力就显得尤为关键。"如果缺乏理论思维的有力支撑，是难以战胜各种风险和困难的，也是难以不断前进的"②。理论思维的"才能需要发展和培养，而为了进行这种培养，除了学习以往的哲学"③、学习马克思主义哲学，直到现在还没有别的办法。马克思主义哲学作为科学世界观和方法论，其深刻揭示出世界物质统一规律、发展总规律、意识作用与反作用规律、质量互变规律、对立统一规律、否定之否定规律、社会存在决定社会意识规律、社会基本矛盾运动规律、人民群众创造历史规律、世界历史发展规律、人类解放规律等重要哲学原理，"在当今时代依然有着强大生命力，依然是指导我们共产党人前进的强大思想武器"④。

从理论角度看，其一，马克思主义哲学是始终如一关注时代重大现实问题的哲学。马克思主义哲学以其自身哲学方式关注重大现实问题，其"认为十分重要的问题，不在于懂得了客观世界的规律性，因而能够解释世界，而在于拿了这种对于客观规律性的认识去能动地改造世界"⑤。其二，马克思主义哲学是坚定不移走进时代重大现实问题的哲学。马克思在开创其哲学的历史进程中，批判性吸收了西方哲学史上的重要哲学思想资源，认为思想力求趋向现实与现实力求趋向思想是辩证统一的。其三，马克思主义哲学是力求揭示时代重大现实问题的哲学。马克思主义哲学深刻揭示了事物本质、内在联系及发展一般规律，是人们洞察世界、思考问题、分析问题

---

① 《马克思恩格斯文集》第9卷，人民出版社2009年版，第437页。
② 《推动全党学习和掌握历史唯物主义　更好认识规律更加能动地推进工作》，《人民日报》2013年12月5日。
③ 《马克思恩格斯文集》第9卷，人民出版社2009年版，第436页。
④ 《推动全党学习和掌握历史唯物主义　更好认识规律更加能动地推进工作》，《人民日报》2013年12月5日。
⑤ 《毛泽东选集》第1卷，人民出版社1991年版，第292页。

的一把十分锋利的思想利剑。其四，马克思主义哲学是解决重大现实问题的哲学。"马克思的整个世界观不是教条，而是方法。"[①]解决重大现实问题要有科学思路和科学方法，从而才能彻底地改变现实世界的旧状况。

马克思主义哲学作为一种关注、走进、揭示和解决时代重大现实问题的科学哲学原理，其哲学思想力量效应生动反映在新中国成立75年来中国共产党和中国人民艰辛奋斗和取得的巨大成就的进程中。从历史实践看，在中国革命和社会主义建设时期，中国为了探索和寻找中国革命与建设的正确道路，为了科学确立正确思想路线、组织路线乃至群众路线，而不断加强学习、运用马克思主义哲学智慧。《实践论》《矛盾论》《论十大关系》《关于正确处理人民内部矛盾的问题》等光辉的哲学著作都是中国共产党灵活运用了马克思主义哲学原理的理论表现和智慧结晶。这些哲学著作蕴含的深邃的哲学思想为中国共产党推进中国革命、建设、改革和发展提供了实践智慧启迪。

改革开放以来，在推进工作重心向经济建设转移、确立和发展社会主义市场经济、全面深化改革开放、全面建成小康社会、构建人类命运共同体等一系列关乎中国发展全局、中国发展命运乃至世界发展命运的重大理论和实践的问题上，中国共产党努力从马克思主义哲学中寻找理论资源和实践思维方法。这就突出表现在党的十八大以来，中共中央政治局分别以"历史唯物主义"和"辩证唯物主义"为主题，学习其"基本原理和方法论"，自觉加大了马克思主义哲学学习的深度和力度。"学哲学、用哲学是我们党的一个好传统"，"要原原本本学习和研读经典著作，努力把马克思主义哲学作为自己的看家本领"[②]。

综上所述，一方面表明，中国每当处于重大的历史转折关头、发展十

[①]《马克思恩格斯文集》第10卷，人民出版社2009年版，第691页。
[②]《推动全党学习和掌握历史唯物主义　更好认识规律更能动地推进工作》，《人民日报》2013年12月5日。

字路口、发展关键时期，中国共产党人都十分重视对马克思主义哲学的深入学习，通过学习和运用马克思主义哲学智慧来统一全党、全民思想，分析和解决错综复杂的中国问题乃至世界问题，从而有力推动中国革命、建设和改革取得举世瞩目的成就。实践深刻证明：中国从站起来、富起来乃至强起来的历史征途中，我们面临的问题越多元、越复杂、越多变，就越需要提高战略思维、历史思维、辩证思维、系统思维、创新思维、法治思维、底线思维能力，而这就越需要接受、越需要发挥马克思主义哲学智慧的作用。另一方面表明，在"重大历史转折点""处于重要战略机遇期""最好的发展时期"等重大现实问题中本身就内蕴着和投射着对哲学智慧的诉求，尤其是马克思主义哲学基础和思维方法的诉求。由此，当前我们在思考和分析百年未有之大变局的时代本质、时代主题、表现内容、动力系统、发展阶段性特征，以及中国如何应对、如何最大限度抓住历史发展机遇期、管控乃至规避潜在风险等现实问题时，要自觉挖掘和追寻其内在的马克思主义哲学基础和方法论依据，以期为分析和破解这一重大现实问题提供一种马克思主义哲学的智慧支撑。

（三）百年未有之大变局的马克思主义哲学分析

列宁曾深刻指出："马克思的哲学是完备的哲学唯物主义，它把伟大的认识工具给了人类，特别是给了工人阶级。"[①]"无产阶级也把哲学当做自己的精神武器"[②]，进而运用这一伟大的"精神武器"现实性地"改变世界"。当今世界正处于百年未有之大变局，马克思主义哲学的本体论、

[①]《列宁专题文集：论辩证唯物主义和历史唯物主义》，人民出版社2009年版，第335页。

[②]《马克思恩格斯文集》第1卷，人民出版社2009年版，第17页。

认识论、矛盾论和历史观等哲学视角为我们深入揭示百年未有之大变局的时代本质和深入把握其所蕴含的时代主题提供了重要的认知性引导和方法论引导。

1. 从本体论中认识百年未有之大变局

百年未有之大变局发生的场域在世界之中。"世界"不仅是一个"空间"意义上的地理范畴，也是一个"本体"意义上的哲学范畴。世界为何、如何和何为等哲学问题一直是哲学家研究和思考的对象。一般而言，所谓本体，意指存在者之为存在的终极基础、根本，是存在物得以存在的前提、根据。西方传统哲学对本体的追寻和哲思方式，为分析和认识百年未有之大变局提供了有益的思考方式借鉴。在西方传统哲学看来，哲学家追问着世界上有没有一个永恒的东西存在，其他的东西都由其派生，他们把水、火、土、数等有形或无形的存在物当作世界本源。遵循西方传统哲学家在追寻世界万物的本源何为的致思方法，由此而来的发问是，导致百年未有之大变局的"始基"为何？如果按照西方传统哲学对这一问题的哲学回答，其往往归结为以意志、精神为根据，然而这也必然导致陷入唯心主义的窠臼之中。马克思主义哲学克服了以往哲学所具有的重大理论局限，鲜明指出："全部社会生活在本质上是实践的。"[①] 现代世界的本质是人类社会生产、生活实践基础上形成的感性对象性世界，是在人的实践基础上所最大限度地聚集着社会关系、生产关系和生活关系的关系性存在的世界。由此，"我们判断这样一个变革时代也不能以它的意识为根据"[②]，引起"一切社会变迁和政治变革的终极原因"，最终"应当到生产方式和交换方式的变更中去寻找"[③]，"社会的物质生产力发展到一定阶段，便同它们一直在其中运动的现存生产关系或财产关系（这只是生产关系的法律

---

① 《马克思恩格斯文集》第1卷，人民出版社2009年版，第501页。
② 《马克思恩格斯文集》第2卷，人民出版社2009年版，第592页。
③ 《马克思恩格斯文集》第3卷，人民出版社2009年版，第547页。

用语)发生矛盾。于是这些关系便由生产力的发展形式变成生产力的桎梏"①,这就导致社会革命时代和世界大变局时代的到来。马克思、恩格斯曾在《共产党宣言》中对生产方式在现代社会中产生变革作用,造成社会发生"变局"现象进行过十分深刻的阐述,例如,"一切固定的僵化的关系""一切新形成的关系""一切等级的和固定的东西""一切神圣的东西"②都烟消云散。在此意义上看,"一个变革时代""大变局"时代体现为一个本体论问题,需要以生产方式变革为上层结构的本体性思维方式,深入把握发生百年未有之大变局内在的本体性基础、根据。因此,切勿仅仅"停留在一般现象层面来看待百年变局,而是深入时代本质及其阶段性特征的深层次来分析百年变局的历史和现实根源"③。基于本体论中蕴含的哲学方法认识百年未有之大变局,这对我们深层次思考和把握百年未有之大变局之产生这种"变"的最为根本性根源,以及在实践上为中国在这种变局中能够有的放矢地制定出发展战略和方针政策提供了重要的方法论指引。

2. 从认识论中审视百年未有之大变局

百年未有之大变局不仅是一个本体论问题,也是一个认识论问题。马克思指出:"人的思维是否具有客观的真理性,这不是一个理论的问题,而是一个实践的问题。人应该在实践中证明自己思维的真理性,即自己思维的现实性力量。"④也就是历史实践和现实实践构成检验思维真理性的试金石,思维的现实性力量在社会生活的历史实践和现实实践中得以不断确证和彰显。当前中国作出百年未有之大变局的科学研判,是建立在对当

---

① 《马克思恩格斯文集》第2卷,人民出版社2009年版,第591页。
② 《马克思恩格斯文集》第2卷,人民出版社2009年版,第34—35页。
③ 金民卿:《新思想对百年变局的深度剖析和战略引领》,《人民论坛》2019年第17期。
④ 《马克思恩格斯文集》第1卷,人民出版社2009年版,第500页。

代中国发展与世界发展的历史维度、现实维度之准确把握基础上的。从历史实践看，近代以来人类历史发展历经蒸汽时代、电气时代、信息时代的三次巨变。这些巨变无疑为西方资本主义国家发展注入了强大动力，进而这些国家成为超级大国乃至强国，在世界舞台中确立和占据发展的绝对优势地位。历史实践反复确证这一认识：哪个民族国家在世界正处于巨大变革中，能够精准抓住历史发展机遇期，其就能在世界历史发展浪潮中占据极大的优势地位。第四次工业革命，不仅将推动世界历史发展的车轮滚滚向前，也将极大推动和优化中国社会发展结构和战略布局。由此，在世界百年未有之大变局中明确自身发展的历史方位、处于世界的历史坐标，积极审时度势、乘势而上，努力占据第四次工业革命的发展制高点，显得尤为重要。可以说，人的历史的、现实的认识来源于并作用于历史的、现实的实践，而历史的、现实的实践的反馈又能反作用于历史的、现实的认识，从而赋予新的实践活动以新内容、新认识。马克思主义哲学的能动反映论进一步揭示了认识是对客观世界的反映，认识具有能动性，是头脑对外部世界改造和加工的过程。因此，百年未有之大变局的提出是中国共产党人对客观世界的能动反映和认识，其内在也折射出一个重大哲学问题："世界向何处去"。恩格斯在其历史合力论深刻阐明了历史发展往何处去是由无数"出力"的个体而构成的平行四边形之合力作用的历史结果。因此，我们并不能简单借助一种机械论式、目的论式的思维方法来臆测、臆造，不假思索地认为世界变化会自然地向着某个特定的、预设好的方向发展。实际上，正确认识世界向何处去和把握当前百年未有之大变局时代问题，必须摆脱机械论、单线论的狭隘思维方式束缚[①]，充分发挥作为民族国家的个体和作为个人的个体之主观能动性在百年未有之大变局中起到的关键的、重要的作用。

---

① 李滨：《"百年未有之大变局"：世界向何处去》，《人民论坛》2019年第7期。

3.从矛盾论中揭示百年未有之大变局

百年未有之大变局不仅是本体论问题、认识论问题，还是一个矛盾论问题。世界是开放的世界，是共在的世界。矛盾是共在世界中普遍存在的表现内容，也是世界表达自身存在的一种方式。百年未有之大变局不仅意味着在世界中各个民族国家的发展结构、发展层级、发展内容、发展动力、发展取向、发展主体和发展观念将发生不同以往的或缓和或激烈的调适、对抗，也意味着百年未有之大变局所带来的世界巨大变动，必将催生出前所未有的新问题，也会造就旧问题的残留和延续，最终表现为一种"前方"与"后方"、"变"与"不变"、"新"与"旧"、"破"与"立"的矛盾体和问题体。然而，承认矛盾体的存在并不是以形而上的方式存在，而是表现为一种暂时性、历史性的辩证性存在。因为"辩证法在对现存事物的肯定的理解中同时包含对现存事物的否定的理解"，"按其本质来说，它是批判的和革命的"[1]。因此，百年未有之大变局中蕴含的矛盾体也体现为机遇体、发展体，这是矛盾体的辩证法体现。世界发展从来都是由个体和个体之间矛盾相互交织、相互作用的辩证发展结果，矛盾凸显诚然也意味着赋予其他个体以发展新契机。纵观近代人类历史发展进程中所出现或大或小的"变局"，无不体现为矛盾体与机遇体的相互交织。20世纪初，世界发生的具有开天辟地的重大"变局"之一在于，第一个社会主义国家诞生，社会主义由理论性存在向现实性存在转变。然而，在20世纪80年代末90年代初，东欧剧变、苏联解体，社会主义阵营在世界发展中遭到重创，日本现代学者福山因而抛出"历史终结论"。但随着中国社会主义发展道路在"变局"中逐步发展，创造性地走出了一条不同于西方发达国家的现代化发展道路，"历史终结论"必然要被历史终结。因此，从根本上说，人的认识活动和实

---

[1]《马克思恩格斯文集》第5卷，人民出版社2009年版，第22页。

践活动就是不断认识矛盾、不断解决矛盾的过程。基于历史与现实交汇视角揭示出了百年未有之大变局既是矛盾体、问题体,也是机遇体、发展体,要有发展前、发展中、发展后的问题意识、机遇意识、危机意识;百年未有之大变局中不仅要承认这种矛盾的普遍性、客观性,也要准确把握世界变化的本质和全局,认清、抓住百年未有之大变局中的主要矛盾和矛盾的主要方面,最大程度上避免在百年未有之大变局中舍本逐末。

4. 从历史观中认识百年未有之大变局

"百年"既是一个"时间"意义上的范畴,也是一个"历史"意义上的范畴。在马克思主义哲学的历史观中,历史不是对人类历史发展进程中某一具体历史事实进行一种表象性、简单性历史叙述、历史描述,而是要走进历史事实的深处,寻找社会历史发展的"最深的秘密,找出隐蔽的基础"[1],揭示其历史规律和历史逻辑。而这一根本基础就是要深入历史的物质生产结构中。按照马克思的理解,"历史不外是各个世代的依次交替。每一代都利用以前各代遗留下来的材料、资金和生产力;由于这个缘故,每一代一方面在完全改变了的环境下继续从事所继承的活动,另一方面又通过完全改变了的活动来变更旧的环境"[2]。因此,历史变迁和演进是整体性、联系性、全局性的,同时人类历史的每一次重大演进历史地"变更旧的环境"和衍生出"变局",都伴随着在历史发展中各民族国家之间的经济力量、政治力量、文明力量的交锋、发展和转移。一方面,资本主义社会化大生产完全无意地把民族的历史推入世界历史发展中,而伴随着资本逐利强劲驱使而形成了一种不平等的世界体系。然而,随着当今全球化发展进程加速推进,世界多极化、经济全球化、社会信息化、文化多样

---

[1]《马克思恩格斯全集》第25卷,人民出版社1974年版,第892页。
[2]《马克思恩格斯文集》第1卷,人民出版社2009年版,第540页。

化深入发展,民族国家的主体性意识逐渐提升,全球治理体系加速变革,"国际力量对比更趋均衡"[①],尤其是2008年国际金融危机、2010年中国成为世界第二大经济体、2013年中国提出"一带一路"倡议、2018年中美贸易摩擦等逐渐改变了西方国家和非西方国家的力量对比,"非西方国家(中国、印度、广大伊斯兰国家、巴西、南非等)正在新一轮'力量转移'过程中逐渐崛起"[②],深入推动了21世纪世界发展的巨大变化。另一方面,"近代以来,随着工业革命以及殖民扩张,主导力量向资本和科技转移,由于近代中国没有这种力量,因此西方国家主导人类历史长达300年。这300年间资本为谋取更多利益,不断加强资本扩张、文化压制、市场垄断,逐渐暴露资本主义文明的弊端,世界呼唤一种更具包容性普惠性的文明出场。"[③]因此,历史观视野下的百年未有之大变局深刻透视出,任何一个民族国家在共在的百年未有之大变局中选择什么样的应对之策,折射出了其不同世界观、时代观、文明观和发展观的分野。

综上所述,问题是时代最实际的呼声,哲学是思想中把握到的时代。对百年未有之大变局这一时代问题进行分析,需要对其展开一种马克思主义哲学上的本体论、认识论、矛盾论和历史观的全景式的哲学思考,深入剖析百年未有之大变局的深层次本质。诚然,这种多元分析的哲学视角看似各自独立、互不关联,实际上是一种相互渗透、互为关联而内在构成的视角群和整体性视域,是从整体性的哲学视域对百年未有之大变局进行整体性、总体性的分析。由此,总的来说,第一,要基于社会生产方式这一终极根源,从民族历史与世界历史辩证统一的整体性视野,最终立足于

---

① 习近平:《携手共命运 同心促发展——在二〇一八年中非合作论坛北京峰会开幕式上的主旨讲话》,《人民日报》2018年9月4日。
② 韩庆祥、张艳涛:《论力量转移》,《哲学研究》2016年第1期。
③ 张艳涛:《中国崛起与人类文明新形态开启——兼论〈资本论〉的文明意蕴》,《中国浦东干部学院学报》2019年第4期。

"人类社会或社会的人类"①的哲学立场中深入把握百年未有之大变局的哲学内涵、价值诉求和哲学主题，以期为中国人民乃至世界人民在百年未有之大变局中构建一种安身立命、精神家园的坚实基点。第二，百年未有之大变局不仅表征着一种时间序列的变化，更是集中体现了人类创造历史进程所积蓄起来的世界文明成果的集中展示，是一种累积性、连续性和发展性，是一个由量变逐渐形成质变而由此催生的新一轮的文明大发展、大爆发，因此，剖析百年未有之大变局的内在机理需要历史性思维、发展性思维和文明性思维，要坚持历史维度与价值维度的统一。第三，百年未有之大变局表明世界始终是运动的、变化无常的、动态的，既是矛盾体、问题体，也是机遇体、发展体。因此，要在世界客观变化中作出客观研判，要有未雨绸缪的战略性思维、辩证法思维、复杂性思维、总体性思维，从而以哲学视野准确地把握和提炼出其深层时代本质、哲学主题和哲学理念。可以说，从马克思主义哲学角度对百年未有之大变局进行哲学分析和思考，在一定程度上能为实现中华民族伟大复兴、为中国携手其他民族国家一道在百年未有之大变局中更为深入构建人类命运共同体提供重要的认知性引导、方法论基础和实践智慧支撑。

三、改革开放以来中国社会转型的阶段性特征

中国社会发展的方式和任务取决于其所处的阶段。基于这一理解和认识，从社会发展方式和阶段性特征视角看，改革开放之初是"动员参与期"，其任务主要是动员参与（思想动员、政策动员和机制动员），各尽其

---

①《马克思恩格斯文集》第1卷，人民出版社2009年版，第502页。

能，使社会活力迸发出来；继之而来的是"利益分化期"，其任务主要是各谋其利；再后来是"表达诉求期"，其任务主要是尊重各阶层社会成员的正当利益诉求（主要包括利益诉求、权利诉求、民主诉求、公正诉求），使各种诉求通过合理合法的渠道表达出来；新时代是"整合凝聚期"，其任务主要是各得其所，协调各种力量和各方利益关系，寻求最大公约数、画出最大同心圆，整合凝聚中国力量积极保障和改善民生。整体来看，我国已经全面建成小康社会，并正致力于全面建成社会主义现代化强国的发展目标。厘清改革开放以来中国社会转型的阶段性特征，有助于全面准确理解高质量发展，有助于深刻理解"五位一体"总体布局、"四个全面"战略布局和新发展理念，也有助于推进国家治理体系和治理能力现代化。

（一）"动员参与期"：
各尽其能，使社会活力迸发出来

1949年新中国成立后，中国走上社会主义道路。1956年社会主义改造完成后，我国就开始了社会主义建设之路。回首1978年改革开放前，我们依靠计划经济体制取得了发展的初步成果，建立起了比较完整的工业体系和国民经济体系，初步改变了新中国成立之初"一穷二白"的贫弱状况，为社会主义现代化建设积累了一些经验。但随着生产社会化程度的提高和经济规模的扩大，统一规划、统一决策、统一分配的传统计划经济在发挥积极作用的同时也显示出不容忽视的缺陷与弊端。其中最大的弊端就是"大帮哄"导致大多数人"出工不出力"，收入分配的平均主义严重压抑了人的生产积极性，政府控制下的企业严重缺乏竞争意识，其结果是人们的生活水平、整个社会的发展水平与同期世界发达国家相比，差距甚远。如何带领世界1/4的人摆脱贫穷、走向富强，如何激发每一个中国人的潜力使社会活力迸发，如何将沉重的"人口包袱"转变为推动经济社会发展的"人口优势"，就成为当时中国发展的关键问题。为此，党的十一届三中全会作出了改革开放的重大决策并将党和国家的工作重心转移到经济建设上来，开启了我国现代化建设的新征程。改革开放初期的主要历史任务就是力求把人民群众的一切积极因素和力量动员起来，参与到改革开放与社会发展中去，共创社会发展成果（把蛋糕做大），因而在逻辑上，这是一个"动员参与期"。这一时期的基本特征，就是我们从制度和政策上采取了一系列重要措施，使民众做到各尽其能，使社会充满活力。

黑格尔指出，欲望、激情和需要是推动人类活动最有力的动力。这一洞见同样适用于揭示中国改革开放之初的奥秘。鉴于我国是农业大国，农村人口众多且贫困落后，农民是我国革命、建设、改革的基础力量。因此，如何充分调动农民的积极性，使他们自觉投身社会主义事业中就显得十分关键。为此，我国以农村为突破口拉开了改革开放的序幕。以包产到户、包干到户为主要内容的家庭联产承包责任制允许农民自己组织和安排生产，极大地调动了广大农民的生产积极性，推动了广大农村地区生产力的提高和农民生活水平的巨大改善。之后，乡镇企业的兴起不仅解决了农村剩余劳动力的问题，而且开启了独立自主经济实体模式的探索，推动我国从农业经济向工业经济的转变。在农村改革取得成效的基础上，以建立经济特区为起点开始了以城市为重点的整个经济体制的改革。改革开放40多年，我国在坚持以公有制为主体的同时，鼓励、支持包括个体经济、私营经济、外资经济等在内的非公有制经济的发展，坚持按劳分配为主体的同时健全包括劳动、资本、技术、管理等生产要素按贡献参与分配的原则，从而使人民群众的积极性、主动性、创造性得到释放，社会创新活力日益彰显，物质财富充分涌流。此时，如果用一句话概括，就是"发展是硬道理"，即"努力把蛋糕做大"。

发展是当代中国第一要务，也是中国社会主义现代化建设的核心问题。"中国社会主义现代化建设成就巨大，最根本的原因在于我们党牢牢把握住了发展这个决定中华民族前途命运的主题"[①]。中国改革开放总设计师邓小平提出了"发展才是硬道理""中国解决所有问题的关键是要靠自己的发展"等思想；以江泽民同志为主要代表的中国共产党人则将社会发展与党的执政相联系，提出"发展是党执政兴国的第一要务"；以胡锦涛同志为主要代表的中国共产党人将发展进一步系统化、理论化、完整化，提出了"以人为本的科学发展观"；以习近平同志为核心的党中央，格外注重发展问题，将发展融汇于实现国家富强、民族复兴、人民幸福的伟业之中，提出"五位一体"总体布局、"四个全面"战略布局和新发展理念，坚持"发展依然是中国第一要务"。从邓小平到江泽民到胡锦涛再到习近平总书记，在发展观上既体现了一脉相承，又体现了与时俱进。所谓一脉相承，就是始终牢牢扭住中国发展这个牛鼻子不放松，所谓与时俱进，就是结合时代发展趋向和中国发展实际，提出新的发展思路和发展理念引领中国发展。

如今，由中国特色社会主义道路、中国特色社会主义理论体系、中国特色社会主义制度共同支撑起的中华民族伟大复兴的中国梦赋予了中国更多发展可能与发展自信。正如有的学者所言："近代以来，无论'被动输入型现代化'阶段或'自主输入型现代化'阶段，主旨都是'世界走向中国'，着力打造的都是'世界现代化进程中的中国特色'，那么，今天，以'中国梦'的当代出场为标志，自主创新的中国道路将开启'自主辐射型现代化'时代，'中国梦'将成为走向世界的中国标志。"[②]

总之，随着中国发展实践的日益推进，随着中国发展理念的不断优

[①] 胡家勇、王兆斌：《当代中国发展的本质要求是坚持科学发展》，《求是》2012年第24期。

[②] 任平：《"什么是中国梦、怎样实现中国梦"：中国特色社会主义当代出场的根本旨趣》，《马克思主义研究》2014年第6期。

化，我们的发展重点也应有所不同。如果说改革开放之初的发展主要是强调经济发展和物质强大，那么当中国成为世界第二大经济体时，如何发展成为精神方面同样强大、思想文化领域同样强大的国家，就显得格外迫切而重要。

（二）"利益分化期"：
各谋其利，造成社会差距拉大

20世纪90年代初，中国开始从高度集中的计划经济逐渐转型为社会主义市场经济，社会转型步伐加快，社会利益分化加速。马克思主义认为物质利益是推动社会前进的动力，"人们为之奋斗的一切，都同他们的利益有关"，但"因为世界并不是一种利益的世界，而是许多种利益的世界"[1]，因此就会产生利益对立甚至利益冲突，利益博弈在所难免。随着改革开放的深化，中国社会转型加速，社会分化凸显，城乡差距拉大，区域差距加剧。改革开放前期，由于社会绝大多数人几乎处于同样贫困的起跑线，大家的利益基本一致，因此改革的每一步受惠面积都比较广，其成效也很显著。但是，随着改革开放的深入，权力不平等、机会不均等、个人能力的差异等造成了人们间的物质利益差距逐渐拉大。其实，合理的利益差距可以成为社会发展的动力，但是不合理的利益差距往往成为社会发展的阻力。"人们在追求物质利益过程中形成了多元化的利益主体，如果物质利益分化，各个利益主体之间的关系就处于矛盾、冲突、对立甚至激化的状态之中，就会形成利益纷争的局面"[2]。反过来，利益的分化、调整又

---

[1]《马克思恩格斯全集》第1卷，人民出版社1995年版，第187、272页。
[2] 李薇辉：《马克思主义物质利益理论的深刻性：金融危机下的重新认识》，《马克思主义研究》2010年第1期。

加剧了社会矛盾,城乡差距、地区差距、贫富差距拉大使社会不稳定因素增加。这表明,中国社会在逻辑上进入了"利益分化期"。这一时期的基本特征就是新旧矛盾交织、利益调整剧烈、社会转型加快、社会差距拉大。

改革开放以来,中国社会的转型是从打破平均主义开始的。在改革开放初期,邓小平为激发人们的积极性,破除长久植根于人们头脑中的社会主义就等于平均主义的观念,提出了"先富带后富"和"两个大局"等战略思想,以此鼓励支持一部分人、一部分地区通过诚实合法的劳动先富起来,然后再通过先富者带动后富者、发达地区带动落后地区,最终实现共同富裕的理想。"先富者""发达地区"的出现极大地肯定了人们对自身正当利益的追求,也说明了在放权让利发展过程中出现利益差别是正常的、也是允许的,合理的利益差别正是激发人们提升能力素质、激活社会活力的"助推器"。但在当时单向度"效率优先"原则主导下,国家鼓励资本流动与运作却无法进行科学的规范和管理,允许利益差别却不能进行有效的调节与控制,加上体制机制不健全、法律制度不规范、社会保障不完善等,其结果是人们之间贫富差距越拉越大。在社会转型发展期,"一切的社会矛盾,其本质的核心问题就是不同群体的权利失衡而引起的利益博弈或者抗争"[1]。这种失衡越明显,民众对改革的信心就越弱,改革的动力就越小,社会主义的发展道路就越窄。因此,此时用一句话概括,就是"改革是硬道理",即"努力把蛋糕分好"。

中国转型发展要紧紧依靠全面深化改革,克服体制障碍,弥补机制缺陷,突破利益固化藩篱。改革是最大动力,也是最大红利,关键是要始终坚持公平正义的改革方向,把党的领导贯穿改革各方面全过程,让人民群众在改革中受益,让全体人民共享改革发展成果。无论何时,都应坚持人民群众的观点,兼顾好、处理好社会各阶层利益关系,使全体社会成员都

---

[1] 梁仁:《中国梦:关于一个情结的沉思与拷问》,人民出版社2008年版,第217页。

能通过自己的劳动获得应有的利益。这样才能减轻改革阻力，破除利益梗阻，凝聚改革共识，扩大改革红利的释放空间。当前，中国改革进入深水区和攻坚期，触及更多深层次矛盾，必然涉及利益关系深度调整，复杂性和难度前所未有。在激流险滩中如何走好提质增效的高质量发展之路，如何解决现有增长方式与社会需求不相适应的矛盾，如何实现公平、可持续的发展价值取向等都是对我们进一步全面深化改革的考验与挑战。此时，既要敢于担当，以壮士断腕的决心坚定不移推进改革，又要讲究策略方法，因地制宜、先行先试、渐进推进，努力取得改革新突破。

面对纷繁复杂的国际国内形势，面对新一轮科技革命和产业变革，面对人民群众新期待，必须继续把改革推向前进。进而言之，要在已积累的40年改革经验基础上，适时总结改革规律，进而对进一步全面深化改革作出整体设计与宏观规划。为了集中力量全面推进改革，我国专门成立了中央全面深化改革委员会，由习近平总书记担任主任，其任务就是统一部署和协调一些重大问题。成立中央全面深化改革委员会，其重要使命就是协调推进各项改革措施落实，这也是"攻坚克难"和"啃硬骨头"的举措。党的二十届三中全会通过的《中共中央关于进一步全面深化改革，推进中国式现代化的决定》就是重要成果。在当代中国，进一步全面深化改革的总目标就是继续完善和发展中国特色社会主义制度，推进国家治理体系和治理能力现代化。

（三）"表达诉求期"：
各言其言，尊重各阶层社会成员的正当利益诉求

在中国特色社会主义建设过程中，一方面，随着社会转型的加快和改革进程的深入，伴随而来的是社会利益主体的多元化和社会内部矛盾的

复杂化。在市场经济境遇下,"利益分化是一个客观的事实和必然的趋势,如果没有公平的利益表达机会,即使决策者有良好的道德和高贵的品质,也无法凭主观愿望了解公民的利益需求,也就无法公正地协调和平衡各种利益,制定出良好的公共政策,实现利益和谐"[1]。因此,要化解矛盾、协调利益、凝聚共识就必须先畅通民情、了解民意、顺应民心,给予并确保每一位民众表达自身合理诉求的权利与机会。另一方面,与社会主义市场经济的发展、民主政治的进步、国民素质的普遍提高相适应,广大民众的积极因素和力量被动员起来,推动中国社会进入多样化时代。当民众的积极因素和力量的作用越来越大且社会多样化的态势日趋发展的时候,就会向社会表达各种诉求。这意味着中国社会在逻辑上进入了"表达诉求期"。这一时期的主要任务,就是力求尊重人民群众所表达的各种合理诉求,努力使各阶层的社会成员能各得其所。

进入21世纪以来,社会成员利益诉求表达现象日益增多,表达内容与方式也日渐多样化。就内容而言,各阶层社会成员从自身利益受到损害进行诉求转为更为主动地争取自身利益的诉求;就方式而言,除了传统的"信访""听证会""市长信箱"等方式外,互联网时代和信息社会下的官方微博、微信等新媒体也为民众表达诉求提供了新平台。各利益主体之间的相互博弈构成了社会的基本利益格局。虽然不同利益主体在表达各自利益诉求的时候,大多数是能够通过理性合法的方式与途径进行的,但由于目前我国民众利益表达机制还不健全不完善,有些利益主体自身能力素质不足,暂时无法进行合理合法的利益表达活动。因此,如若他们的利益未达到自身所期望的目标,就会使得他们往往采取非理性的甚至非法的方式进行利益诉求表达。这样不仅无助于解决矛盾,反而加剧了利益冲突,对

---

[1] 王臻荣、常轶军:《论社会主义和谐社会视野下的公民利益表达》,《政治学研究》2007年第2期。

社会秩序和公共安全造成威胁。反思我国社会在发展过程中出现的一些群体性事件，大都是社会阶层利益表达不当的结果，这些已成为中国社会不稳定的诱发因素。此时，如果用一句话概括，就是"稳定是硬道理"，即"努力保持社会和谐稳定"。

任何一个社会，如果没有一个和平稳定的环境就不可能获得长久发展。邓小平指出："一个目标，就是要有一个安定的政治环境。不安定，政治动乱，就不可能从事社会主义建设，一切都谈不上。""我们不能容忍动乱，我们的目的就要稳定，稳定才能搞建设。"①社会主义现代化建设说到底就是要在保持社会稳定的前提下，不断推进改革、加快发展、改善民生。历史地看，我国改革开放40多年取得了西方资本主义国家几百年工业化和城市化的发展成果，与此相应，西方国家几百年发展过程中所遭遇的社会矛盾和发展困境也集中地以"时空压缩"的形式在我国40多年的改革进程中涌现出来。以往中国发展遗留下的问题与进一步全面深化改革所要解决的矛盾冲突相互交织，更凸显了当下维稳的重要性与难度。邓正来等在为《转型中国的社会正义问题》一书所写的序言《中国语境中的社会正义问题》一文中指出："自改革开放以来，特别是自20世纪90年代初确立了社会主义市场经济的经济改革目标以来，以贫富分化为主要表征的社会正义问题已成为当代中国最为突出的社会问题之一。"然而，一些论者"从经济视角出发，将当下中国的社会正义问题归结为再分配问题，并以此作为理解和破解中国社会正义问题的主要突破口。"②显然，这种经济主义、物质主义的理解无疑是片面且狭隘的。原因在于它既没有看到社会正义的非经济维度，也无法从根本上有效破解中国社会公平正义问题。

---

① 《邓小平文选》第3卷，人民出版社1993年版，第124、331页。
② 邓正来、郝雨凡主编：《转型中国的社会正义问题》，广西师范大学出版社2013年版，序言第1页。

改革、发展、稳定是中国发展的"牛鼻子",这一问题如果抓得住和抓得好,我国就将一步步迈向"富强民主文明和谐美丽"的现代化强国行列,中国社会也会进入"自由平等公正法治"的现代社会。在当前进一步全面深化改革大背景下,妥善处理各种矛盾的关键就在于正确处理好改革、发展、稳定三者的关系。面对复杂的国际形势和艰巨繁重的国内改革发展稳定任务,党的二十届三中全会提出"以经济体制改革为牵引,以促进社会公平正义、增进人民福祉为出发点和落脚点,更加注重系统集成,更加注重突出重点,更加注重改革实效,推动生产关系和生产力、上层建筑和经济基础、国家治理和社会发展更好相适应,为中国式现代化提供强大动力和制度保障。"这些论断对我国发展所面临的内外部环境作出了科学判断。应认识到,我国的社会矛盾主要是人民内部矛盾,深化改革涉及的主要是人民群众的内部利益问题。为此,就必须牢牢把握人民的利益,坚持把实现好、维护好、发展好最广大人民根本利益作为一切工作的出发点和落脚点,解决好人民群众最关心最直接最现实的利益问题,确保改革发展成果由人民共享。在进一步全面深化改革过程中,要广泛倾听人民呼声,及时回应人民期待,使各项措施立足人民立场,各项政策植根人民利益,夯实改革的民意基础。同时在社会治理层面,要把制度和法治作为社会治理的主要手段。"一个社会的稳定是靠制度来实现的,必须遵循现代社会的一系列规则"[①]。为此,要维护社会和谐稳定就必须为个人的平等权利提供制度化和法治化保障。在"表达诉求期",不仅需要官员守法,也需要民众理性,这内在要求国家逐步建立以"权利公平、机会公平、规则公平"为主要内容的社会公平保障体系,努力营造出公平的社会环境和氛围,保障人人平等参与、平等发展的权利,这样才能使

---

① 于建嵘:《从维稳的角度看社会转型期的拆迁矛盾》,《中国党政干部论坛》2011年第1期。

个体的付出获得合理的回报，也使得强者对弱者的救助获得应有的尊重和实际成效。

（四）"整合凝聚期"：
各得其所，积极保障和改善民生

当前中国发展面临的一个现实问题是：如何整合多元分歧、凝聚社会共识，以维系社会的和谐与稳定。这意味着中国社会在逻辑上进入了"整合凝聚期"。这一时期的基本特征，就是积极保障和改善民生。在价值多元与包容性发展大背景下，凝心聚力成为关键，面对群众诉求，主要有两种态度："一种是消极对待，这会使群众表达诉求的渠道不畅，造成多种利益主体之间的矛盾冲突，不利于社会和谐；另一种态度就是必须积极对待，积极整合民众合理诉求、凝聚民众一切积极力量、注重解决民生问题和化解各种民怨的制度化权益表达机制和民主参与机制，这有利于形成一种各得其所而又和谐相处的局面。"[1]

实现各得其所的理想社会，是我们党一贯追求的目标。毛泽东在《陕甘宁边区参议会的演说》一文中曾讲道："全国人民都要有说话的机会，都要有衣穿，有事做，有书读，总之是要各得其所。"[2]也就是说，社会中的每一个人都发挥了自身最大的才能，也相应地获得了应有的报酬和承认，每个人都找到适合自己的位置为社会和自身创造价值。同时，国家也更为注重社会民生建设，健全保障和改善民生制度体系，积极保障和改善人民生活水平，提高人民生活品质，不断满足人民对美好生活的向往。民

---

[1] 韩庆祥、张健、张艳涛：《中国特色社会主义基本原理：中国话语体系研究》，高等教育出版社2015年版，第226页。

[2]《毛泽东选集》第3卷，人民出版社1991年版，第808页。

生包括"满足生存性需求的民生"与"满足发展性需求的民生",前者主要指为人民群众的生存需要提供基本的生活资料,如幼有所育、学有所教、劳有所得、病有所医、老有所养、住有所居、弱有所扶,后者主要指为人民群众的发展需要提供基本保障,如充分发挥民众的创新能力和创造个性,积极营造一个大众创业、万众创新的局面。从社会现实来看,一个社会要发展得好,除了要有动力机制和平衡机制外,还要有调整机制对利益进行调整,以维护和实现社会公平正义。公平正义是社会稳定的基石。此时,如果用一句话概括,就是"公平正义是硬道理",即"努力把蛋糕分得公平公正"。

公平正义作为社会主义的题中应有之义,既是中国特色社会主义社会的核心价值,也是中国共产党人始终不渝的追求目标。然而,公平正义不是抽象的口号,也不是无条件的空想,而是基于经济社会的全面发展与人的全面发展良性互动才能实现的。从客观条件看,经济社会的全面发展主要涵盖经济上生产力发展所带来的丰富的物质财富以及与之相匹配的合理公正的分配制度(效率公平和分配公平),政治上人人平等的公民权利以及为这些权利提供保障的运行机制(权利公平和机会公平),社会生活领域对丧失劳动能力及遭遇困难的弱势群体基本生存权和发展权的保护(社会保障公平),这些都有赖于国家制度上的保障。因此,"古希腊苏格拉底等人将公平正义的实现寄望于德性,而近代思想家却大多将其落实于国家行动"[1]是有一定道理的。中国建设现代化国家,不可能放弃代表人类"共同价值"的社会公平正义的价值目标,可以说,维护和促进社会公平正义,既是民意所在,也是时代潮流所向。中国社会未来能否健康持续发展,能否获得安全稳定的局面,在很大程度上取决于中国在社会公正方面做得

---

[1] 王新生:《当代中国的社会转型与公平正义的市民社会根基》,《马克思主义与现实》2008年第5期。

如何。在社会结构性转型期,民众的社会公平正义的诉求可分为两种类型。"第一种和最常见的,是再分配的诉求,寻求更公正的资源和财富分配。另一方面是承认的诉求"①。中国式现代化要在这两方面有实质性的推进。

在马克思主义视域,人的自由全面发展是社会发展的最终目标,也是实现社会公平正义的推动力量。随着我国经济社会发展的结构性转型,人们的思想观念、精神面貌、价值信仰等都发生了深刻变化。社会主义市场经济条件下的个人都是独立的只对涉及自身利益负责的个体,社会转型带来的不确定性使一些人缺乏安全感与归属感,一些人产生被剥夺感和不公平感。"马克思和恩格斯对于资本主义批判和揭露的一个要旨,就是强调要消除资本主义下劳动异化和权力异化所带来的不公平和不公正,以实现自由人的联合体"②。仔细分析,当下贫富分化问题、诚信缺失问题、官员腐败问题、生态环境恶化问题背后都隐藏着社会不公的影子。因此,在进一步全面深化改革过程中,"公平正义问题是解决中国改革发展所面临的重大矛盾问题的关键,是推动改革开放和实现社会安全运行和健康发展的关键"③。只有大力促进社会公平正义,才能使社会各成员各尽其能、各得其所、和谐相处。在没有发展起来阶段,一提到"共享",人们往往认为是均等分配,这其实是"低水平的共享"。在发展起来阶段,我们要倡导"高水平的共享"。"人人共享"不等于"人人都得到均等份"。在理解和贯彻共享发展理念的时候,要把"大爱"与"公正"结合起来,这样才能物尽其用、人尽其才,而又和谐相处。

"四个全面"战略布局是中国共产党治国理政整体推进的体系建构,

---

① [美]南茜·弗雷泽、[德]阿克塞尔·霍耐特著,周穗明译:《再分配,还是承认?一个政治哲学对话》,上海人民出版社2009年版,第5页。
② 赵修义:《公平正义:中国特色社会主义共同理想不可或缺的价值目标》,《毛泽东邓小平理论研究》2010年第11期。
③ 吴忠民:《公平正义是改革发展的出发点和落脚点》,《当代世界与社会主义》2014年第2期。

这一体系建构主要是针对中国发展中的不平衡、不协调等现实问题的。党的十八大以来，以习近平同志为核心的党中央在新中国成立以来党和人民接续奋斗的基础上，继续在中国特色社会主义道路上谋划国家富强、民族复兴和人民幸福的伟大事业。以习近平同志为核心的党中央治国理政方略以中国梦为目标，以坚持和发展中国特色社会主义为主题，以"五位一体"总体布局、"四个全面"战略布局和新发展理念为路径，以社会主义核心价值观和公平正义为支点，开拓出中国发展的新局面。"四个全面"战略布局的提出，使党和国家各项工作关键环节、重点领域、主攻方向更加清晰，内在逻辑更加严密，治国理政总体框架更加完整。"理论在一个国家实现的程度，总是决定于理论满足这个国家需要的程度"①。"四个全面"战略布局来自中国社会转型发展的现实需要，也来自实现中国梦的现实需要，是面对当下中国现实问题的战略思考。

综上所述，当今中国社会发展的主题，从现代化视域看，主要是社会现代化即社会转型问题。然而中国社会转型，"并不是单纯的经济转型，也不单纯是政治或社会转型，而是以上几种转型的'有机整合'，转型的结果是使社会政治与文化结构更有助于实现正义，并在此基础上改进效率、提高公共福利"②。我们认为，中国由大国迈向强国、由传统社会迈向现代社会，本质上是中国社会结构的整体性转型。改革开放加速了中国社会结构整体转型进程，在走过了"动员参与期""利益分化期""表达诉求期"，走到今天"整合凝聚期"的现实境遇下，要走出社会结构整体转型的困境，唯有统筹国内国际两个大局，统筹推进"五位一体"总体布局，协调推进"四个全面"战略布局。只有通过全面深化改革的"伟大斗争"、全面依法治国的"伟大实践"、全面从严治党的"伟大工程"，只有树立并

---

① 《马克思恩格斯选集》第1卷，人民出版社1995年版，第11页。
② 邓宏图、李亚：《社会转型、意识形态、政治正义与制度变迁》，《天津社会科学》2007年第2期。

落实创新、协调、绿色、开放、共享新发展理念，才能破解中国整体转型发展中的矛盾和难题，也才能实现全面建成社会主义现代化强国和中华民族伟大复兴的中国梦。

四、以人民为中心的发展思想的哲学基础

以人民为中心的发展思想是以习近平同志为核心的党中央治国理政的价值追求，这极大地提升了中国话语的真理性力量和道义性力量。以人民为中心的发展思想既蕴含着尊重规律、按规律办事的实践逻辑，又彰显了人民至上的价值取向，具有深厚的哲学基础。以人民为中心的发展思想是中国特色社会主义的鲜明特质，是对社会主义本质的中国表达，是对历史唯物主义人民是历史的主体思想的继承和发展，是对科学社会主义实现每个人自由而全面发展的价值旨归的当代追求，为新时代中国共产党作出经得起历史、实践和人民检验的实绩，提供了坚实的理论基础和明确的价值导向。

中国作为世界上最大的发展中国家，发展是当代中国的第一要务。以人民为中心的发展思想是以习近平同志为核心的党中央总结社会主义革命、建设和改革实践经验，立足新时代这一历史方位，对发展目的、发展动力和发展价值的精准表述。党的十九大报告指出，"坚持以人民为中心。人民是历史的创造者，是决定党和国家前途命运的根本力量"，"依靠人民创造历史伟业"[①]。党的二十大报告指出，"坚持以人民为中心的发展思

[①] 习近平：《决胜全面建成小康社会 夺取新时代中国特色社会主义伟大胜利——在中国共产党第十九次全国代表大会上的报告》，人民出版社2017年版，第21页。

想。维护人民根本利益，增进民生福祉，不断实现发展为了人民、发展依靠人民、发展成果由人民共享，让现代化建设成果更多更公平惠及全体人民"①。以人民为中心的发展思想具有深刻的哲学基础，是对马克思主义唯物史观人民群众历史主体地位和科学社会主义实现每个人自由而全面发展价值目标的当代追求，充分表明中国共产党对社会主义建设规律、共产党执政规律、人类社会发展规律的认识更加成熟和自觉。

（一）以人民为中心的发展思想的科学内涵

发展是人类社会的永恒主题，对发展的动力、目的和价值等问题的不同解答，是区分不同发展思想的重要标尺。执政党选择什么样的发展模式与发展路径，折射的是对世情、国情、社情的认知水平。经过接续努力，中国特色社会主义进入新时代。在新时代，发展问题倒逼中国发展理念的创新。为破解中国发展难题，培育发展优势，增强发展动力，中国共产党人提出创新、协调、绿色、开放、共享五大发展理念。创新发展主要解决的是发展动力问题，协调发展主要解决的是发展不平衡不充分问题，绿色发展主要解决的是人与自然的和谐问题，开放发展主要解决的是内外联动问题，共享发展主要解决的是社会公平正义问题。新发展理念创造性回答了新时代中国要"实现什么样的发展、怎样实现发展"的重大现实问题。以人民为中心是贯穿新发展理念的一根红线。把人民作为发展的中心，意味着要从人民的角度去理解发展、谋划发展、解决人民生活中面临的实际矛盾和问题。坚持以人民为中心的发展思想鲜明回答了新时代发展"为了谁""依靠谁""发展成果由谁来分享"的马克思主义基本问题。

---

① 习近平：《高举中国特色社会主义伟大旗帜　为全面建设社会主义现代化国家而团结奋斗——在中国共产党第二十次全国代表大会上的报告》，人民出版社2022年版，第27页。

第一，从发展目的看，发展是"为了人民"，这主要解决发展的平衡机制问题。"为了人民"是中国特色社会主义一以贯之的鲜明特征。《中华人民共和国宪法》规定我国的国家性质是人民民主专政的社会主义国家，这从法律上保证了人民的主体地位。作为中国特色社会主义事业领导核心的中国共产党以全心全意为人民服务为根本宗旨，从政治和组织上保证了人民利益的现实化。作为我国根本政治制度的人民代表大会制度，从制度上保证了人民当家作主的真实性。改革开放以来，以经济建设为中心，解放和发展社会生产力，提升综合国力，提升人民的生活水平，成为党和国家的首要任务。从"物质文化需要"到"美好生活需要"，从"落后的社会生产"到"不平衡不充分的发展"，我国社会主要矛盾的转化其根本依据是新时代人民的新需要。

新时代，人民"期盼有更好的教育、更稳定的工作、更满意的收入、更可靠的社会保障、更高水平的医疗卫生服务、更舒适的居住条件、更优美的环境，期盼孩子们能成长得更好、工作得更好、生活得更好"[1]。因此，中国共产党把满足人民美好生活的需要作为奋斗目标，从而使发展"为了人民"的实践不断深化、细化。一方面，把人民在各方面的获得感、幸福感、安全感作为衡量行动效果的最终标准，"检验我们一切工作的成效，最终都要看人民是否真正得到了实惠，人民生活是否真正得到了改善，人民权益是否真正得到了保障。"[2]另一方面，把人民的利益落实到发展实践之中，"真实反映群众愿望，真情关心群众疾苦。要坚持工作重心下移，深入实际、深入基层、深入群众，做到知民情、解民忧、纾民怨、暖民心，多干让人民满意的好事实事"[3]。从指导思想到政策规划再到工作标准和工作过程，以人民为中心的发展真正将人民的需要和利益提升为发展的

---

[1]《习近平总书记系列重要讲话读本》，人民出版社2016年版，第212页。
[2]《习近平著作选读》第1卷，人民出版社2023年版，第212页。
[3]《习近平著作选读》第1卷，人民出版社2023年版，第273页。

目标，落实到具体发展实践之中。

第二，从发展手段看，发展要"依靠人民"，这主要解决发展的动力机制问题。中国人民是中国历史的创造者，是新中国的创立者，是中国特色社会主义事业的建设者，我们党必须始终坚持依靠人民创造伟业。在新民主主义革命时期，以毛泽东同志为主要代表的中国共产党人相信人民群众有无穷的创造力和战斗力，紧紧依靠人民，取得革命胜利，成立了新中国。改革开放以来，党和国家依靠人民的合力搞经济建设，发挥人民的首创精神，推动改革开放不断深化。经过全体人民不懈奋斗，从"温饱"到"整体小康"再到"全面小康"，人民生活水平不断提高。

当前，我们正向全面建成社会主义现代化强国目标前进。同时，社会建设正在转型，改革发展进入攻坚阶段。直面挑战，攻坚克难，保障发展的稳定性和持续性，是党和人民必须担负的艰巨历史任务。"人民是历史的创造者，群众是真正的英雄。人民群众是我们力量的源泉。"[1]只有依靠人民才能无往而不胜。因此，要"充分尊重人民所表达的意愿、所创造的经验、所拥有的权利、所发挥的作用。尊重人民首创精神，自觉拜人民为师，向能者求教，向智者问策，从群众中汲取无穷的智慧和力量"[2]。在经济建设领域，人民的活力不断被激发，人民的积极性和主动性不断展现；在政治建设领域，全过程人民民主的实现形式不断丰富；在文化建设领域，丰富人民群众的精神世界成为重要导向，不断推进人的全面发展；在社会建设领域，保障和改善民生成为重要方向，逐步形成了"大众创业、万众创新"的社会氛围；在生态文明建设领域，人民日益增长的生态需求不断得到满足。可见，"五位一体"总体布局集中贯彻了以人民为中心的发展思想。

第三，从发展成果分配看，发展成果要由人民共享，这主要解决发

---

[1]《习近平谈治国理政》第1卷，外文出版社2018年版，第5页。
[2]《习近平总书记系列重要讲话读本》，人民出版社2016年版，第128—129页。

展的调整机制问题。共享发展成果是让发展成果惠及全体人民，是社会主义共同富裕的目标要求和社会公平正义的必然追寻。中国的发展成就由人民创造，因此应该由人民共享。同时，发展成果人民共享，也是实现发展动力持续涌流的根本性保障，这体现了社会主义的本质要求。新中国成立后，进行了社会主义改造，逐步确立了社会主义公有制，从根本上保证了生产资料归全体人民共同所有。然而，落后的社会生产成为满足人民需要的主要制约因素，所以，中国人民齐心协力，迅速投入大力发展社会生产活动之中。改革开放以来，中国共产党团结带领全国各族人民，以经济建设为中心，推动人民物质文化生活水平不断提高。同时，伴随着贫富差距的出现，党和国家不断调整效率与公平的关系，统筹全体社会成员之间的利益分配问题，初见成效。

发展成果由人民共享彰显了中国共产党治国理政的人本理念和人民立场。习近平总书记强调，"国家建设是全体人民共同的事业，国家发展过程也是全体人民共享成果的过程"[①]。成果共享包含人民对经济快速发展带来的不断增长的财富的共享和每个社会成员自身发展机会与发展权利的共享。正如党的十九大报告所指出的："保证全体人民在共建共享发展中有更多获得感，不断促进人的全面发展、全体人民共同富裕。"[②]所以，发展成果共享一方面需要在创造更多社会财富的同时，更加注重分配的公平正义，尤其要使发展成果惠及弱势群体和落后地区。另一方面，需要在促进全体人民自身发展的同时，为每个成员发展自身能力提供舞台和平台、机会和规则、管理和服务，为实现"各尽所能、各得其所而又和谐相处"创造良好的社会环境。

总之，"以人民为中心的发展思想，不是一个抽象的、玄奥的概念，不能只停留在口头上、止步于思想环节，而要体现在经济社会发展各个环

---

① 《论坚持人民当家作主》，中央文献出版社2021年版，第122页。
② 习近平：《决胜全面建成小康社会 夺取新时代中国特色社会主义伟大胜利——在中国共产党第十九次全国代表大会上的报告》，人民出版社2017年版，第23页。

节。要坚持人民主体地位，顺应人民群众对美好生活的向往，不断实现好、维护好、发展好最广大人民根本利益"[①]。其实，以人民为中心的发展思想的三层含义相互贯通、彼此依赖，共同构成一个有机整体，不能割裂开来。在推进强国建设、民族复兴的征程中，我们要始终坚持发展为了人民、发展依靠人民、发展成果由人民共享，其根本目的是增进人民福祉，不断提升人民群众的获得感、幸福感、安全感，让人民群众切实感受到改革、发展、稳定带来的实实在在的利益。

（二）以人民为中心的发展思想是对人民群众历史主体地位的当代确证

从认识论的角度看，唯物史观揭示历史的主体是从事现实活动的人民群众，人民群众的劳动实践是人类社会发展的最终决定力量。以人民为中心的发展思想正是对人民群众历史主体地位的当代确证和现实表达。

人民群众是历史的真正主体，这是历史唯物主义的基本原理。马克思、恩格斯从现实的人和人的存在方式即实践出发来考察历史，提出"历史的活动和思想就是'群众'的活动和思想"[②]。不是批判的头脑发明了历史，也不是英雄人物创造了历史，而是人民群众创造了历史。历史的创造正是由无数单个意志力量互相交错，"有无数个力的平行四边形，由此就产生出一个合力，即历史结果"[③]。"历史不过是追求着自己目的的人的活动而已"[④]。

以人民为中心的发展思想是对马克思主义唯物史观的创造性应用，是在新时代历史背景下，对社会发展规律的深刻把握，其核心是把群众路线贯彻

[①]《习近平著作选读》第1卷，人民出版社2023年版，第438页。
[②]《马克思恩格斯文集》第1卷，人民出版社2009年版，第286页。
[③]《马克思恩格斯选集》第4卷，人民出版社2012年版，第605页。
[④]《马克思恩格斯文集》第1卷，人民出版社2009年版，第295页。

到治国理政全部活动之中。"人民立场是马克思主义政党的根本政治立场，人民是历史进步的真正动力，群众是真正的英雄，人民利益是我们党一切工作的根本出发点和落脚点。"①中国共产党的群众路线和新中国成立以来的伟大实践已经充分证明人民在社会主义革命、建设和改革中的主体地位。依据马克思主义基本原理，社会发展的历史方位主要是由社会生产力发展水平及由此产生的社会发展状况决定。新时代以来，党和国家事业之所以能发生历史性变革、取得历史性成就，是在以习近平同志为核心的党中央坚强领导下全党全国各族人民共同奋斗的结果。"新时代"是中国特色社会主义事业新的历史方位，在此基础上产生的以人民为中心的发展思想，是对发挥人民历史主体地位新特点的深刻体察，是对人民群众利益追求新趋势的积极回应。

历史唯物主义告诉我们，人民是历史的创造者，新时代有必要也有条件提升建设中国特色社会主义的强大合力。新时代是"承前启后、继往开来、在新的历史条件下继续夺取中国特色社会主义伟大胜利的时代，是决胜全面建成小康社会、进而全面建设社会主义现代化强国的时代"②。在这一关键期，人民追求美好生活热情高涨，迫切需要勠力同心、凝心聚力以完成中华民族伟大复兴的历史使命。首先，共同的目标方向是合力最大化的前提。实现中华民族伟大复兴的中国梦就是人民的共同目标，中国梦指引人民前进方向。其次，每个人的力量提升和挖掘是合力最大化的根本。个体发展是一个长期的过程，有赖于坚持人才强国战略，通过各种途径提高人民道德、法治、科学文化、健康等素质，重视青年人的教育和发展等举措。最后，人才与资源的有效结合是合力最大化的保证。生产力的发展需要物与人合理结合，因此，要"深化科研院所改革，推进政府科技管理体制改革，让机构、人才、装置、资金、项目都充分活跃起来，形成推进

---

① 《习近平谈治国理政》第2卷，外文出版社2017年版，第189页。
② 《习近平著作选读》第2卷，人民出版社2023年版，第9页。

科技创新发展的强大合力"①。一句话,要构建支持全面创新体制机制。

历史唯物主义告诉我们,历史活动以满足人民的需要为目的,新时代中国共产党有决心也有能力增强全体人民的获得感、幸福感、安全感。全心全意为人民服务是中国共产党的根本宗旨,增进人民福祉是发展的根本目的。"人民群众是发展的主体,也是发展的最大受益者。"②人民的需要不是一成不变的,随着时代的发展人民需要也在不断充实和提升。当前,我国社会主要矛盾已经转化为人民日益增长的美好生活需要和不平衡不充分的发展之间的矛盾,以人民为中心的发展思想,对我们党治国理政提出了新的要求。解决发展不平衡不充分问题是党和人民当下最主要的任务。践行新发展理念、坚持共同富裕目标、促进社会公平正义,这都是历史唯物主义原理的应用。

历史唯物主义告诉我们,中国共产党只有始终代表中国最广大人民群众的根本利益,才能不断从胜利走向胜利。新时代,要着力解决好发展不平衡、不充分的问题,不仅要大力提升发展的质量,更要注重发展的效益。我们党要把人民安危冷暖时刻放在心上,以造福人民为最大政绩,在进行伟大斗争、建设伟大工程、推进伟大事业、实现伟大梦想中做出经得起历史、实践和人民检验的伟大业绩。

(三)以人民为中心的发展思想以每个人的自由而全面发展为价值旨归

从价值论的角度看,"人的发展是马克思主义总体性的也是根本性的价值取向,是马克思主义价值诉求最集中、最简洁的表达。"③以人民为中

---

①《习近平总书记系列重要讲话读本》,人民出版社2016年版,第153页。
②《习近平总书记系列重要讲话读本》,人民出版社2016年版,第128页。
③陈新夏:《人的发展价值取向的总体性》,《北京大学学报(哲学社会科学版)》2017年第1期。

心的发展思想是科学社会主义关于人的发展思想在当代中国的表达。

第一，人的自由而全面发展是人类社会发展的最高目的。马克思将人的发展视为经济社会发展的目的，指出："为生产而生产无非就是发展人类的生产力，也就是发展人类天性的财富这种目的本身。"①"在这个必然王国的彼岸，作为目的本身的人类能力的发挥，真正的自由王国，就开始了。"②虽然物质需要是人发展的前提，但人的目标恰恰是要从经济需要的束缚中解脱出来，克服异化，恢复自己与自然和他人的真实关系。人的发展是一个历史性过程，从总体上看，人的发展水平要与经济社会发展水平相适应。马克思将人类社会的发展概括为三种历史形态："人的依赖关系""以物的依赖关系为基础的人的独立性"和"以个人全面发展"为基础的"自由个性"。③人的自由而全面发展是人的发展的最高阶段，但不是终点，而是人的能力真正可以完全实现的开端。

第二，每个人的发展是人类社会发展的目的和手段的统一。"人们的社会历史始终只是他们的个体发展的历史，而不管他们是否意识到这一点。他们的物质关系形成他们的一切关系的基础。这种物质关系不过是他们的物质的和个体的活动所借以实现的必然形式罢了。"④可见，个体发展是人类社会发展的目的，人的发展必将是现实的每个个体的发展。同时，人的本质在其现实性上是一切社会关系的总和，人的发展必须在一定历史关系和社会关系中进行。"每个个人和每一代所遇到的现成的东西：生产力、资金和社会交往形式的总和"⑤是他存在和发展的客观基础。所以，处在社会关系中的个体的发展与他们共同构建的人类社会的发展辩证统一，每个人的发展是社会发展的手段，同时社会发展为每个人的发展创造条

---

① 《马克思恩格斯全集》第34卷，人民出版社2008年版，第127页。
② 《马克思恩格斯文集》第9卷，人民出版社2009年版，第929页。
③ 《马克思恩格斯文集》第8卷，人民出版社2009年版，第52页。
④ 《马克思恩格斯选集》第4卷，人民出版社2012年版，第409页。
⑤ 《马克思恩格斯选集》第1卷，人民出版社2012年版，第173页。

件，以实现每个人的发展为目的。

第三，每个人的发展是以人民为中心的发展思想的价值标准。全面建成小康社会就具体体现了每个人的发展的价值追求。全面小康是一个都不能少的小康。评价思想、政策或实践的好坏需要依据历史和价值双重尺度。如果说历史尺度强调发展是否有利于推动生产力的发展，进而推动历史进步的话，那么价值尺度则强调发展是否有利于满足人的需要，进而推动人自身的发展。党的十八大以来，以习近平同志为核心的党中央践行以人民为中心的发展思想，把增进人民福祉、促进人的全面发展作为发展的出发点和落脚点，解决了许多长期想解决而没有解决的难题，办成了许多过去想办而没有办成的大事。以人民为中心的发展思想不仅追求人民需要的满足，而且突出人民在历史发展中不断发挥创造性、积极性和主动性，释放自己的内在潜力，提升自己的本质力量。在此意义上讲，以人民为中心的发展是实现人的自由而全面发展的必经阶段。

第四，个体间发展的公平性是以人民为中心的发展思想的现实诉求。个体间发展的公平性是指每一个社会成员在发展过程中享有公平的权利和机会。践行以人民为主体的发展思想，必然要"追求有效益、有质量、可持续的发展"[1]。而每个社会成员之间发展的公平性是保障可持续发展的不竭动力。从共时态看，个体自然天赋和家庭等社会条件的差别无法在短时间内消除，但可以通过调节个体发展环境保障后天发展过程中的公平性。"在发展中补齐民生短板、促进社会公平正义，在幼有所育、学有所教、劳有所得、病有所医、老有所养、住有所居、弱有所扶上不断取得新进展"[2]，体现了对个体发展公平的实质推进。从历时态看，个体发展的公平包含代际发展的公平。党的十八大以来，在以人民为中心的发展思想践行

---

[1]《习近平总书记系列重要讲话读本》，人民出版社2016年版，第146页。
[2] 习近平：《决胜全面建成小康社会 夺取新时代中国特色社会主义伟大胜利——在中国共产党第十九次全国代表大会上的报告》，人民出版社2017年版，第23页。

中,"教育事业全面发展,中西部和农村教育明显加强"[1]。教育事业的全面发展有利于解决来自上一代家庭差距产生的个体发展公平问题,为个体自由而全面发展突破代际限制创造了良好条件。

综上所述,随着中国崛起,中国人民共同利益的基础也将日益强大。为了推进党和人民的伟大事业,必须坚持以人民为中心的发展思想。党的十九大报告将"坚持以人民为中心"凝练概括为新时代坚持和发展中国特色社会主义的基本方略第二条。坚持以人民为中心,一切工作都要围绕这个中心展开,它不仅强调发展应满足每个人合理利益需求,也应落脚到每一个人自身的发展,以实现每个人自由而全面的发展为旨归。从"人民对美好生活的向往,就是我们的奋斗目标"到"始终把人民放在心中最高的位置",从"坚持以人民为中心的发展思想"到"民心是最大的政治",以习近平同志为核心的党中央把为民理念融入治国理政新理念新思想新战略之中,是对历史唯物主义人民是历史的主体思想的继承和发展。

五、中国特色社会主义进入新时代的世界历史意义

当前,世界面临和平赤字、发展赤字、治理赤字、信任赤字四大困境。在世界秩序大变革时期,中国特色社会主义进入新时代不仅具有重大的政治意义、理论意义和实践意义,而且具有深远的世界历史意义。这种世界历史意义主要体现在:中国由大国迈向强国,对世界和平与发展具有重要

---

[1] 习近平:《决胜全面建成小康社会 夺取新时代中国特色社会主义伟大胜利——在中国共产党第十九次全国代表大会上的报告》,人民出版社2017年版,第5页。

贡献；科学社会主义在21世纪的中国焕发出强大生机活力，对世界社会主义发展实践具有重要贡献；中国和平崛起和文明崛起，对人类现代化道路的拓展和世界文明的共存具有重要贡献，为解决世界面临的和平赤字、发展赤字、治理赤字、信任赤字问题提供了中国方案、贡献了中国智慧。

只有把中国特色社会主义置于中华民族发展、世界社会主义发展和世界历史发展进程之中，才能充分彰显其世界历史意义。"我们看世界，不能被乱花迷眼，也不能被浮云遮眼，而要端起历史规律的望远镜去细心观望。"[1]党的十九大报告中指出，经过长期努力，中国特色社会主义进入了新时代。这个新时代是党中央在科学把握历史发展规律，立足当下和展望未来的基础上对我国社会主义现代化建设所处历史方位做出的科学判定。首先，这个新时代是中华民族发展的新时代。经过接续努力，中华民族迎来了从站起来、富起来到强起来的伟大飞跃，开启了中国由大国迈向强国的新征程。其次，这个新时代是世界社会主义发展的新时代。科学社会主义在中国焕发出的强大生机活力是世界社会主义发展实践的重要成就，中国特色社会主义无疑是一个新典范。最后，这个新时代是世界历史的新时代。中国的和平崛起和文明崛起是中国特色社会主义道路、理论、制度、文化不断发展成熟的结果，拓宽了人类现代化道路，给世界上那些希望加快发展和保持自身独立性兼得的国家和民族提供了新选择，为解决人类问题贡献了中国智慧和中国方案。

（一）中国由大国迈向强国：
为世界和平与发展作出重要贡献

在21世纪，和平与发展依然是世界主题。如何有效破解影响世界和

---

[1]《习近平谈治国理政》第2卷，外文出版社2017年版，第442页。

平与发展的"和平赤字"和"发展赤字"是一个重大现实问题。中国特色社会主义进入新时代，既是对接续奋进的中国特色社会主义建设成果的肯定，也标志着中国开启了由大国迈向强国的新征程，这对世界和平与发展具有重要贡献。陈学明指出："中国特色社会主义道路有两个关键词，这就是'和平发展'与'和谐世界'。"①实现中国由大国迈向强国的中国特色社会主义道路内在包含着推动世界和平与发展的价值追求。和平发展既是中国的强国之道，又以其结果推动和谐世界的建设。就此而论，中国特色社会主义道路既是一条中国和平发展的复兴之路，也是一条世界和平与发展的现实路径。

历史地看，中国和平发展道路奠基于以和平为基调的中华文明。中华文明历来崇尚"和而不同""以和为贵"的理念，追求"天人合一"的和谐状态。这种文化理想与价值追求，深刻影响中华民族的交往行为，潜移默化为中国人处理人与人之间、民族与民族之间、国家与国家之间关系的交往原则。从古代丝绸之路到郑和下西洋，即使中国古代国力强盛之时，中华民族依旧以"海纳百川"的胸怀开展和平型国家交往，从未以侵略他国的形式谋求自身发展。即使近代遭受侵略，中国依然坚持"己所不欲，勿施于人"，依然坚持和平共处五项原则，依然坚持和平发展、合作共赢。

在由大国迈向强国的历史进程中，和平发展体现在中国的强大主要是自身的积累，绝不依靠强权政治，牺牲他国利益而谋求自身发展。自新中国成立至今，中国对外政策内涵的不断丰富是中国和平强大的重要体现。以毛泽东同志为主要代表的中国共产党人制定了独立自主的和平外交政策，主张开展以和平共处五项原则为基础的国际外交。以邓小平同志为主要代表的中国共产党人，在坚持独立自主不变的基础上，实行

---

① 陈学明：《中国道路为世界贡献了什么》，天津人民出版社2017年版，第87页。

改革开放的基本国策,提出"应当把发展问题提到全人类的高度来认识,要从这个高度去观察问题和解决问题"①,创造性总结出和平与发展的时代主题。以江泽民同志为主要代表的中国共产党人面对非传统安全威胁冲击,提出实现世界各国互信、互利、平等、协作的新安全观。以胡锦涛同志为主要代表的中国共产党人高举和平、发展、合作、共赢的旗帜,对内建设和谐社会,对外建构和谐世界。党的十八大以来,面对复杂的国内国际形势,以习近平同志为主要代表的中国共产党人统筹国内国际两个大局,坚持独立自主的和平外交方针,坚定不移走和平发展道路,开创了中国和平发展新境界。习近平总书记指出:"我们呼吁,各国人民同心协力,构建人类命运共同体,建设持久和平、普遍安全、共同繁荣、开放包容、清洁美丽的世界。"②中国由大国迈向强国,既在发展过程中坚持和平与发展理念,又在发展过程中承担越来越多的国际责任,以负责任大国定位自身,打破西方的"中国威胁论"和"中国崩溃论",用中国力量推动世界和平与发展迈向更高阶段,实现和谐世界的美好愿景。

现实地看,对现代人类发展面临的和平问题、发展问题的创新性解决,是中国对世界和平与发展作出的最直接贡献。当今世界正处在大发展大变革时期,中国处于强起来的新时代。世界多极化、经济全球化、文化多样化继续深入发展,"地球村"态势日益彰显,新一轮科技革命和产业革命方兴未艾。各国交往联系日益密切,全球命运休戚与共,推动和平的力量不断增加,推动发展的力量不断增长。与此同时,逆全球化、反全球化、保护主义、民粹主义日益抬头,恐怖主义、难民危机、霸权主义等威胁世界和平发展的因素依然存在,人类正处在传统与非传统挑战层出不

---

① 《邓小平文选》第3卷,人民出版社1993年版,第282页。
② 习近平:《决胜全面建成小康社会 夺取新时代中国特色社会主义伟大胜利——在中国共产党第十九次全国代表大会上的报告》,人民出版社2017年版,第58—59页。

穷的新时代。面对现实，中国秉承文明大国和负责任大国的使命，对内，"中国解决了13亿多人口的温饱问题，让7亿多人口摆脱贫困"[①]；对外，"1950年至2016年，中国累计对外提供援款4000多亿元人民币"[②]，积极响应联合国号召，参加国际维和行动，注重和平外交，同多个国家和区域组织建立了形式多样的外交关系。逐渐"强起来"的中国积极倡导共建"一带一路"，发起创办亚洲基础设施投资银行，设立丝路基金，举办"一带一路"国际合作高峰论坛、亚太经合组织领导人非正式会议、金砖国家领导人厦门会晤等，积极倡导构建人类命运共同体，推动全球治理新格局的建构。"强起来"的中国国际影响力、感召力、塑造力不断提升，以实际行动推动国际交流合作，为世界和平与发展作出新贡献。

用未来的眼光看，在价值追求上，中国和平发展过程中对和谐世界这一世界共同发展理念的追求，使其逐渐具有世界意义。从人类命运共同体理念到共商、共建、共享原则被纳入联合国决议，拥有将14亿多人口的中国对反对霸权主义、强权政治，维护世界和平与发展的和谐世界发展理念的追求与践行，不仅在实践中成为推动世界和平与发展的中坚力量，而且必将最大化实现这一理念的"全球效用"。新时代，中国人民追求和平与发展的信念从未动摇。中国要"始终做世界和平的建设者、全球发展的贡献者、国际秩序的维护者"[③]。积极推动构建人类命运共同体，就是要发挥好中国新时代强国作用，推动新时代中国发展成果转化为中国声音和中国力量，不断为人类和平发展作出更大贡献。

---

① 《习近平谈治国理政》第2卷，外文出版社2017年版，第546页。
② 《习近平谈治国理政》第2卷，外文出版社2017年版，第546页。
③ 习近平：《决胜全面建成小康社会 夺取新时代中国特色社会主义伟大胜利——在中国共产党第十九次全国代表大会上的报告》，人民出版社2017年版，第25页。

（二）科学社会主义在中国焕发出强大生机活力：
为世界社会主义实践作出重要贡献

党的十八大以来，经过长期努力，中国特色社会主义进入新时代，这是科学社会主义的理论逻辑和中国社会发展的历史逻辑在中国特色社会主义建设中的辩证统一，彰显了科学社会主义在中国取得的实践成就。科学社会主义在当代中国焕发出的强大生机活力，体现在新时代中华民族站在实现强起来新的历史起点上，中国特色社会主义站在具有独立自主性新的历史起点上，中国式现代化站在为世界贡献中国智慧新的历史起点上。"三个历史起点"意味着中国特色社会主义道路和中国式现代化道路对世界社会主义实践具有重要贡献。

第一，中华民族站在实现强起来新的历史起点上。这一历史定位意味着强起来的中国作为世界社会主义国家的重要组成部分，带领世界社会主义运动走出低潮，成为整个世界社会主义运动的"擎天柱"。东欧剧变、苏联解体后，世界社会主义运动遭受空前挫折，一时间，"历史终结论"甚嚣尘上。在此之际，中国共产党坚持和发展中国特色社会主义道路，逐步实现民族崛起。党的十八大以来，党和国家事业取得了历史性成就，中国整体转型升级，生产力、生产关系、经济基础、上层建筑均发生了历史性变革。这些成就是全方位的、开创性的，这些变革是深层次的、根本性的。具体而言，中国的经济实力、科技实力、国防实力、综合国力进入世界前列，中国的国际地位得到前所未有的提升，党的面貌、国家的面貌、人民的面貌、军队的面貌、中华民族的面貌发生了前所未有的变化，"两个前所未有"使中华民族以崭新的姿态屹立于世界民族之林。"强起来"的中国在振兴中华民族的同时也振兴了世界社会主义运动。

第二，中国特色社会主义站在具有独立自主性新的历史起点上。中国特色社会主义既不是"翻版"，更不是"再版"，而是"新版"。之所以说是"新版"，就在于中国开辟出了一条中国特色社会主义道路。中国道路彰显了中国共产党和中国人民的首创精神，拓宽了世界社会主义运动实践模式。对比传统社会主义模式，中国特色社会主义道路是对传统社会主义模式的扬弃和超越。这种扬弃和超越主要体现在中国特色社会主义摒弃传统社会主义模式的僵化经济体制、轻视人民物质文化需要等问题上，同时继承了传统社会主义模式中社会主义改造和社会主义建设的积极因素，建立符合中国国情的政治民主制度、社会主义市场经济体制等。新时代，中国特色社会主义建设坚持以人民为中心，以我国社会主要矛盾的转化为出发点，进一步解放生产力和发展生产力，用中国成就彰显中国道路自信。中国特色社会主义道路的成功，启迪和激励了其他社会主义国家探索符合自身发展的道路，走出传统社会主义发展模式的固化思维，打破对现代西方发展模式的迷思，推动世界社会主义运动实践模式的多样化。

第三，中国式现代化站在为世界贡献中国智慧新的历史起点上。中国式现代化道路有特色，但不特殊，它拓宽了具有共性问题的广大发展中国家走向现代化的路径，推动整个世界社会主义运动实践和现代化进程。实现现代化是中国近代以来的梦想之一，也是中华民族伟大复兴的必由之路。现代化作为中国"未竟的事业"、现代性作为中国"追求的价值目标之一"，对于中国发展、中国社会和中国人影响深远。如今，中国式现代化站在为世界贡献中国智慧新的历史起点上，更加注重"内生自主成长"。党的十九大是中国由大国迈向强国历史进程中召开的一次影响深远的大会。党的十九大把"习近平新时代中国特色社会主义思想"写入党章并确立为行动指南，为全面建成社会主义现代化强国提供了科学指引。"现代化"是党的十九大报告中的一个十分重要的"关键词"，"建设现代化经济体系""国防和军队现代化""发展面向现代化、面向世界、面向未来的，民族的科学的大众的社会主义文化""推动新型工业化、信息化、城镇化、农业现代化同步发展""加快教育现代化""全面建设社会主义现代化强国"。党的二十大提出以中国式现代化全面推进中华民族伟大复兴的使命任务。新时代，面对现代化进程中的共性问题，中国共产党立足新变化提出未来中国式现代化事业的发展策略和前进目标。在此意义上，社会主义中国的现代化途径对世界社会主义国家现代化进程更加具有普遍性意义。此外，新时代，中国不断取得新的全方面的现代化成就，不断靠近世界舞台中心，不断向世界彰显中国的现代化成就，用事实证明中国式现代化的世界价值，为世界现代化发展贡献新时代中国智慧。

170多年前，马克思和恩格斯在《共产党宣言》中写道："资产阶级在它的不到一百年的阶级统治中所创造的生产力，比过去一切世代创造的全部生产力还要多，还要大。"[1]中国特色社会主义的伟大成就让整个世界看到科学社会主义的强大生机活力；中国特色社会主义日新月异的巨大变化，让世界社会主义国家坚信社会主义取代资本主义是人类社会发展的必然趋势，世界社会主义运动实践的前途是光明的。21世纪，科学社会主义的原则依然闪耀着真理的光辉，指引人类社会进步的总趋势，推动人类沿着这一方向发展。

（三）中国和平崛起和文明崛起：
为人类文明作出重要贡献

中国特色社会主义进入新时代，这是中国和中华民族发展新的历史方位，我们立足这一历史方位谋划中国特色社会主义现代化的时间表和路

---

[1]《马克思恩格斯选集》第1卷，人民出版社2012年版，第405页。

线图。对中国特色社会主义新的历史定位，要求坚定中国特色社会主义道路、理论、制度、文化自信，进而探寻中国和平崛起和文明崛起的世界意义。

探寻中国和平崛起和文明崛起的世界意义，必须着眼整个人类文明发展历史。正如习近平总书记强调中华文明要能够为人类提供正确精神指引，"要围绕我国和世界发展面临的重大问题，着力提出能够体现中国立场、中国智慧、中国价值的理念、主张、方案。我们不仅要让世界知道'舌尖上的中国'，还要让世界知道'学术中的中国'、'理论中的中国'、'哲学社会科学中的中国'、让世界知道'发展中的中国'、'开放中的中国'、'为人类文明作贡献的中国'"[1]。新时代，中国和平崛起和文明崛起的世界意义主要体现在中国现代化的发展对人类现代化道路的拓展，体现在中华文明融入世界文明之林的和谐共存，体现在中华民族胸怀世界，用东方智慧和全球视野为人类问题的解决贡献中国方案。

第一，中国的和平崛起打破西方文明主导的现代化模式，提供了一条和平发展的现代化之路。近代以来，整个世界的发展主要以西方文明为主导，本质上是"西方中心论"和"西方文明论"。不可否认，西方文明在推动世界发展的同时，也蕴含着"对抗""利己""霸权""扩张"的基因。西方文明是造成当今世界和平赤字、发展赤字、安全赤字、治理赤字的深层文化原因。在现代化进程中，以英、美等国家为代表的西方资本主义国家率先走上现代化道路，开辟出带有西方文明烙印的现代化之路。不同于西方具有殖民掠夺性质的现代化之路，中国式现代化道路是一条不搞争霸，倡导合作共赢的和平崛起之路。首先，就自身发展结果而言，中国在实践中处理好改革与发展的关系，既维护了社会稳定，又使人民生活水平提高，以促进共同富裕为目标，对内实现和谐稳定发展。其

---

[1]《习近平谈治国理政》第2卷，外文出版社2017年版，第340页。

次，在走向世界舞台中心进程中，中国一直将和平共处五项原则作为对外交往的基本准则，和平渐近走向世界中心。新时代，面对世界变革发展的调整期，中国将承担世界使命，在发展中坚持维护世界和平，与各国人民同心协力，为人类共同事业而奋斗。在此基础上，对中国和平崛起的经验总结，拓宽了人类现代化道路，为人类现代化发展提供了一条新路径。

第二，中国文明崛起意味着中华文明超越文明的时空界限和自身维度，利用文明方式在世界文明之林占有一席之地，为人类文明共存提供中国方案。张维为在《中国超越》一书中指出中国的崛起"给世界带来的可能是新一轮的'千年未有之大变局'"[1]的"文明型国家"的崛起。超强的历史文化底蕴和独创的文明发展逻辑是中国"文明崛起"的双翼。习近平总书记指出："历史和现实都表明，一个抛弃了或者背叛了自己历史文化的民族，不仅不可能发展起来，而且很可能上演一场历史悲剧。"[2]文明需要传承，中华文明的历史传承和当代发展是中国文明崛起的强有力支撑。在此基础之上，中国"文明型"崛起，一是在文明交流中处理好自身文明保存与世界文明共存的关系，在融入世界文明之林中坚持中华文明的主体性，兼容并蓄；二是突出崛起方式的"文明性"，在崛起中处理好"本国利益"与"世界利益"的关系，在发展中平衡"利义"关系；三是"文明崛起"结果体现在每一位社会成员身上，不仅是"文明型国家"的崛起，更是"文明型"国人的塑造。在中国走近世界舞台中心途中，中国"要尊重世界文明多样性，以文明交流超越文明隔阂、文明互鉴超越文明冲突、文明共存超越文明优越"[3]。"文明崛起"的中国要在世界

---

[1] 张维为：《中国超越》，上海人民出版社2016年版，第3页。
[2] 《习近平谈治国理政》第2卷，外文出版社2017年版，第339页。
[3] 习近平：《决胜全面建成小康社会 夺取新时代中国特色社会主义伟大胜利——在中国共产党第十九次全国代表大会上的报告》，人民出版社2017年版，第59页。

历史发展历时态与共时态的统一中，推动人类文明共存，美美与共。中国的和平崛起和文明崛起向世界回答在中国这样的社会主义初级阶段国家中如何和平、文明地推进现代化进程，为世界上那些既希望加快发展又希望保持自身独立性的国家和民族提供了新选择，切实推动世界文明的多样性共存。

第三，从人类文明史看，中国和平崛起打破西方文明发展神话，为人类文明发展问题的解决提供中国方案，推动整个人类文明发展进程。有学者将人类文明面临的挑战分为"'三大矛盾的加剧'：一是人与人之间越来越不平等……二是人与自然之间的冲突越来越严重……三是人的各种需求之间越来越不平衡……"[①]这三大矛盾实质是如何处理人与人之间关系、人与自然之间关系与人和需求之间的关系。其中，人与人之间的不平等建立在现代化进程中，西方文明的"掠夺"特质之上，表现为物质上资源的争夺和精神上以自我为中心；人与自然之间冲突的关键点在于人如何开发利用自然；人的需求之间的矛盾聚焦于人逐渐成为"单向度的"生产机器和消费机器，物质需求与精神需求未能达到平衡与匹配。从人类历史的视角看，中国和平崛起和文明崛起的世界意义在于为人类"三大矛盾"的解决贡献中国智慧和中国方案。具体而言，中国14亿多人口摆脱温饱问题本身即是人类问题的重要一环。中国解决好自身问题就是对世界作出巨大贡献；中国注重可持续发展，践行创新、协调、绿色、开放、共享新发展理念，建设创新型国家、全面建成小康社会、建设美丽中国、深化改革开放、实现共同富裕；中国特色社会主义进入新时代，我国社会基本矛盾变为人民日益增长的美好生活需要和不平衡不充分的发展之间的矛盾，更加注重提高人的物质生活水平和内在

[①] 陈学明：《中国道路为世界贡献了什么》，天津人民出版社2017年版，第90—91页。

精神需求，促进人的全面发展，这种发展模式对世界问题的解决具有启发性。

总之，在新时代，在中国由大国迈向强国征途中，中国在国际事务中更加有所作为，积极履行大国责任，坚定维护世界和平与发展，倡导构建人类命运共同体；在新时代，科学社会主义新的强大活力再次证明社会主义的光明前途，为世界社会主义发展实践贡献成功经验；在新时代，中国的和平崛起和文明崛起，为世界开辟独具特色的中国现代化模式，为解决人类问题贡献中国智慧和中国方案，开创人类文明发展新范式；在新时代，中国要做全球治理的积极参与者，用"四个自信"保持战略定力，用"四个伟大"攻坚克难，夺取新时代中国特色社会主义伟大胜利，为实现中华民族伟大复兴和为世界和平贡献更多更大"中国力量"。

六、现代文明新秩序建构与中国话语权提升

中国发展需要在历史逻辑、现实逻辑和未来逻辑的整体理解和把握中重新定位。现代文明新秩序建构是中国现代化的重要目标。中国实现现代化的核心是现代秩序建构，进而增强中国在开创人类文明新形态方面的影响力和中国作为现代文明国家的吸引力。在中国建设社会主义现代化强国的历史进程中，全面提升中国在现代文明新秩序建构中的能力和水平，不仅可以实现中国的现代整体转型与长治久安，而且可以提升中国在全球治理中的话语权和营造良好的中国形象，从而为强国建设和民族复兴创设良好的内外部条件。

中国在力量转移、霸权衰退和平衡转换的世界格局中应起何种作用？此一问题需要进行深入细致的学理研究。我们认为，应该从现代文明新秩序建构的高度看待中国发展及其成就。中国发展是世界历史性事件，这一世界历史性事件对内不仅深刻改变了中国的面貌，而且对外已经并正在深刻影响世界力量格局与全球治理格局。经过40多年快速发展，中国发展需要在历史逻辑、现实逻辑和未来逻辑的整体理解和把握中重新定位。概括起来，中国发展的历史逻辑已转化为实现第二个百年奋斗目标和中国梦，这一目标和梦想归根结底是要在中国建构起现代文明秩序。只有在现代文明秩序建构中发挥建设性作用才能真正提升中国的国际地位和中国的国际话语权，从而使中国真正"强起来"。

（一）中国发展的历史逻辑及其世界历史意义

当代中国的发展定位奠基于中国的历史逻辑之中，只有深刻把握中国发展从何处来，才能切实理解中国发展的世界历史意义和未来走向。

古代中国属于"辉煌中国"，曾长期引领世界发展。近代中国逐渐沉沦没落，如今，这一历史逻辑已转化为实现强国建设和民族复兴伟业，这是中国人民和中华民族重新主宰自己命运的一种体现。"现在，我们比历史上任何时期都更接近中华民族伟大复兴的目标，比历史上任何时期都更有信心、有能力实现这个目标。"[1]此时一定要凝心聚力，写好中华民族伟大复兴这篇大文章。

中国实现现代化的一个重要方面是建构现代文明新秩序。所谓建构现代文明新秩序，就是"要在注重研究人类社会历史发展的一般规律、社

---

[1]《习近平谈治国理政》第1卷，外文出版社2018年版，第35—36页。

会主义发展规律、党的执政规律和当代中国发展规律的前提下，基于公正的理念、规则和制度，有组织地、整体有序地推进各项改革"①。这就要求我们协调推进中国综合国力的提升。"一个国家的外部崛起，实际上是它内部力量的一个外延"②。一个国家只有在现代文明秩序健全完善的条件下，才可称为强国，才能屹立于世界民族之林。基于这一理解和认识，我们认为，当代中国发展的关键是从国家、社会和个人三个层面建构现代文明秩序，从而实现国家长治久安、社会安定和谐、个人充满自信。

首先，建立现代市场经济秩序是中国经济发展方式转型升级的需要。现代市场经济秩序是一个国家实现现代化不可或缺的条件。中国从传统计划经济向现代市场经济的转型是现代世界经济史上的重大事件，不仅改变中国，而且影响世界。我们认为，规范的市场经济是一种有效的资源配置方式。作为一种有效的资源配置方式，市场经济只在经济领域资源配置中起决定性作用，而不能泛化成"市场社会"；作为一种解放人和开发人的重要力量，市场经济有助于人的自主性和主体性的确立与成熟。1978年开启的改革开放尤其是1992年社会主义市场经济方向的选择是一场"伟大的变革"，深刻改变了中国社会发展的动力机制、平衡机制和治理机制。当前，立足新时代，我们亟待积极地扬弃现代资本主义文明，自觉转变经济发展方式，构建高水平社会主义市场经济体制，其关键是在统筹社会主义与市场经济关系基础上，"建构既有活力又具和谐的经济社会发展的动力机制、平衡机制和治理机制"③。唯有如此，才能推动中国经济迈向高质量发展阶段。

---

① 韩庆祥、张健、张艳涛：《中国特色社会主义基本原理》，人民出版社2015年版，第302页。
② 郑永年：《中国改革三步走》，东方出版社2012年版，第187页。
③ 韩庆祥、张健：《破解难题—建构秩序—唱响中国：简析新一届中央领导集体治国理政的脉络与方略》，《毛泽东邓小平理论研究》2015年第2期。

其次，建立现代国家治理秩序是解决改革进入攻坚期、深水区所遇到的实际问题的需要。改革开放以来，党和政府带领民众集中力量办大事，取得了辉煌成就，但随着发展的深化，政府主导的一些弊端也逐渐显现。从国家治理角度看，主要是人治有余而法治不足，自上而下有余而自下而上不足，行政干预有余而自主创新不足，这些问题已成为我国进一步深化改革的阻碍。当前要以更大决心和力度全面深化改革，通过简政放权，使市场在资源配置中发挥决定性作用。政府的简政放权，根本上是由现代化的"一般规律"所要求的，因为现代化的主旋律就是"领域分离"。中国追寻现代化的目的就是建构现代文明新秩序。"中国人对于'中国道路'的探索，其根本宗旨也许正在于为人类的未来探索一种新的可能性——基于'中国现代性'之上的'中国经验'，极有可能开辟'一种新的现代性文明形态'"[1]。

最后，建立现代心灵秩序是丰富中国人精神世界和精神生活的需要。研究和关注中国人精神世界是时代的呼声，也是实现马克思主义关于人的自由全面发展的内在要求，更是中国健康和谐发展的题中应有之义。在当代中国，当我们为国家富强和民族复兴而奋起追赶先进的物质文明、努力实现现代化的历史进程中，我们真切地感到了一些人原有的精神家园正在逐渐荒芜，一些人精神追求出现混乱和迷惘，一些人出现价值迷失和认同危机，一些人出现精神懈怠、精神空虚甚至精神迷失。因此，为了更好地实现中国由大国迈向强国、实现中华民族的伟大复兴，必须高度关注中国人的精神世界，必须努力建设中华民族共有的精神家园。当人们的温饱问题基本解决之后而整体上进入小康生活水平时，必然要提出重视和改善精神生活的诉求。如何基于需求和供给的分析框架"精准"满足这些诉求就成为中国健康和谐发展的关键。问题在于，一些人偏重于对工具理性的追

---

[1] 张艳涛：《历史唯物主义视域下的"中国现代性"建构》，《哲学研究》2015年第6期。

逐而忽略了对价值理性的追求，一些人偏重对物的占有而忽视对心的滋养，一些人注重对生理需求的满足而不注重对精神需求的满足，其结果出现"物化的社会"和"单向度的人"。可见，建构现代心灵秩序是丰富中国人精神世界和精神生活的现实需要。

总之，中国的发展离不开世界，世界的发展也离不开中国。中国发展要合理把握世界历史力量转移趋向，在此过程中寻求中国的"强国之道"，同时中国发展要给世界创造机遇，提供中国方案和中国智慧。中国发展不仅决定中国命运，而且深刻影响世界格局。

（二）中国发展的现实逻辑及其世界机遇

中国发展的现实逻辑肇始于加速实现现代化尤其是1978年改革开放以来中国的整体转型升级，这是决定中国前途和命运的伟大变革。改革开放和现代化加速了中国的整体转型升级，反过来，中国的整体转型升级也为世界提供了新机遇。

第一，中国快速发展离不开现代国家治理体系和治理能力的提升。中国提出第五个现代化——提升国家治理体系和治理能力的现代化，其本质和核心是增强国家、社会与个人的现代特质。提升国家治理体系和治理能力现代化是决定国家前途命运的根本性、全局性、战略性问题，有助于对内提升国家与社会、国家与个人、社会与个人的和谐度，对外提升国家的竞争力。中国发展的近期目标是基本实现现代化和全面建成社会主义现代化强国，远期目标是实现中华民族伟大复兴中国梦。为了实现这些重要目标，当前要处理好中国与世界的关系，从而为中国发展创造一个和平稳定的外部环境。

第二，中国快速发展为世界创造新机遇。"作为一个经济和人口大国，中国也要承担与自身地位相适应的责任,这种责任体现在对内和对外两个方面:对内就是发展经济,摆脱贫困,改善民生,增进福祉,让国民享受到改革发展与现代化的成果,这也是对人类社会的一个巨大贡献"。[①] 当前,中国发展和世界发展都在转型升级途中,发展中的问题和难题会层出不穷。中国为全球治理作出的巨大贡献就是提供了丰富的发展经验,其中一条重要经验就是,中国发展既坚持发展的连续性和阶段性目标,又注重发展的引领性和超越性目标。过去"欠发展"时期的"三步走"战略——"温饱"—"小康"—"基本现代化",今天"发展起来"时期的"新三步走"战略——"全面建成小康社会"—"基本实现现代化"—"建成现代化强国"均体现了这一特征。当然,不能把阶段性特征绝对化,而要保持开放的态度。

第三,中国快速发展为全球治理提供更多优质公共产品与公共服务。当代中国发展不仅坚持以人民为中心的发展思想,而且还为世界提供更多优质公共产品与公共服务。当前,中国人的发展从"生存性需求"走向"发展性需求",在新的历史起点上,中国改革发展既要注重公平正义,也要注重大国责任。发展起来的中国如何为亚洲乃至为世界和平发展作出新贡献,提供更多公共产品,承担更多责任,值得深入研究。问题是现有的全球经济治理体系在向发展中国家提供公共产品方面存在明显不足。针对这一情况,中国倡导成立亚洲基础设施投资银行,重点支持基础设施建设,一方面可以输出中国国内基础设施建设经验,另一方面也可以帮助"一带一路"相关国家建设基础设施,促进亚洲区域互联互通和经济一体化进程。

在21世纪,问题和挑战倒逼中国整体转型升级,而中国整体转型升级必须借助高质量发展才能实现。因此,中国发展要增强发展的包容性与内生动力,减少发展的盲目性和代价阵痛。在全球化时代,中国发展要把

---

① 金灿荣等:《和平发展:大国的责任》,中国人民大学出版社2014年版,第8页。

握世界大势和抓住世界机遇。反思改革开放以来中国快速发展的关键在于抓住世界机遇，乘上了全球化的快车，使中国快速崛起。从总体上看，改革开放以来，中国实现了跨越式发展，但发展也面临"时空压缩"的问题。可以说，中国用40多年的时间，基本走完了西方现代化国家两三百年时间所走过的工业化发展历程，中国发展的这种"时空压缩"效应使我国"整体转型升级"的任务更为复杂和艰巨。具体而言，经济上，我们面临从粗放型经济增长方式向集约型经济增长方式的转变；政治上，我们要从全能型政府向服务型政府转变；文化上，我们要加强精神文明建设，丰富当代中国人的精神世界；社会上，我们要提高保障和改善民生水平，加强和创新社会治理；生态文明上，我们要改善日益恶化的环境，走可持续发展之路。

总之，当代中国面临整体转型升级的严峻挑战，但也具有整体转型升级的历史机遇。只有有效应对这些严峻挑战，精准把握这些历史机遇，才能顺利实现中国的整体转型升级。值得注意的是，中国这种整体转型升级带有总体性、结构性和整体性特征，这是此前中国发展所不具有的新特征。

（三）中国发展的未来逻辑及其世界新秩序建构

中国发展的未来逻辑奠基于中国的历史逻辑和现实逻辑之中，只有深刻把握中国发展的历史逻辑和现实逻辑，才能真正把握当代中国发展的未来走向。

现代化的实质和核心是秩序建构。如今，世界秩序建构走到一个新的十字路口，旧秩序处于松动和崩解过程之中，新秩序尚未建立和确立，这为中国发挥建设性作用提供了新契机。如今，在世界力量转移加速期，中国要走参与式全球治理之路。我们认为，只有靠对历史规律的深刻把握，靠对人民需求的精准满足，才能不断提升中国在全球治理中的制度性话语权。

秩序是人类社会发展最基本的要素。人类只有一个地球，各国共处一个世界。每到世界历史中的全球性时刻，人类向何处去、世界往哪儿走的问题，就会摆在世人面前。围绕世界秩序构建和全球治理规则的制定，各国斗争与合作并存。基辛格在《世界秩序》一书中表达了他对"世界秩序"的看法，他认为，建构世界秩序要有两个支点：一是价值和原则，二是权力和利益。"一种肯定个人尊严和参与式治理、遵照一致同意的规则开展国际合作的世界秩序不失为一条出路，也是激励我们的动力。"[1]虽然我们关注经济因素，但文化因素在更深远的范围和程度上发挥核心作用。从文化上讲，美国可能会从自由主义的价值观中退缩。美国试图用双边协议取代多边协议，逐渐走向保护主义，仔细分析，美国政策方向变化背后的总体意图是"美国优先"，试图为美国公民带来更好的结果。

实际上，秩序也可以理解为治理体系，就此而论，"世界秩序"也可以理解为"国际治理体系"。从这个角度看，世界是有一定秩序的，具体表现在联合国宪章和联合国整套架构上。如今，中国积极推动世界秩序朝着更加公正合理的方向发展。比如，在"一带一路"建设中，我国坚持共商、共建、共享原则。共商，就是各国平等协商、通力合作，积极商讨全球治理的方案；共建，就是参与治理的各国发挥自身优势，各尽所能，为实现全球治理目标而努力；共享，就是各参与方平等地享有全球治理的成果。共商、共建、共享是实现全球治理，促进全球治理体系与治理能力现代化的重要环节，这是全球治理中的中国理念。

党的十八大以来，我国创造性地提出构建互利共赢的新型国际关系。

---

[1]〔美〕亨利·基辛格著，胡利平等译：《世界秩序》，中信出版社2015年版，第487页。

这既是对《联合国宪章》宗旨、原则的继承和弘扬,更是对传统国际关系理论的发展和创新。我国倡导推动构建人类命运共同体,提出构建"不冲突、不对抗,相互尊重,合作共赢"的中美新型大国关系,努力走出一条平等互信、包容互鉴、合作共赢的新路,强调坚持和积极践行正确的义利观。关键是"妥善处理中国作为'现秩序维护者'和'新秩序推动者'的辩证统一关系"[①]。巴黎气候变化大会达成全面、均衡、有力度和有约束力的2020年后气候变化协议,其中"共同但有区别的责任"为全球气候治理提供了"中国方案"、贡献了"中国智慧",既表达出中国作为负责任大国的应有担当,又从实际出发,照顾到广大发展中国家的现实处境。可见,"在实践创新中提升我国国际话语权,不仅要讲好中国故事,而且要作出中国贡献;不仅要宣示中国理念,而且要拿出中国方案;不仅要以理服人,而且要以行感人"[②]。

中国积极参与全球治理,目的是获得与自身贡献和能力相匹配的权力。中国在全球治理中要转变角色,由过去的接受者、融入者转变为制度的建设者、治理的参与者。如今,建构更加公平合理的全球治理新秩序成为现实任务。"在国际经济治理中增强话语权,实现从国际规则的适应者和遵循者向制定者和引领者的角色转换。"[③]当然,中国参与全球治理不应局限于宏观上的经济、政治领域,中国应该同时注重中观、微观层面规则、制度的制定。今后,网络治理、深海治理、极地治理、空天治理等将成为中国参与国际规则制定的新领域。中国在创新全球治理模式方面不断探索,力图使全球治理更加公平合理。"通过内外兼修而构建起既能引领中国全面建成小康社会,又能有效适应和成功引领全球治理变局的中国治

[①] 王鸿刚:《中国的"国际秩序观"是什么》,《世界知识》2015年第18期。
[②] 孟祥青、王啸:《在参与全球治理中提升国际话语权》,《人民日报》2015年10月15日。
[③] 甄炳禧、李晓玉:《未来五年外部经济环境与中国对外开放新思路》,《国际问题研究》2015年第3期。

理体系，发展出真正'治国、平天下'的能力，既是中国和平崛起的必要条件，也是中华民族伟大复兴的重要标志"①。

公正合理的全球治理秩序既是人类文明整体进步的必要条件，也是世界和平发展的重要保障。当前全球治理中的规则、机制和制度大都是在以美国为首的西方发达国家主导下制定的，因此发达国家在全球治理中拥有主导权。今后在全球治理的过程中，尤其需要注意参与国的平等地位和共同利益，促进决策程序、过程及目标的民主化，使国际新秩序的建立符合公平、公正与合理的要求。习近平总书记指出："中国将坚定维护以联合国为核心的国际体系，坚定维护以联合国宪章宗旨和原则为基石的国际关系准则，坚定维护联合国权威和地位，坚定维护联合国在国际事务中的核心作用。"②这表明，中国的发展将为世界的和平与发展贡献更多力量。在新时代，中国应同其他发展中国家一道，为全球治理体系的现代化，为建立公平、合理、有序的世界新秩序而贡献力量。

综上，中国实现现代化的核心是对内建构现代文明秩序和推进国家治理体系和治理能力现代化，对外提升中国在创造人类文明新形态方面的影响力和中国作为现代文明国家的吸引力，这是中国结合本国国情，统筹国内国际两个大局得出的结论。

（四）把中国发展优势和制度优势转化为话语优势

在全球化时代我们要基于中国道路建构出一套具有内在逻辑的科学的

---

① 欧阳康：《全球治理变局与中国治理能力的时代性提升》，《光明日报》2015年12月9日。
② 《习近平谈治国理政》第2卷，外文出版社2017年版，第547页。

中国话语体系。当前，应立足全球化进程的高度，加快构建中国话语和中国叙事体系，全面提升国际传播效能，对内扩大中国话语的认同感和影响力，对外在讲好中国故事、传播好中国声音、阐释好中国特色中提高中国的国际话语权。

全球视野下中国话语体系建构与中国话语权提升已经成为当代中国迫切的理论任务和实践需要。当前，全球化进程中话语交流、话语交锋和话语交融成为新常态。此时，我们必须从战略层面重视中国话语体系建构与中国话语权提升，以有效应对西方的话语霸权。

关于话语对人的影响，西方学界已有一定的涉及，较为典型的理论及其核心要点包括：现代语言之父索绪尔将"语言"与"言语"区分、将"能指"与"所指"分离，其提出的"结构主义语言学"为我们提供了重要的分析工具；1922年李普曼提出的"强大效果论"，认为语言通过大众媒介对人的观念能够产生深刻的、直接的，甚至决定性影响；1952年美国语言学家哈里斯提出"话语分析"概念，将话语置于"语境"来考察；20世纪50年代奥斯汀提出的"言语行为理论"，改变了人们对于话语原有的看法，将话语与改变世界的实践联系在了一起，促进了"语用学"的发展；20世纪60年代产生于美国的"社会语言学"从社会视角理解语言行为，探索语言与社会主体和社会各领域的关系；20世纪70年代产生于英国的"批判语言学"认为语言不只是社会过程和结构的反映，它同时也建构了社会过程和结构；1972年麦库姆斯提出的"议程设置"理论，认为话语虽然不能决定人们"怎样想"，但是却能决定人们"想什么"；1980年诺伊曼提出的"积累效果理论"，认为话语对人的影响是可以逐渐积累的；1999年萨义德在《东方学》一书中批判了西方强势话语以学术为名，展开对东方世界的话语殖民，他提出的"东方主义""殖民话语"等概念为我们解构西方话语霸权提供了新视角。这些理论深化了话语对人的影响的研究,但这些理论也都有其历史局限性,连西方学界都彼此争论不休。

马克思的"阶级斗争理论"、葛兰西的"领导权理论"、福柯的"话语权理论"、哈贝马斯的"协商民主理论"、布迪厄的"语言象征性权力观"、鲍德里亚的"镜像理论"、罗兰·巴特的"泛符号化理论"等都为话语权研究奠定了基础。马克思的"阶级斗争理论"从历史唯物主义视角揭示了权力的本质,认为经济上占统治地位的阶级必然成为政治上的统治阶级,而政治权力的直接来源则是阶级斗争,是阶级斗争中各种政治力量较量的实际结果;葛兰西的"领导权理论"从宏观视角揭示了统治阶级借助"话语的建构"实现霸权意识形态,丰富和发展了马克思的阶级斗争理论;福柯的"话语权理论"将权力与话语嫁接,提出"话语即权力"的论断,从权力视角审视话语背后的意义以及由意义编织的网络,揭示了话语在秩序建构中的作用;哈贝马斯的"协商民主理论"阐明了语言如何具备以"共识"和"合作"而非"强制"或"操纵"的方式来协调公共利益;布迪厄的"语言象征性权力观"不仅为我们研究西方霸权话语体系提供了理论启示,而且其"游戏语言""符号资本""市场语言"等概念还启发了我们在全球化时代国际话语权博弈的新思路。

话语与权力互为依托,话语因传播而得以表达,权力的实现得益于意义的阐释,意义又因传播而得以赋权。庞中英在《国际关系中的软力量及其他》(《战略与管理》1997年第2期)一文中较早提出传播中国价值观和文化等软实力问题;张国祚在《提升我国文化软实力的战略思考》(《红旗文稿》2011年第4期)一文中对我国文化软实力的现状进行了深入剖析,列举了我国文化软实力建设取得的成绩,分析了面临的挑战,并提出宏观对策建议。上述研究具有启发与借鉴价值。

目前,国内已有多所高校成立话语研究中心,开展中国话语研究。胡正荣在《精准传播是提升国际传播效果的关键》(《中国社会科学报》2014

年9月17日)一文中指出,中国国际传播要从一元转向多元化、从单向度的宣教变为双向度的沟通,从"撒胡椒面"式的传播转为精准传播;2014年施旭在英国帕尔格雷夫·麦克米伦出版社出版 Chinese Discourse Studies,第一次系统地向国际学界展示中国话语研究体系,在问题意识上聚焦中国发展。关于中国话语权研究集中体现在如何理解中国发展与意识形态建设关系上。在新闻传播学领域,吴瑛在《中国话语权生产机制研究:基于西方舆论对外交部新闻发言人引用的实证分析》(上海交通大学出版社2014年版)一书中指出,中国已成为一个大国,但还未成为一个强国,中国人缺乏自信,一个重要原因是我们对中国话语权及其生产机制研究得还不够。在国际关系领域,张志洲在《提升学术话语权与中国的话语体系构建》(《红旗文稿》2012年第13期)一文中提出,通过理论创新和学术创新来提升中国的学术话语权,从国家战略的高度构建中国的话语体系,使关于不同具体问题的话语表述能被广泛接受和认同,是构建中国话语体系的突破口。

在马克思主义领域,韩庆祥在《中国话语体系的八个层次》(《社会科学战线》2015年第3期)中指出,中国特色社会主义话语体系是由一系列具有内在逻辑关系要素构成的系统,包括话语基础、话语核心、话语体系、话语方式、话语自信、话语传播、话语权和话语创新等八个层面;韩震在《寻找和构建"真诚"的中国话语》(《对外传播》2015年第7期)中指出,用"中国话语"表达中国自己、以生活话语打动"他者"心扉、找寻话语原创的基础和动力、表达具有世界意义的话语和用外语讲述中国话语五个方面进行论述,指出表达中国文化的话语方式,必须反映中国特色社会主义的伟大实践;陈曙光在《中国话语与话语中国》(《教学与研究》2015年第10期)中指出,"中国话语"本质上是中国道路的理论表达,中国经验的理论提升,中国理论的话语呈现,归根到底是现代性的中国版本。这些研究具有启发意义。

总之,在全球化时代,用什么样的方式表达中国话语、表述中国思想、表明中国声音、表现中国智慧,已成为现实课题。为此,要从政治话语、学术话语、大众话语和世界话语四个层面全面推进中国话语的世界表达,多管齐下讲清中国道路、讲透中国文化、讲好中国故事、讲出中国精神,把中国发展优势和制度优势转化为话语优势。

第三编

中国理论

与

中国话语

一、建构面向中国问题的历史唯物主义理论话语体系

当代中国,需要根据中国现实和人类社会发展趋势,从未来的视角来研究中国问题。如果要续写历史唯物主义理论体系的新篇章,那么无疑就要全面发展21世纪马克思主义、当代中国马克思主义。当代中国历史唯物主义建构一个重要方面就是建构面向中国问题的历史唯物主义理论话语体系。当代中国马克思主义者的历史使命就是:一方面,要立足历史唯物主义来探寻中国问题的破解之道和中国崛起的世界历史意义;另一方面,要通过对中国问题的思考来发展和深化历史唯物主义,推进马克思主义的中国化,对历史唯物主义给予中国表达,为破解人类问题提供中国方案、贡献中国智慧。

经过长期努力,如今中国发展站到了新的历史起点上,中国特色社会主义进入了新时代,中华民族迎来了从站起来、富起来到强起来的伟大飞跃,我们正在向建成社会主义现代化强国迈进。当代中国共产党人正在团结带领全国人民努力接续完成实现现代化和民族复兴的时代课题。为了更好地完成这一时代课题,需要借助于理论的力量和思想的力量。如果说理论的力量,来自对问题的精准把握,那么思想的力量,则来自对现实的深入思考和精准阐明。行动的自觉,来自对理论与思想的科学把握。历史唯物主义的生命力不仅应该在理论上表现出来,也应该在实践中表现出来。毕竟,历史唯物主义不仅是"解释世界"的一种方法与理论,更主要的是一种"改变世界"的实践活动。当前,历史唯物主义研究再度成为学界研究和讨论的热点,这对于全面发展21世纪马克思主义、当代

中国马克思主义具有积极意义，也有助于深化对历史唯物主义性质和主题的理解，还有助于深化对"西方现代性"的反思和"中国现代性建构"的认识。其实，真正的马克思主义者，不仅要把问题凝练为思想，而且还要把思想转化为行动。在新时代新起点，深化对历史唯物主义性质和主题的认识一个重要方面就是推进历史唯物主义的中国化。在21世纪中国最有可能在国际理论舞台上占据重要地位的，也许是面向中国问题的"真正中国化时代化的马克思主义"，这无疑需要在普遍性与特殊性中保持必要的张力。

（一）中国特色社会主义与当代中国历史唯物主义建构

历史唯物主义是马克思主义的历史观和世界观，作为一种历史观，它强调人类社会发展的基本规律和人的主体地位与主体作用，作为一种世界观，它的研究对象是现实的人生存与发展的现实生活世界，关注人的生存境遇及其发展命运，强调自然界的优先性和人与自然的规律、人与社会的规范的辩证统一。在当前，中国社会历史进步的主体作用、中国经济发展的环境约束条件、中国经济社会发展的主体性条件，中国道路的世界历史意义，都需要在历史唯物主义视域下重新考量。就此而论，历史唯物主义构成中国特色社会主义的理论底色。然而，我们不能仅仅消极地停留于对历史唯物主义的辩护立场之中，而是要积极推进历史唯物主义的中国化、时代化和大众化。历史唯物主义并没有结束真理，而是开辟了通向真理的道路。实践昭示我们：只有立足当代中国实际，坚持把马克思主义基本原理同中国具体实际相结合、同中华优秀传统文化相结合，才能真正彰显历史唯物主义的巨大真理威力和强大生命力，也才能推进中国特色社会主义实践的发展；只有立足当代时代新潮流，把握世界发展大势，充分吸收人类文明一切有益成果，才能更好地运用历史唯物主义观察时代、解读时代、阐明时代、引领时代，才能全面发展21世纪马克思主义、当代中国马克思主义，从而引领中国特色社会主义道路越走越开阔。

首先，应该看到世界的新变化。如今，人类正处在大变革、大调整时期，随着资本主义机制自身演变的复杂性，随着全球化和逆全球化新的博弈，如何进一步深入研究当代世界的新变化尤其是当代资本主义和中国特色社会主义的新变化，回应当代林林总总的西方资本主义批判理论，有必要重新理解和建构历史唯物主义，首先是激活历史唯物主义的创新与当代阐释力。而要激活历史唯物主义的创新与当代阐释力，就需要建构面向中国问题的历史唯物主义理论话语体系。众所周知，历史唯物主义是中国道路的理论依据之一。当前人类社会正处于一个历史分水岭和世界历史力量转移加速期，一方面我们曾经熟悉的历史坐标和时空观念正逐渐改变，另一方面新的历史趋势和时空观念正在逐渐显现。此时，中国开始走向强起来的关键时期，中华民族显现出伟大复兴的新迹象。从世界历史来看，中国崛起是人类历史上最大范围、最快速的工业化、城镇化过程，其规模与速度都是史无前例的。随着世界历史力量转移，必然出现权力结构以及世界秩序重构的新契机。如今，广大非西方国家和新兴市场国家群体性崛起逐渐撼动西方主导的世界秩序，逐渐打破20世纪的一元现代性历史格局，多元现代性将成为21世纪的基本特征。

其次，经过长期努力，中国特色社会主义进入了新时代，这是我国发展新的历史方位。也应该看到，中国仍处于并将长期处于社会主义初级阶段的基本国情没有变，中国作为世界上最大的发展中国家的国际地位没有变，中国经济社会发展每个阶段都呈现出新特征。当前，中国特色社会主义进入新时代。这一重大判断具有重要的理论意义和实践意义。科学认识和精准把握新时代离不开历史唯物主义的理论支撑和思想透视。从中国经济社会发展的维度看，新时代意味着近代以来久经磨难的中华民族迎来了从站起来、富起来到强起来的伟大飞跃，由大国迈向强国成为现实任务；从世界社会主义发展的维度看，新时代意味着科学社会主义在21世纪的中国焕发出强大生机活力，在世界上高高举起了社会主义伟大旗帜，"历史终结论"和"社会主义失败论"不攻自破；从人类文明发展的维度看，新时代意味着中国特色社会主义道路、理论、制度、文化不断发展，拓展了发展中国家走向现代化的途径，给世界上那些既希望加快发展又希望保持自身独立性的国家和民族提供了全新选择，为解决人类问题和世界难题提供了中国方案、贡献了中国智慧。①

最后，实践的发展倒逼理论的创新。新时代有新特征和新要求，实践发展需要理论支撑和思想指引，我们要做好理论准备。"中国特色社会主义是改革开放以来党的全部理论和实践的主题，全党必须高举中国特色社会主义伟大旗帜，牢固树立中国特色社会主义道路自信、理论自信、制度自信、文化自信，确保党和国家事业始终沿着正确的方向胜利前进。"②

在新的时代条件下，我们要进行伟大斗争、建设伟大工程、推进伟大事业、实现伟大梦想，仍然需要继续保持和发扬马克思主义政党与时俱进的理论品格，勇于推进实践基础上的理论创新。时代是思想之母，实践是理论之源。中国发展需要理论创新，中国道路需要学理支撑。当代中国人要为中国特色社会主义进入强国时代做好理论准备和理论储备。"如果中国要成为一个强国、中国人要成为当代思想的同时代人，就必须重视理论建设和思想创造。"③近年来，我们用马克思主义中国化的最新成果——

---

①参见张艳涛：《科学判定当代中国发展的历史方位》，《厦门大学报》2017年10月20日。
②《习近平谈治国理政》第2卷，外文出版社2017年版，第59页。
③韩庆祥、张艳涛：《论"四个伟大"》，《中国特色社会主义研究》2017年第4期。

习近平新时代中国特色社会主义思想指导中国实践，这使当今中国获得了强大的理论创造力、思想主动性和民族自信心。如今已经到了质的飞跃的关键期，到了全面建成社会主义现代化强国"临门一脚"的时候，能否成功跨越"中等收入国家陷阱""塔西佗陷阱"和"修昔底德陷阱"，关键是要确立并践行以人民为中心的发展理念。我们要基于"四个伟大"创新实践，对实现马克思主义中国化的新飞跃给出新理解，这无疑需要推进包括历史唯物主义中国化在内的马克思主义中国化。

总之，科学阐明中国特色社会主义与当代中国历史唯物主义建构之间的关系是当代中国学者的重大课题。当代中国历史唯物主义建构面临双重任务：其一是在理论上自觉对自由主义政治哲学进行理论批判，厘清马克思主义与自由主义的界限，建构"有思想深度的中国理论"；其二是在实践中对自由、平等、正义、民主、精准扶贫、社会主义市场经济等作出具有马克思主义原则高度的回应，进行"有原则高度的中国实践"。"历史唯物主义既不是将历史看做是一个自在的生成过程，也不是一个毫无规定性的人的自主性生成，而是两者的'主客体的辩证法'，这是一个'建构'的过程"[①]。这提醒我们，要警惕资本逻辑批判暗含的"同一性"与历史唯物主义"非同一性"之间的差异。与资本逻辑试图用"同一性"规制社会历史进程不同，历史唯物主义十分注重对"非同一性"保持开放态度，无论是马克思把"人类历史发展五阶段"仅限于西欧，还是后来对资本主义典型样态英国的剖析，抑或是晚年对"古代社会"和"东方社会"的理论研究，都表明，历史唯物主义尊重历史和文化的差异性，尊重各国根据具体国情选择和开创符合自身国情发展道路的权利。

[①] 孙亮：《历史唯物主义对"中国问题"的三重建构意义》，《中国社会科学报》2010年9月30日。

（二）中国问题与当代中国历史唯物主义建构

通常，重大现实问题必然是重大理论问题，而重大理论问题也必然是重大现实问题。当代中国需要的是切中社会现实和中国问题的历史唯物主义。在当代中国语境中，历史唯物主义与中国道路具有复杂的张力与互动，它不仅"形塑"了当代中国的"历史意识"，而且"判定"了当代中国的"历史方位"，还指明了当代中国的"发展方向"，为中国现代性发展开辟了新道路。[①] 当代中国道路探索过程中的重大现实问题的解释和解决，需要研究中国问题、提升中国经验、建构中国理论，进而推进历史唯物主义的中国化。

从思想史来看，对历史唯物主义的研究大体上有两类：一类是解释性的研究，它追求"是什么"，另一类是规范性的研究，它追求"如何成为是"，前者以理论研究为主，后者以现实问题研究为主。笔者认为，在当代中国"以现实问题为导向的学术理论研究"是值得倡导的。原因在于，面对时代、实践和现实生活层出不穷的新问题，我们的理论研究整体上相对滞后，"主义"研究有余而"问题"研究不足，"思辨"研究有余而"实证"研究不足，"他者"（西方）研究有余而"自我"（中国）研究不足。这使得我们要么有理讲不出，要么讲了没人听。而要深入理解中国问题的特殊性和复杂性，在理论高度给予令人信服的哲学阐明，就需要推进当代中国历史唯物主义建构，这也是马克思主义中国化的题中应有之义。

如果说坚持马克思主义关键是坚持马克思主义的立场、观点和方法，

[①] 参见张艳涛：《历史唯物主义视域下的"中国现代性"建构》，《哲学研究》2015年第6期。

那么发展和创新马克思主义主要就是发展和创新马克思主义的立场、观点和方法。"马克思主义理论对当今社会的重大意义不仅在于其对资本主义制度全面彻底的揭露，还在于其辩证唯物主义和历史唯物主义的研究方法对当今社会同样适用"①。如今，中国特色社会主义与历史唯物主义的中国化，中国现代性与人类文明新形态的开启，这些问题都需要我们在中国问题与当代中国历史唯物主义建构中进行深入研究。在当代，思考和解决中国问题也就是在思考和破解世界性难题。尤其是在中国成为世界第二大经济体之后，这一特征更加显著。在中国整体转型升级的关键期，在中国由大国迈向强国途中，站在新的历史起点上，我们要激活历史唯物主义的思想资源，从历史中汲取营养，为中国实践创新与理论创新标注出历史方位。

过去40多年，中国把握住了发展机遇，中国改革开放取得历史性成就，奠定了中国崛起的物质和观念基础。当前中国日益走近世界舞台中央，正走在由大国迈向强国的关键时期。此时，中国要采取积极参与的综合战略，提升中国国际话语权和文化软实力。实际上，从邓小平的"韬光养晦"到习近平总书记的"奋发有为"，既有一个客观的历史的传承，又有主体的判断力与决断力的作用。其实，一个国家的战略机遇期是由主客观两方面的条件共同促成的，战略机遇期要求在客观上要"等待时机"，而主观上则要"争取创造条件"和"有所作为"。21世纪头一二十年，对中国而言是必须紧紧抓住并且可以大有作为的重要战略机遇期。所谓战略机遇期，"即在国内外环境得到正确把握的情况下，能够为一个国家的长远经济社会发展提供良好的条件，对其历史命运产生全局性、长远性、决定性的特定历史时期"②。中国共产党团结带领中国人民，用几十年的时间

---

① 〔英〕特里·伊格尔顿著，李杨、任文科、郑义译：《马克思为什么是对的》，新星出版社2011年版，中文版出版前言。
② 门洪华：《关于中国大战略的理性思考》，《战略与管理》2014年第3期。

走完发达国家几百年走过的工业化发展历程，中华民族迎来了从站起来、富起来到强起来的伟大飞跃。中国道路，是当代中国历史唯物主义建构的伟大创造。中国道路的成功，关键是把马克思主义中国化，发挥了制度优势。中国的制度优势有利于激发发展活力并保持政策的稳定性和连续性。

资本逻辑批判与当代历史唯物主义建构具有内在关联。在中国发展的结构性转型升级过程中，资本逻辑与公平正义是必须直面的问题。资本逻辑是指资本自身增值、追求利润最大化、唯利是图和不断扩张的本性。可见，资本逻辑与人的逻辑一定程度上是矛盾的。在当代中国语境中，"资本逻辑批判"与"公平正义维护"是同一问题的不同方面，维护和促进公平正义是历史唯物主义的题中应有之义。从理论上说，深入研究资本逻辑批判与当代历史唯物主义建构问题，有助于揭示社会公平正义的"规范性基础"；从实践上讲，深入研究资本逻辑批判与当代历史唯物主义建构问题，有利于用基于社会公平正义的全面改革凝聚社会共识，进而提升国家治理体系和治理能力现代化水平，推进社会主义现代化强国和中华民族伟大复兴的历史进程。

在中国语境中的历史唯物主义研究中，历史唯心主义（黑格尔的）和历史唯物主义（马克思的）的二元历史观框架结构，基本构成了我们研究和探讨历史唯物主义的主要理论背景。顾准称本来面目的黑格尔主义为"唯理主义的唯心主义"，称马克思的辩证唯物主义为"唯理主义的唯物主义"，并明确指出二者在"唯理主义"上的同构性具有启发性。[1]实际上，"历史唯物主义既包括对历史过程的本质的认识，即我们通常说的历史本体论问题；也包括我们如何认识历史，即历史认识论、历史方法论和历史价值论问题。二者在历史唯物主义中是统一的，不存在对立的问题"[2]。因此，

---

[1] 参见《顾准文集》，中国市场出版社2007年版，第212—214、304页。
[2] 陈先达：《历史唯物主义的史学功能：论历史事实·历史现象·历史规律》，《中国社会科学》2011年第2期。

深刻理解历史唯物主义的理论本质，既有助于深化理解中国特色社会主义道路的理论意义与实践价值，也有助于破解中国问题。

（三）中国现代性与当代中国历史唯物主义建构

历史唯物主义是现代性的产物，因此，要想把握历史唯物主义，必须全面理解现代性。现代性是马克思研究的主题之一，"马克思与现代性之间具有互文性。"[①]马克思对于启蒙方案所产生的19世纪的现代文明有深刻的洞悉。在马克思看来，现代文明是由资本主义的现代性所建构的。

在当代中国，既然现代化和现代性被设定为中国发展目标，那么就要探寻实现现代化和现代性的具体路径。中国的现代性建构必须正视中国社会现状。从中国社会发展的阶段性特征看，在经过40多年快速发展后，中国经济步入新常态。在经济新常态境遇下，中国经济发展面临的最大问题，其实主要是结构性问题和转型升级问题。如今，在全面建成小康社会以后，全面建成社会主义现代化强国成为新目标。全面建成社会主义现代化强国是在人民的获得感、幸福感、安全感出现阶段性特征后提出的新目标，也是对人民主体地位的回归，突出强调的是中国共产党执政的人本理念与人民立场，彰显了依靠人民创造历史伟业的理念。"作为社会主义国家，我国要走出一条社会主义市场经济的道路，题中之义便是始终坚持资本和资本主义的分离，即运用资本，但决不允许资本成为整个经济生活和社会生活的主导性力量"[②]。

现代性作为现代化的"质的规定性"——其本质规定和基本特征是主体性、理性和个体自由。虽然现代性具有一些基本特征（如主体性、理性

[①] 黄瑞祺：《马学与现代性》，允晨文化实业股份有限公司2001年版，第17页。
[②] 鲍金：《〈资本论〉的哲学新解读》，中国人民大学出版社2016年版，第321页。

和个体自由），但现代性并不是千篇一律的，它在不同的国家会有不同的表现。当代中国的马克思主义者要敢于"直面事情本身"，说清楚讲明白中国特色社会主义的实质何在？社会主义与市场经济怎么结合？劳动与资本关系如何处理？公平与效率关系如何处理？市场经济怎么与中国国有企业相结合？如果在理论上讲不清楚，那么在实践中就会出现种种迷失和偏差。从总体上看，资本主义之所以是有问题的不仅在于"强资本弱劳动"的基本格局，而且还在于在那里"资本与劳动是恶性互动的"。如何在21世纪重构一种文明的"资本与劳动的关系"，值得深思！

建构面向中国问题的历史唯物主义理论话语体系，一个重要方面是科学揭示"经济的政治性质"和"政治的经济内涵"。至关重要的是，当代中国马克思主义者能否用一种发展了的马克思主义即中国化的马克思主义在理论上解释清楚：当代中国为什么要走"中国特色社会主义道路"（核心是社会主义与中国的结合问题）；为什么要建构"社会主义市场经济"（核心是社会主义与市场经济的结合问题）；为什么要"使市场在资源配置中起决定性作用"（核心是政府和市场的功能定位及其边界划定问题）；为什么要建设"中国特色社会主义现代化"（核心是社会主义制度的比较优势和中国现代性建构问题）。同时，当代中国要在实践中不断提升自由、平等、公正、人权的社会主义品质。具体而言，在人和物的关系中，通过新发展理念进一步解放和发展社会生产力是关键；在人和人的关系中，进一步做好体现公平正义的利益分配进而解决思想分化是关键；在人与自身精神世界的关系中，构建现代心灵秩序是关键；在国家、市场、社会和公民个人的关系中，通过统筹推进"五位一体"总体布局、协调推进"四个全面"战略布局进而构建现代秩序是关键。

从"资本逻辑"走向"人的逻辑"。当代中国特色社会主义，既不完全同于马克思经典的社会主义，也不同于苏联的社会主义，而具有自身特色。就此而论，中国特色社会主义既不是"翻版"，更不是"再版"，而是"新版"。之所以说是新版，就在于中国开辟出了一条具有中国特色的社会主义道路。中国道路彰显了中国共产党和中国人民的"主体性"和"首创精神"，引导经济社会发展从"资本逻辑"走向"人的逻辑"。"现代中国的发展方向，核心是构建一种超越资本主义的'新现代性'"[1]。这种新现代性可初步概括为"中国现代性"，它是"历史唯物主义中国化"与"中国理论建构"的统一。在中国语境中，历史唯物主义的基本原则如"经济基础决定上层建筑"依然要遵循，但是要有新的表述——以经济建设为中心，毕竟在中国经济发展依然占据主导地位。"我们必须关注世界发展中的经济发展问题。只有如此，历史唯物主义切中当代社会现实的思想魅力才能豁然呈现出来"[2]。

辩证地看待和对待市场的力量和资本的力量。重构公共性离不开市场经济和公民社会，前者通过市场交换体系滋生出公共性，后者通过公共生活滋养着公共性。从经济、政治和文化观念与意识形态上看，现代西方是以"市场经济""民主政治"和"个人本位"为主导的。不仅如此，当代西方这种"三位一体"的结构依然居于主导地位，因此中国道路如何走，以修正或超越西方的"市场经济""民主政治"和"个人本位"的理论困境与实践困境就成为当代中国发展面临的重大现实问题。中国建成富强民主文明和谐美丽的社会主义现代化强国和实现社会主义现代化，中国建设现代社会和实现人的现代化，都离不开市场的力量和资本的力量。因此，不能把市场和资本妖魔化。对资本逻辑、市场经济、技术文明的批判性分析与实践驾驭是成功建设中国特色社会主义的关键所在。

---

[1] 郗戈：《历史唯物主义中国化与中国现代性建构》，《江海学刊》2012年第1期。
[2] 陈立新：《面向当代中国问题的历史唯物主义》，《中国社会科学报》2014年5月1日。

建构面向中国问题的历史唯物主义理论话语体系的一个重要突破口则是建构中国特色社会主义政治经济学。科学社会主义不能建立在"哲学论证"基础上，而应建立在"政治经济学批判"基础上。这就需要回归马克思主义政治经济学之路。马克思开辟的政治经济学道路的核心问题是：从工具理性和价值理性相统一的视角，对国民经济学进行批判，对经济问题进行哲学分析，从而提出经济问题政治解决的方案。历史唯物主义揭示了资本逻辑的秘密和现代性的谜底。资本逻辑所支配的经济发展必然导致"环境悖论"——先污染后治理、边污染边治理、污染物外移；"两极悖论"——一极是财富的积累，一极是贫困的积累；"主奴悖论"——一些人成为财富和权力的主人，一些人沦为财富和权力的奴隶；"存在悖论"——一些人身与心相分离，一些人灵与肉相分离，这"四大悖论"是资本主义社会所无法完全克服和解决的。"中国特色的社会主义必须以国家政权支配资本逻辑，通过行政权力和国有资本去调控和引导资本"[①]，才能最终避免上述悖论。笔者认为，当前应从"人类文明新形态开启"的高度来看待中国现代性与当代中国历史唯物主义建构问题。社会主义要创造一种"高于"和"优于"资本主义文明新的文明形态，就必须在人与自然的关系上全面超越"环境悖论"、在人与人的社会关系上全面超越"两极悖论"、在人与他人的主体间关系上全面超越"主奴悖论"、在人与自我意识关系上全面超越"存在悖论"。只有在上述四个方面进行全面的革命性变革，才可能开启一种人类文明新形态。中国学者要有理有据地论证"中国现代性"的内在机制。正如一些有识之士所指出的，在论证中国"新文明类型"的过程中要实质性地突破域外所谓"例外主义"的质疑，此种例外主义常常表现为"中国特色"。当代中国学者要恰如其分地阐明中国道路的世界历史意义。实际上，中国道路所蕴涵的中国现代性固然有其一定的普适性和世界

[①] 王庆丰：《历史唯物主义与中国问题》，《天津社会科学》2011年第4期。

性，但如果过分地放大了这种普适性和世界性，即使以"和平主义"和"文明崛起"为标识或核心，仍可能引起世界对"中国崛起"的担心与恐惧。

综上所述，在当代中国建构面向中国问题的历史唯物主义理论话语体系，离不开对中国社会现实的深入解剖和解析，如果我们的学者依然囿于学院和书斋，不深入中国广大农村和工厂，不深入接触中国广大的农民、农民工、工人和市民，那么我们就不可能真正理解和把握中国问题，也就不可能"切中中国社会现实"，更不可能真正建构起面向中国问题的历史唯物主义理论话语体系。反思中国马克思主义研究一定时期内的"人的逻辑"缺失，一个重要原因是偏离马克思开辟的道路，对占中国人口绝大多数的工人、农民、农民工和市民的生存境遇和发展命运关注和研究得不够，这也是被边缘化的重要原因之一。毕竟，"理论在一个国家实现的程度，总是决定于理论满足这个国家的需要的程度"[①]。中国崛起，绝不仅仅是国力的强盛和民族的复兴，最根本的乃是人民的福祉，即14亿多中国人的尊严、权利、福利、利益和能力能够得到更大的增进和维护，在国内建立起令人羡慕的和谐的国民关系，在国外成为令人尊敬的现代文明国家。一句话，中国不仅要成为强国和富国，更要成为令人尊敬、令人向往的国家。

二、历史唯物主义的公共性维度

以往对历史唯物主义的理解过程中，对其中蕴涵的公共性维度研究和关注不够，因此有必要从哲学的高度进一步阐明历史唯物主义的公共性维度。阐明历史唯物主义的公共性维度的关键是深入把握唯物史观的内涵，

---

① 《马克思恩格斯选集》第1卷，人民出版社1995年版，第11页。

讲清楚马克思主义所言的"公共性"的基本涵义。马克思通过"人类社会"对"市民社会"的超越,"世界历史"对"民族历史"的超越,"我们"对"我"的超越,彰显了历史唯物主义的公共性维度。在21世纪,构建人类命运共同体,是历史唯物主义公共性维度的时代表达,也是当代中国对历史唯物主义的原创性贡献。

当前,历史唯物主义研究再度成为学界研究和关注的热点,这对于发展创新21世纪马克思主义、当代中国马克思主义具有积极意义,也有助于深化对历史唯物主义性质和主题的理解,还有助于深化对"西方现代性"的反思和"中国现代性建构"的认识。历史唯物主义在21世纪还有哪些理论生长点?21世纪的中国能为历史唯物主义作出怎样的贡献?这些问题都需要结合新的时代和实践来解答。历史唯物主义是科学的历史观与世界观。然而,在以往对历史唯物主义的研究中却在一定程度上忽视了历史唯物主义的公共意涵。实际上,历史唯物主义具有不可忽视的公共性维度,科学阐明历史唯物主义的公共性维度是发展创新21世纪马克思主义、当代中国马克思主义的重要理论生长点。只有立足时代特点,把握世界大势,吸收人类文明一切有益成果,才能更好运用历史唯物主义观察时代、解读时代、引领时代,不断发展创新马克思主义。

(一)何谓历史唯物主义的公共性维度

阐明历史唯物主义的公共性维度的关键是深入把握唯物史观的内涵,讲清楚"公共性"和马克思主义所言的"公共性"的基本涵义。唯物史观的创立,使马克思比同时代人站得更高,看得更远,分析得更透彻。唯物史观注重从社会关系和历史变迁的维度考察人的活动及其现实意义,强调在历史进程中不断提升人的主体性与公共性,即实现"个人自由"与"社会团结"的辩证统一。唯物史观的生命力不仅应该在理论上表现出来，也应该在实践中表现出来。毕竟，唯物史观不仅是一种"解释世界"的理论，更主要的是一种"改变世界"的实践活动。

100多年来，马克思主义的传承和发展，有其内在"文本"的原因与外在"解读"的动力。唯物史观具有真理性与合理性，根本在于其最高原则与精神，即物质的统一性、发展演化的辩证性、人的主体性。在《路德维希·费尔巴哈和德国古典哲学的终结》中，恩格斯把唯物史观表述为"关于现实的人及其历史发展的科学"[1]。对于马克思和恩格斯而言，"我们仅仅知道一门唯一的科学，即历史科学。历史可以从两方面来考察，可以把它划分为自然史和人类史。但这两方面是不可分割的；只要有人存在，自然史和人类史就彼此相互制约"[2]。"只有在社会中，人的自然的存在对他来说才是人的合乎人性的存在，并且自然界对他来说才成为人。因此，社会是人同自然界的完成了的本质的统一"[3]，正是在实践基础上，实现了自然史与人类史的内在统一。唯物史观不是纯粹理论思辨的产物，它具有很强的现实针对性，作为马克思哲学核心的唯物史观为人类破解"历史之谜"提供了可能。马克思正是在实践基础上，以社会为中介，实现人与自然界现实的历史的统一。在马克思看来，"整个所谓世界历史不外是人通过人的劳动而诞生的过程，是自然界对人来说的生成过程"[4]。旧唯物主义的主要缺点是："对对象、现实、感性，只是从客体的或者直观的形式去理解，而不是把它们当做感性的人的活动，当做实践去理解，不是从主体方面去理解"[5]。马克思以科学实践观为核心开辟出哲学发展的新道路。唯

---

[1]《马克思恩格斯文集》第4卷，人民出版社2009年版，第295页。
[2]《马克思恩格斯文集》第1卷，人民出版社2009年版，第516页。
[3]《马克思恩格斯文集》第1卷，人民出版社2009年版，第187页。
[4]《马克思恩格斯文集》第1卷，人民出版社2009年版，第196页。
[5]《马克思恩格斯文集》第1卷，人民出版社2009年版，第499页。

物史观是一个开放的理论系统，在21世纪，唯物史观依然具有生命力和解释力。

唯物史观和剩余价值规律是马克思一生两大发现，这两大发现从宏观与微观两个维度共同推进了人们对社会历史的理解。正如恩格斯《在马克思墓前的讲话》所指出的："正像达尔文发现有机界的发展规律一样，马克思发现了人类历史的发展规律，即历来为繁茂芜杂的意识形态所掩盖着的一个简单事实：人们首先必须吃、喝、住、穿，然后才能从事政治、科学、艺术、宗教等等；所以，直接的物质的生活资料的生产，因而一个民族或一个时代的一定的经济发展阶段，便构成基础，人们的国家设施、法的观点、艺术以至宗教观念，就是从这个基础上发展起来的，因而，也必须由这个基础来解释，而不是像过去那样做得相反。"[①]因此，马克思的逝世对于"历史科学"是不可估量的损失。"马克思从物质生产出发，从物质生产（生产什么和怎样生产）中深刻揭示了现实问题的世俗基础，揭示了历史的发源地"[②]。为进一步揭示物质生产的两种基本的结构要素，马克思进一步分析了分工和私有制。物质生产的社会存在形式是分工，分工与"生产什么"息息相关，物质生产的社会物质条件首要是生产关系，而私有制是资本主义物质生产的首要社会物质条件，它与"怎样生产"息息相关。马克思正是在对分工与私有制的分析中，揭示现实人的生存境遇及其发展命运，阐述资本如何奴役劳动进而控制社会的。马克思分析批判了资本主义生产方式，从而揭示了资本主义制度是以追求资本利润为最大"动机"和"基本目的"，生产的社会化和生产资料的资本主义私人占有制之间的矛盾是资本主义的基本矛盾，这一矛盾在资本主义制度内是无解的。

---

① 马克思是思想家、科学家和革命家的完美统一。参见《马克思恩格斯选集》第3卷，人民出版社1995年版，第776页。
② 韩庆祥、张艳涛：《马克思是如何以哲学的方式解读现实问题的：兼论当代中国马克思主义哲学的解读方式》，《江海学刊》2008年第1期。

历史是人类独特的存在方式。历史的人创造人的历史，人不仅是历史的剧作者，同时也是历史的剧中人。马克思从社会历史发展和人的自由全面发展相统一的角度对公共性做出了规定。马克思批判资产阶级虚假公共性，从历史唯物主义的实践主体（从事物质生产实践的人）、实践过程（自由自觉的劳动）、实践目标（构建"真正的共同体"）三个维度建构起历史唯物主义的公共性。一方面，公共性是社会生产实践的公共性，包括共同占有生产资料、共同享有劳动产品、共同实现个人价值，这根本区别于资产阶级主张的自由、平等、博爱基础上虚假的自由个性。另一方面，公共性包含对私人性的辩证否定。资本主义生产方式加速了人的异化，其结果导致社会变为"虚幻的共同体"，彰显历史唯物主义的公共性维度的目的就是消除人与人之间的对抗性，建立"真正的共同体"。无论是"无产阶级的运动是绝大多数人的、为绝大多数人谋利益的独立的运动"，还是"以自由的联合的劳动条件去代替劳动受奴役的经济条件，只能随着时间的推进而逐步完成"；无论是"科学越是毫无顾忌和大公无私，它就越符合工人的利益和愿望"，还是"历史随着人们的生产力以及人们的社会关系的越益发展而越益成为人类的历史"；无论是"两个必然"，还是"两个决不会"，都关涉历史唯物主义的公共性维度①。在《资本论》中马克思关于资本主义产生的历史必然性的论述不是泛指全世界，而是特指西欧。因此他在1877年所写的《给祖国纪事杂志编辑部的信中》非常明确地谈到了这个问题。信中，马克思坚决反对米海洛夫斯基把他"关于西欧资本主义起源的历史概述彻底变成一般发展道路的历史哲学理论"，认为"一

---

① 公共性维度是理解历史唯物主义的重要视角，通过这一视角我们能够看到马克思思想更为丰富的科学内涵。参见《马克思恩格斯选集》第1卷，人民出版社1995年版，第285页；《马克思恩格斯选集》第3卷，人民出版社1995年版，第98页；《马克思恩格斯选集》第4卷，人民出版社1995年版，第258页；《马克思恩格斯全集》第47卷，人民出版社2004年版，第440页；《马克思恩格斯选集》第1卷，人民出版社1995年版，第284页；《马克思恩格斯选集》第2卷，人民出版社1995年版，第32—33页。

切民族，不管它们所处的历史环境如何，都注定要走这条道路"①。马克思认为，这样做，会给他过多的荣誉，也会给他过多的侮辱。②在马克思看来，"每一个单个人的解放的程度是与历史完全转变为世界历史的程度一致的"③。马克思、恩格斯在《德意志意识形态》中提出的"世界交往"理论、在《共产党宣言》中提出的"世界历史"理论都具有公共性维度，在21世纪阐明历史唯物主义的公共性维度有助于我们走进历史的深处。概括起来，历史唯物主义的核心思想，从静态来讲，主要是"社会结构理论"，从动态来讲，主要是"历史过程理论"，这是马克思解释分析社会历史发展的两种基本框架，合理运用这两种基本分析框架，有助于我们对社会历史发展趋向的把握。

在马克思之后，阿伦特从人的行动与语言的公共性维度概括出存在主义的公共性，哈贝马斯将公共性阐发为主体间商谈伦理的公共性，罗尔斯则提出在无知之幕中建构公共理性并以此限制人的行为，但他们都没有超越马克思，只是对马克思的公共性理论进行了部分延伸和拓展，使之更加正视人性之弱点、更为契合新的时代精神。在21世纪破解人类共同难题，需要激活历史唯物主义的公共性维度，引导人们更多地从公共实践、公共利益、公共需要、公共意识、公共目标来认识和破解发展难题。

总之，历史唯物主义内在具有公共性维度，这种公共性维度不仅存在于民族国家内部，也一定程度上存在于世界范围内。一定意义上，中国倡导构建人类命运共同体就是对历史唯物主义公共性维度的运用、丰富和发展。在21世纪，构建人类命运共同体，协调人的发展与经济社会发

---

①　实际上每个国家选择什么样的发展道路，归根结底是由这个国家的历史传承、文化传统和经济发展水平决定的，是由这个国家的人民选择的。参见《马克思恩格斯选集》第3卷，人民出版社1995年版，第341—342页。
②《马克思恩格斯文集》第3卷，人民出版社2009年版，第466页。
③《马克思恩格斯文集》第1卷，人民出版社2009年版，第541页。

展，需要重新思考经济社会发展与人的自由全面发展的关系，从主要关注"我"到更加重视"我们"，培育同舟共济、同甘共苦、命运与共的共同体意识和共同体精神，彰显人类生活的公共性维度。

（二）历史唯物主义公共性维度的出场路径

在思想创造和理论创新方面，马克思无愧于"千年第一思想家"的荣誉。马克思所实现的哲学变革的真正意涵，就在于把唯物主义原则贯彻到底，即贯彻到社会历史领域，深入历史的深处，确立了历史唯物主义。作为一种历史观，历史唯物主义不仅强调人类历史发展的客观规律，而且强调人类的共同体意识和共同命运。"历史唯物主义既不是将历史看作一个自在的生成过程，也不是一个毫无规定性的人的自主性生成，而是两者的'主客体的辩证法'，这是一个'建构'的过程"[1]。

人类的生活世界可分为公共领域和私人领域两部分。马克思哲学回归生活世界绝不是向私人领域的"龟缩"，更主要的是向公共领域的"挺进"。一方面，马克思通过对黑格尔《法哲学原理》的批判发现：要获得理解人类历史发展过程的钥匙，不应到被黑格尔描绘成"大厦之顶"的国家中去寻找，而应到黑格尔所蔑视的"市民社会"中去寻找。另一方面，马克思不满意费尔巴哈"强调自然过多而强调政治太少"，认为政治与哲学联盟是"现代哲学能够借以成为真理的惟一联盟"[2]。与旧唯物主义（包括费尔巴哈的唯物主义）从"抽象的人"出发，其立足点是"市民社会"不同，马克思哲学的出发点是"现实的人"，其立足点则是"人类社会"或"社

---

[1] 孙亮：《历史唯物主义对"中国问题"的三重建构意义》，《中国社会科学报》2010年9月30日。

[2]《马克思恩格斯全集》第47卷，人民出版社2004年版，第53页。

会的人类"。

马克思在《青年在选择职业时的考虑》中自觉地把"自身完美"与"人类幸福"结合起来,认为"人只有为同时代人的完美、为他们的幸福而工作,自己才能达到完美"①。可见,自青年时代开始马克思就不把自己所做的事情理解为"一种职业",而是理解为"一种事业"。后来马克思逐渐关注现实的物质利益问题,将理论视角投向"现实的个人"和"物化的社会",逐步推进到历史唯物主义。马克思晚年的探索主要是沿着时间和空间两个维度展开的:在时间维度上从资本主义社会回溯到古代社会和原始社会,在空间维度上突破"西欧"开始把目光转向东方社会,考察俄国、印度以及中国的"亚细亚生产方式"。②马克思晚年的理论探索具有重要价值,顺应世界革命重心东移(西欧——俄国——中国)的新趋向,丰富发展了历史唯物主义的立场、观点和方法。马克思和恩格斯认为:"全部人类历史的第一个前提无疑是有生命的个人的存在。"③历史唯物主义视域中的人的生产实践活动包含着一切社会关系的奥秘。人不仅是社会关系的载体,而且同时也是社会关系的主体。人是历史"剧中人"和"剧作者"的统一。对于马克思来说,历史并不是曾经发生过的所有事情,历史是一个过程——它同一切别的自然过程的区别,就在于它是人追求其目的的过程。马克思将自然史与人类史统一起来,自然成为"人化自然",这是对历史唯物主义公共性维度的扩展。只有站在当代实践格局上,对以前的历史才能够真正理解。在21世纪,各国要树立命运共同体意识,在

---

①《马克思恩格斯全集》第1卷,人民出版社1995年版,第459页。

②东方在历史上是与西方完全不同的世界。自原始公社解体以来,西方(主要指西欧)相继经过奴隶制度、封建制度(实际上,"封建"的涵义在东西方是不尽相同的,在西方主要指庄园制,意味着分权,而在东方主要指分封制,意味着集权),并从15世纪起开始建立起资本主义制度。与此不同,东方在漫长的历史进程中却长期保持着"土地公有制",并在"农村公社"基础上形成集中的"专制政权",这"三位一体"就是马克思所说的"亚细亚生产方式"。

③《马克思恩格斯文集》第1卷,人民出版社2009年版,第519页。

竞争中合作、在合作中共赢、在共赢中共存。这就要求各国在追求本国利益时要兼顾别国利益，在寻求自身发展时要兼顾别国发展，最终让每个国家发展都能同其他国家繁荣与安全共同增长，而不是分离。

1."人类社会"对"市民社会"的超越

从市民社会到人类社会蕴藏着公共利益对私人利益的整合与超越。黑格尔曾指出："市民社会，这是各个成员作为独立的单个人在一个形式的普遍性中的联合，这种联合是通过成员的相互需要，通过法治作为保障人身和财产的手段，并通过一种外部秩序来维护他们的特殊利益和公共利益而建立的。"①在黑格尔看来，市民社会是个人私利博弈的战场，国家则是决定家庭和市民社会的力量。与此不同，马克思认为，不是国家决定市民社会，而是市民社会决定国家。历史地看，市民社会与政治国家由中世纪的"领域合一"演变为近代以来的"领域分离"是历史性进步，为人的自由全面发展开辟了现实道路。但是，不宜过分夸大这一"领域分离"进步的意义，毕竟，市民社会还不完全是人的自由全面发展的主要形式，要想推进人的自由全面发展的历史进程，还需要进一步超越市民社会，深入人类社会。

马克思在《关于费尔巴哈的提纲》中为解决这一问题提供了思想指引："旧唯物主义的立脚点是市民社会，新唯物主义的立脚点则是人类社会或社会的人类。"②之所以新唯物主义的立脚点是人类社会或社会的人类，原因在于人类社会是由现实的个人组成的、超越"市民社会"中物化关系的、以人类自由解放为旨趣的"真正的共同体"，而"在真正的共同体的条件下，各个人在自己的联合中并通过这种联合获得自己的自由"③。可见，人类社会超越市民社会的私利性，彰显人类社会的公共性是大势所趋。

---

①〔德〕黑格尔著，邓安庆译：《黑格尔著作集》第7卷，人民出版社2016年版，第296页。
②《马克思恩格斯文集》第1卷，人民出版社2009年版，第502页。
③《马克思恩格斯文集》第1卷，人民出版社2009年版，第571页。

2."世界历史"对"民族历史"的超越

从18世纪末到19世纪初,人类历史已经开始进入世界历史,即进入普遍联系的历史。所谓世界历史并不是各个民族历史的简单相加,而是民族之间相互依赖、相互影响、相互作用的"合力"的系统值。世界历史的形成使各个民族和国家都必须在联系中求得生存和发展的契机,任何独立发展都已成为不可能。世界历史形成后,其社会的深层结构,即社会基本矛盾的运动形态发生了深刻变化,变成了民族性与世界性的辩证统一。在世界历史形成以前社会基本矛盾运动一般都是在民族的狭隘地域内"单独进行"的,每一种生产方式的形成在各个民族那里都必须从头开始(五种形态依次更替)。在世界历史的大背景下,对民族历史的影响突出地表现为交往行为的"合力"效应,人们在普遍交往中往往用自己的优势部分去换取对自己不足部分的弥补,从而避免重复劳动的耗费,这样就给自己带来"后发优势"。实际上,世界历史的形成过程具有时空双重维度。在时间维度上,生产力水平提升不断丰富世界历史的科学内涵,资本逻辑变得"无时不有";在空间维度上,世界市场扩大并成为资本控制社会的场域,资本逻辑变得"无处不在"。世界历史的形成与资本主义的扩张密不可分,但资本逻辑主导下的世界历史并不是历史唯物主义的根本目标,相反地,马克思世界历史理论蕴藏着资本主义的自我否定的必然性。随着全球化的深化,各民族相互依赖、你中有我、我中有你,成为利益共同体、价值共同体和命运共同体是大势所趋。

3."我们"对"我"的超越

在共同体的建构过程中,如何从"我"走向"我们",即在保障个人自由的前提下增进社会团结是一个重大的理论和现实问题。历史地看,从作为自我意识的"我"到具有社会认同意识的"我们"是私利与公益平衡与协调的产物。平衡与协调私利与公益是世界性难题,历史唯物主义对破解这一世界性难题提供了解决方案——从"我"走向"我们"。历史唯物主义内在蕴涵着公共性维度,这突出表现在历史唯物主义的实践主体、实践过程和实践目标上。首先,就实践主体而言,马克思揭示劳动异化现象,批判资本主义条件下人与人对立的社会关系,将社会变革的主体定位于整个无产阶级。其次,就实践过程而言,"人对自身的任何关系,只有通过人对他人的关系才得到实现和表现"[①],马克思把其归结为普遍交往和社会分工。最后,就实践目标而言,历史唯物主义视域中的共产主义是自由人的联合体,即一个生产资料共同享有、社会公平正义、打破利益对立的自由自觉的社会形态。

在全球化时代,"我们"具有世界历史意蕴。"现实的个人"作为一种历史性存在,在现实生活世界突出表现为"共在"。正如哈贝马斯所指出的:作为自然生命的人,"只有当他进入了张开双臂拥抱他的社会世界的公共空间之中,他才成为一个人。我们的生活世界在内部共同拥有的一种公共性,它既是内在的,也是外在的。"[②]马克思主张通过变革生产关系实现共同利益。"在一个成熟或高度发展的现代社会,每一个成员充分且公开运用理性去制订先天实践法则并遵守实践法则,从而获得最大化的公共价值,既是公共性的基本标志,也是人们努力实现的目标。"[③]可见,历史唯物主义所蕴涵的公共性维度需要激活,才能发挥现实作用。

(三)当代中国对历史唯物主义的原创性贡献

在全球理论格局中,中国可能占有怎样的位置?当代中国马克思主义者应该具有怎样的理论立场和思想追求?中国应当对于人类有较大的贡

[①]《马克思恩格斯文集》第1卷,人民出版社2009年版,第164页。
[②]〔德〕哈贝马斯著,符佳佳译:《公共空间与政治公共领域——我的两个思想主题的生活历史根源》,《哲学动态》2009年第6期。
[③]晏辉:《公共性问题的哲学前提批判》,《江海学刊》2008年第4期。

献，而且这种贡献绝不仅仅是经济方面的，更要体现在思想理论方面。在笔者看来，基于中国道路和中国问题进行中国理论建构本质上是进行一种划时代的整体性理论建构，这一理论建构就是当代中国对历史唯物主义的原创性贡献。在21世纪，历史唯物主义公共性维度发展与创新的重要方向就是构建人类命运共同体。

历史唯物主义蕴涵着超越旧共同体的丰富资源，同时也蕴涵着构建人类命运共同体的思想资源。马克思和恩格斯在《德意志意识形态》中论述了共同体思想，他们认为，国家作为共同体的一种表现形式，是代表资产阶级特殊利益的机构，人在其中是彼此相对立的个体，"由于这种共同体是一个阶级反对另一个阶级的联合，因此对于被统治的阶级来说，它不仅是完全虚幻的共同体，而且是新的桎梏。"[①] 而要打破桎梏，就要建立"真正的共同体"，而"真正的共同体"是"建立在个人全面发展和他们共同的、社会生产能力成为从属于他们的社会财富这一基础上的自由个性"。[②] 可见，马克思和恩格斯所要建构的共同体是联合的个人与社会相互作用的社会有机体，其本质是公共性。

21世纪是风险社会，构建"人类命运共同体"成为现实要求。我国倡导的构建人类命运共同体不仅是对马克思共同体思想的创新发展，更是对21世纪历史唯物主义理论发展的原创性贡献。"构建人类命运共同体是习近平新时代中国特色社会主义思想中一项具有战略高度和现实紧迫感的伟大构想，充分彰显了当代中国共产党人的理想追求和智识精神。构建人类命运共同体作为破解全球治理难题的中国智慧和中国方案，是对21世纪历史唯物主义理论发展的原创性贡献。"[③] 从社会发展方式和阶

[①]《马克思恩格斯文集》第1卷，人民出版社2009年版，第571页。
[②]《马克思恩格斯全集》第30卷，人民出版社1995年版，第107—108页。
[③] 刘同舫：《构建人类命运共同体对历史唯物主义的原创性贡献》，《中国社会科学》2018年第7期。

段性特征视角看，改革开放后中国社会发展经过动员参与期、利益分化期、诉求表达期，如今进入整合凝聚期，在这一时期，协调各种力量和各方面利益关系，寻求最大公约数，整合凝聚中国力量成为主要任务。[①]在人类命运共同体构建过程中，"现实的个人"这个社会历史前提的作用凸显，因此应该更加重视人的生存状态，尤其是社会心理和社会意识。对内，用公共价值和共同理想凝聚各方面力量，"建设具有强大凝聚力和引领力的社会主义意识形态，使全体人民在理想信念、价值理念、道德观念上紧紧团结在一起"[②]，建构公平正义的共同体；对外，坚持全世界人类命运紧密相连的思想，将中国梦与世界梦联系起来，建构人类命运共同体。构建人类命运共同体更多的是依赖于对历史和人性的透视，而非依赖更多的原始资料。构建人类命运共同体，其根本目的就是建构"一个更符合对等与互惠原则的国际经济模式，一个更尊重多元性的全球公共领域，一个更能统筹绝大多数国家可持续发展需求、更能体现休戚与共及和而不同理念的全球秩序"[③]。

历史唯物主义创立伊始就以公共主义为本质意涵，马克思追求的"真正的共同体"是以公共主义为核心价值的理想目标。"现实的个人"和"联合起来的个人"在掌握历史规律的基础上，通过实践活动能够证明"人的活动能够取得什么样的成就"。在21世纪，习近平总书记提出的"构建人类命运共同体"是历史唯物主义公共性维度的时代表达。由于历史唯物主义深刻揭示了客观世界特别是人类社会发展的一般规律，因此在当今时代依然有着强大生命力，依然是指导人们认识世界和改造世界强大的思想武

[①] 参见张艳涛、林倩倩：《论改革开放以来中国社会转型的阶段性特征》，《中共天津市委党校学报》2017年第1期。
[②] 习近平：《决胜全面建成小康社会 夺取新时代中国特色社会主义伟大胜利——在中国共产党第十九次全国代表大会上的报告》，人民出版社2017年版，第41页。
[③] 朱云汉：《一个知识分子对21世纪的思考》，《人民日报》2015年7月9日。

器。历史和现实都表明，只有坚持历史唯物主义立场、观点和方法，我们才能不断深化对共产党执政规律、社会主义建设规律和人类社会发展规律的认识，才能不断把对中国特色社会主义规律的认识提高到新的水平，进而不断开辟当代中国马克思主义发展新境界。在新时代，坚持解放思想、实事求是、与时俱进的中国共产党人在实践马克思主义真理并对其进行丰富和发展过程中作出了历史性和独创性的贡献。

当前，中国社会历史方位的科学判定、中国社会历史演进中的主体作用、中国经济水平提升的环境约束条件、中国社会各领域发展的主体性条件、中国道路的世界历史意义阐明，都需要在历史唯物主义视域下重新考量。如今，世界正处于大发展大变革大调整时期，世界多极化、经济全球化、社会信息化、文化多样化深入发展，全球治理体系和国际秩序变革加速推进，各国相互联系和依存日益加深。如今，中国发展站到了新的历史起点上，中国特色社会主义进入了"新时代"，中华民族迎来了从站起来、富起来到强起来的伟大飞跃，我们正在向全面建成社会主义现代化强国迈进。当前需要从文明的高度重新思考：如何从"我"到"我们"，反思"人类"何以可能；关注世界秩序与人类命运，反思"人类命运共同体"建构何以可能。今天，尽管时代在变化、社会在发展，但从世界社会主义500多年的大视野来看，我们依然处在马克思主义所指明的历史时代，马克思主义基本原理依然是科学真理。世界社会主义500多年，从空想到科学、从理论到实践、从一国实践到多国发展，反映了人类对美好社会制度的执着追求，深刻改变着世界历史的发展进程。历史唯物主义不在于论证历史过程与历史规律的客观性，而在于把历史选择与人民冀望统一起来。在21世纪，我们要在生产力与生产关系、经济基础与上层建筑之间的矛盾运动中推进实践创新中的理论创新。综上所述，公共性维度是历史唯物主义新的理论生长点。基于公共性维度重新解读历史唯物主义，符合当今人类命运共同体构建的时代要求，顺应人的自由全面发展的价值追求。构建人类命运共同体是我国秉持公正理念为全球治理做出的中国贡献。

在中国整体转型升级的关键期，在中国由大国走向强国途中，站在新的历史起点上，我们要激活历史唯物主义的思想资源，从历史中汲取智慧，为中国实践创新与理论创新指明方向。当前，社会分化有余而整合不足、个人自由有余而社会团结不足。为了走出原子化个人和社会分化有余而社会整合不足之困境，必须探寻构建人类命运共同体的现实路径。"人类"不是在对应动物的语境中使用的，而是在"自我"与"他者"、"我"与"我们"的意义上使用的。如果人真正是一种"类存在物"，那么就要现实地思考："人类"何以可能？"为了塑造一个反映我们共同目标和价值观的美好未来，共识至关重要。"①作为"人类"，我们需要从个人与共同体相统一的角度来分析和思考"人作为一种社会性动物"的意义。

历史唯物主义是中国特色社会主义的底色。中国特色社会主义既不是翻版，更不是再版，而是新版。之所以说是新版，就在于中国开辟出了一条有中国特色的社会主义道路。中国道路彰显了中国共产党和中国人民的"首创精神"。中国人民应该有这个自信，"坚定中国特色社会主义道路自信、理论自信、制度自信，说到底是要坚定文化自信。文化自信是更基本、更深沉、更持久的力量"②。如今，"历史终结论"终结了、"社会主义失败论"失败了、"中国崩溃论"崩溃了。

历史唯物主义在与时代发展同进步的过程中体现和保持其时代性和发展性，在与人民群众共命运的过程中体现和保持其阶级性和人民性，这是坚持、发展和创新21世纪马克思主义、当代中国马克思主义的基本经验，也是发展中国特色社会主义实践的内在要求。如果要续写历史唯物主

---

① 〔德〕克劳斯·施瓦布著，李菁译：《第四次工业革命》，中信出版社2016年版，前言，第5页。
② 《习近平谈治国理政》第2卷，外文出版社2017年版，第339页。

义的新篇章，那么无疑就要全面发展创新21世纪马克思主义、当代中国马克思主义。时代是思想之母，实践是理论之源。过去，我们在实践创新的基础上推进了理论创新，现在，我们依然要勇于推进实践基础上的理论创新，为建构"理论中的中国"和"思想中的中国"献计出力。如何在充分吸收和借鉴现代西方文明积极成果的同时，又承继中华优秀传统文化和传统价值体系的精髓，在扬弃中超越，在继承中创新，为构建人类命运共同体提供中国方案、为人类文明新形态开创提供中国智慧？这需要深长思之！

三、马克思资本逻辑批判的当代意蕴

资本与劳动的关系是现代社会生产关系中最重要的关系之一，也是理解现代社会的一把钥匙。"资本逻辑批判"是马克思主义哲学的思想主题。资本既具有破坏性创造，同时又具有创造性破坏。资本的二重性决定了它的"双重效应"：一方面是解放人的正效应；另一方面是奴役人的负效应。这种"双重效应"也给当代中国提出"双重任务"：既要承认资本、利用资本、发展资本，又要驾驭资本、规范资本、超越资本，尽力让资本促进中国社会的和谐与中国人的自由全面发展。

近年来，"资本逻辑批判"成为马克思主义哲学研究的一个热点问题，加强这方面的学理研究，有助于深化对马克思主义哲学主题的理解，也有助于深化对中国式现代化、"中国现代性"、中国特色社会主义现代化道路和社会主义市场经济创新性的认识。我国改革开放实质上就是对资本逻辑的深刻领悟和探索性实践，其基本思路是：既要利用资本活力，又要坚持社会主义，规范资本运行，将资本为社会主义所用。诚然，近代中国追寻现代性，建设现代化国家，资本是举足轻重的推动力量。正是借助于资本的力量，现代性才得以彰显，现代化才可能实现，现代人格才得以养成。从哲学高度看，现代社会的冲突集中表现为资本与劳动即资本逻辑与生活逻辑的冲突。透过"资本逻辑批判"这一视角审视当代中国社会转型过程中人的价值诉求不难发现，资本逻辑与生活逻辑是相反相成的。"当代中国要科学发展、当代中国社会要和谐发展、当代中国人要全面发展，必须扬弃资本逻辑，重视生活逻辑"①。

（一）马克思资本逻辑批判基本路径：
从"劳动异化"到"资本拜物教"

"资本逻辑批判"是马克思留给我们的宝贵思想遗产，全面继承并合理使用这一遗产具有现实意义。马克思始终关注资本和劳动的关系问题，其奋斗的主旨就是要改变"资本"与"劳动"的关系，推进人的解放和每个人自由而全面发展。"马克思围绕'资本奴役劳动'这一时代性问题的破解进行探索，形成了有机统一的哲学的大众形态、学术形态和政治形态"②。马克思正是通过哲学、政治经济学和科学社会主义探寻资本主义现代性的本质及其基本特征过程中，逐渐形成了以"资本逻辑批判"为核心的现代性批判理论。"资本逻辑批判是马克思面对资本主义社会时的哲学—政治经济学批判的核心理念。马克思通过揭示资本的运行逻辑及其观念反映，不仅在透视政治经济学的哲学前提，而且通过对政治经济学的

---

① 张艳涛：《现代性生成的深层主线：从资本逻辑到生活逻辑》，《中国人民大学学报》2009年第2期。
② 韩庆祥、张艳涛：《马克思哲学的三种形态及其历史命运》，《中国社会科学》2010年第4期。

批判来揭示科学社会主义的理论逻辑"[①]。

《1844年经济学哲学手稿》(以下简称《手稿》)是马克思"资本逻辑批判"的开端,在《手稿》中,马克思通过对工资、货币和异化劳动的分析已触及到了"资本逻辑"。在马克思看来,资本——利润,土地——地租,劳动——工资,这个"三位一体"的公式蕴含着"社会关系物化"的秘密,它是一个着了魔的、颠倒的、倒立着的世界的完成形式,是"资本逻辑"的基本架构。这里,"资本是对劳动及其产品的支配权力","物的世界的增值同人的世界的贬值成正比"[②]。

《资本论》是马克思"资本逻辑批判"的代表性成果。在《资本论》中,马克思用辩证的思维考察资本逻辑的运行,进一步揭示了"资本奴役劳动"的本性。这里,资本仿佛具有独立的生命,影响甚至控制着人的思想与行为,于是,整个社会被资本逻辑所主导,最终导致"对人的漠不关心"的拜物教。鉴于物化劳动对人的统治具有类似于宗教的虚幻特性,马克思将其称为拜物教。拜物教本质上是人们对颠倒地表现为物的关系的"社会关系的假象"的崇拜。"商品拜物教"、"货币拜物教"和"资本拜物教"是资本主义普遍的"社会心理"。拜物教作为资本逻辑极端化的必然产物,它激发人对物的占有欲,崇尚消费主义和感性文化,吞噬人的超越本性和精神家园,因而是虚无主义的别名。无论是韦伯的"禁欲苦行主义",还是桑巴特的"贪婪攫取性"都是资本主义精神片面化的不同面相。总之,在《资本论》中马克思以"商品拜物教"、"货币拜物教"和"资本拜物教"取代了劳动异化。

从"劳动异化"到"资本拜物教"是马克思"资本逻辑批判"的深化。如今"资本逻辑批判"成为是否坚持以马克思的立场阐明当代社会,是否

[①] 仰海峰:《学科整合与马克思思想研究方式的转变》,《学术研究》2010年第2期。
[②]《马克思恩格斯全集》第3卷,人民出版社2002年版,第238、267页。

具有历史高度地贯彻历史唯物主义的关键之所在。"作为对资本主义社会'历史之谜'解答的马克思的历史唯物主义,其实质就在于对'资本逻辑'这个资本主义社会的内在灵魂和最高原则的否定和批判"①。因此,马克思资本逻辑批判,绝不仅仅是出于对工人的人道主义关怀,而是对整个资本主义社会"内在秘密"的揭发,即它是马克思对现实历史科学分析后所得出的一个科学结论。

资本逻辑是现代社会和现代性的本质特征:所谓资本逻辑,是指资本作为占支配地位的现代生产关系,其活动历程具有必然如此的内在联系、运动轨迹的发展规律。资本逻辑是自由竞争的前提,资本"在它已经取得了统治的地方把一切封建的、宗法的和田园诗般的关系都破坏了。它无情地斩断了把人们束缚于天然尊长的形形色色的封建羁绊,它使人和人之间除了赤裸裸的利害关系,除了冷酷无情的'现金交易',就再也没有任何别的联系了。"资本逻辑具有"去神圣化"作用,它"抹去了一切向来受人尊崇和令人敬畏的职业的神圣光环。它把医生、律师、教士、诗人和学者变成了它出钱招雇的雇佣劳动者"。不仅如此,资本还"撕下了罩在家庭关系上的温情脉脉的面纱,把这种关系变成了纯粹的金钱关系"②。资本逻辑以赢利为目的,极大地调动了人的生产积极性,促进了生产力的发展,创造了巨大的社会财富。就此而论,资本主义既是"资本"(作为手段的金钱),也是"主义"(作为目的的金钱),它必然走向"商品拜物教"、"货币拜物教"和"资本拜物教"。马克思早在资本逻辑处于襁褓之时就展开对其的批判,"资本逻辑批判"是马克思现代性批判的核心,离开了"资本逻辑批判"我们就不能真正理解现代社会。因此,如果当代马克思主义研究离开了对资本逻辑的批判,则注定了此种研究只能是"修辞学的

---

① 白刚、付秀荣:《作为资本逻辑批判的历史唯物主义》,《求是学刊》2011年第6期。

②《马克思恩格斯选集》第1卷,人民出版社1995年版,第274—275、275、275页。

革命"，在分析和解决现实社会问题上必然是"苍白无力"的。

（二）马克思资本逻辑批判的基本内涵：
通过资本而超越资本

马克思对现实历史中资本逻辑的批判性考察，是19世纪中后期资本主义的真实写照。按照马克思的见解，资本本质上是一种"社会关系"，而在表现上则是"生产要素"。无论是作为"社会关系"的资本，还是作为"生产要素"的资本都是以劳动者和劳动资料的分离为前提的。因此，合乎人性地协调资本与劳动的关系必然成为马克思主义的基本价值诉求之一。资本的本性在于它的趋利性——哪里有利润，就奔向哪里，一切外在的障碍都压抑不了它火热的冲动，其结果必然导致"致富欲和贪欲作为绝对的欲望占统治地位"[1]，进而形成"商品拜物教""货币拜物教""金钱拜物教"。在资本逻辑支配下，增长主义发展模式的必然结论是："产品就是一切，人是微不足道的！"韦伯把资本主义精神概括为：义不容辞地关心自己的财富增长，资本增长本身就是目的。"时间就是金钱"，"信用就是金钱"，"效率就是金钱"，正是"资本逻辑"的别样表达。

资本逻辑就是最大限度地追求剩余价值，它按照"效益原则"运转，其目标是最大限度地获取利润。事实上，"由于资本主义对财富的欲望和追逐没有明显的限度，因此'贫穷'不可能被治愈，因为它不是资本主义疾病的征兆。恰恰相反，它正是资本主义身健体壮、奋力追求更多的积累和作出更大的努力的明证"[2]。不可否认，资本极大地张扬了资本持有者的

---

[1]《马克思恩格斯全集》第42卷，人民出版社2016年版，第608页。
[2] 转引自〔英〕鲍曼著，郭国良、徐建华译：《全球化：人类的后果》，商务印书馆2001年版，第76页。

个性，加速了世界历史和全球化进程，为人的发展开辟了道路。马克思也充分肯定"资本的伟大文明作用"。诚然，资本主义取代封建专制无疑具有历史进步意义，但也正是在这种进步之中蕴涵着局限性。原因在于，资本逻辑是一种"有用"而又"有限"的社会原则，由此，我们在进行"社会主义市场经济"建设过程中应该通过"社会主义"制度的约束，尽力减少资本的负面效应。

资本是市场经济的核心问题，从某种意义上讲，没有资本也就没有现代意义的市场，也就没有现代性，更没有以物的依赖为基础的人的相对独立性，因此，马克思资本逻辑批判具有重要启示意义。当前，我们特别要加强对商品、货币、交换的历史地位和作用的研究，加强对资本与自由、资本与权力、资本与财富的研究，加强对使用价值、交换价值、价值及其相互关系的研究，尤其要站在唯物史观立场上，加强对资本"双重效应"的研究。按照马克思的理解，资本是一种可以带来剩余价值的价值，它在资本主义生产关系中是一个特定的"政治—经济"范畴，这一范畴在本质上体现了资本家对工人的剥削关系，因此，资本并不仅仅是一个"经济"和"数量"概念，更是一个"政治"和"关系"概念，前者是资本"生产要素"的维度，即"作为一种生产要素的资本"，后者是资本"生产关系"的维度，即"作为一种社会关系的资本"。在马克思那里，这两个维度是内在统一的：资本的本质是"生产关系"，载体是"生产要素"；"生产要素"只有被纳入"社会关系"之中才能成为资本。

改革开放以来，"资本作为一种生产要素进入中国，并不意味着资本本性的改变，也不意味着资本与劳动关系的根本消解，更不意味着资本固有逻辑的消亡。"[①] 原因在于，资本不是一种个人力量，而是一种社会

[①] 贾英健、孔祥翠：《风险范式、资本逻辑与中国发展》，《山东师范大学学报（人文社会科学版）》2009年第6期。

力量。作为一种社会力量，资本逻辑在中国现代化过程中具有某种必然性，也就是说中国追求现代性不能完全脱离资本逻辑的影响。在经济全球化时代，重点不在于是否承认资本逻辑的现实影响，而在于如何认识以资本逻辑为主导的资本主义现代性。马克思的现代性批判根源于资本的现代性，是批判资本逻辑的现代性。因此，"只有把握资本逻辑，才能理解当代形而上学的辉煌，找到摆脱人类生存和思想困境的出路"。[①]如今，资本已成为控制和支配整个社会的重要力量。反思"增长主义观念"、"量化主义思维"、"消费主义观念"和"GDP崇拜"，无不与资本逻辑的泛化有关。如果说资本是市场经济的血液，那么商品生产就是资本逻辑的核心。不仅如此，资本还是现代社会经济权利的中心，现代社会的基本经济制度就奠基于资本逻辑主导的"雇佣劳动"之上，资本家（资本的人格化）具有控制权和剩余索取权，从而形成"资本强势"和"资本特权"。因此，对工人而言，劳动力只是归他所有的一种"商品的形式"，他的劳动因而也具有"雇佣劳动"的形式和内涵。显然，这一切都具有强制性。

那么，如何扬弃资本逻辑呢？"资本本身就是资本发展的极限，唯一的出路就是扬弃资本主义的生产方式"[②]。就此而论，资本和资本的扬弃走着同一条道路。"资本逻辑这一强制原则和主导机制的泛化流行颠覆了传统的生产方式和生活方式，消解了传统文化的价值信念和思想体系，逼迫生活世界的殖民化，最终导致现代虚无主义的出现。"[③]"资本主义是一种通过生产方式在起作用的逻辑，一种盲目发展而又顽强积累的逻辑。""这是一种取决于商品生产的逻辑，在这种逻辑中使用价值是必定返回到资本的剩余价值的支柱。而且，价值必须以现金体现，商品必须出售，否

[①] 王善平：《现代性：资本与理性形而上学的联姻》，《哲学研究》2006年第1期。
[②] 吕世荣、周宏：《唯物史观的返本开新》，人民出版社2006年版，第162页。
[③] 张有奎：《资本逻辑与虚无主义的批判》，《哲学动态》2011年第8期。

则，积累就会停滞，危机就会接踵而至。"①正如丹尼尔·贝尔在《资本主义文化矛盾》中援引亚里士多德的话重申"欲求取代需求"②这一值得重视的命题一样。按照贝尔的理解，"需求"主要是自然主义的、生理的、有限的、可以相对满足的，而"欲求"主要是功利主义的、心理的、无限的、无法满足的，结果出现了"财富有限"而"欲望无穷"的悖论。根本原因在于，人们对"使用价值"的追求变成了对"价值"的追求，也就从有限的"需求"转向无限的"欲求"。"人类的需要可能是没有边际的，但大体能分作两种——一种是人们在任何情况下都会感到必不可缺的绝对需要，另一种是相对意义上的，能使我们超过他人，感到优越自尊的一类需求。"③后者如荣誉感、价值感、意义感和存在感等。从本质上讲，资本主义的根本矛盾"生产社会化与生产资料资本主义私人所有制"内在蕴涵着"资本"与"劳动"、"欲求"与"需求"的矛盾。因而，当我们进一步挖掘资本主义现代性困境的深层原因时，不难发现归根结底"资本逻辑"乃是作为一种非人性的强制力量统治着整个世界，于是人和自然均沦为资本增值的工具，而资本则成为目的本身。"一般说来资本的逻辑是推动扩张的一股不可抵制的力量，或为扩大积累提出要求，这种积累在对制度本身不造成致命破坏的情况下是不能被放慢或停止、中止改良的"④。可见，只要我们还生活在资本统治的时代，那么我们就离不开马克思的理论，离不开他对资本逻辑的批判。这就是为什么作为"非马克思主义者"的德里达竟会喊出："不能没有马克思，没有马

---

① 〔法〕米歇尔·博德著，吴艾美等译：《资本主义史：1500—1980》，东方出版社1986年版，第145页。

② 参见〔美〕丹尼尔·贝尔著，赵一凡等译：《资本主义文化矛盾》，生活·读书·新知三联书店1989年版，第280页。

③ 〔美〕丹尼尔·贝尔著，赵一凡等译：《资本主义文化矛盾》，生活·读书·新知三联书店1989年版，第22页。

④ 王逢振主编：《詹姆逊文集（第4卷）：现代性、后现代性和全球化》，中国人民大学出版社2004年版，第392页。

克思，没有对马克思的记忆，没有马克思的遗产，也就没有未来"[1]的深意所在。因为既然"资本逻辑批判"是马克思主义哲学走入时代、实践和现实的路径，那么它理应成为中国马克思主义哲学研究最重要的一种"问题意识"。

（三）马克思资本逻辑批判的当代启示：
推进中国特色社会主义的理论创新与实践创新

近代以来，资本逻辑在西方演绎了充满悖论的现代性，资本（物）支配劳动（人）成为现代性的主要负面效应。中国在追寻现代性过程中如何综合运用各种力量，对资本逻辑扬其善而抑其恶，以构建和谐社会，无疑需要我们继承马克思资本逻辑批判理论的思想遗产，无疑需要大力推进中国特色社会主义的"理论创新"和"实践创新"。

就理论要求而言，就是要大力推进中国特色社会主义"理论创新"，其最终成果就是建构"中国特色社会主义理论体系"。对资本逻辑的研究不仅可以拓宽我们的学术视野，而且还可以深化对当代资本主义的认识，为建立"中国特色社会主义理论体系"指明方向。从根本意义上可以说，发展的"元价值"在于追求经济社会发展与人的发展的协调一致。由此，我们必须以"利用资本来超越资本"的辩证态度对待资本逻辑。当代中国，资本已经成为经济社会发展的重要力量，资本作为中国社会发展的深层动力，一方面极大地推动了中国现代化的进程，但借助于资本力量取得诸多成果的同时，也带来了一系列深层矛盾和社会危机。如果历史注定要我们活在一个"后形而上学"时代，而我们仍愿意维持"败而不溃"的

---

[1]〔法〕德里达著，何国强译：《马克思的幽灵》，中国人民大学出版社1999年版，第21页。

方向，除此之外，我们别无选择！随着资本逻辑在当代中国的扩张，马克思资本批判的辩证法的空间不是消失或缩小了，而是凸显和扩大了。可见，消解"资本逻辑"的霸权仍然是当代中国马克思主义研究者的重要历史任务。在当代，"我们仍需要继承和推进马克思未尽的解放事业，做辩证法之自由批判精神的最忠实的追随者和实践者"[1]。当前金融危机重新唤醒民众对"资本逻辑"的深刻反思，如果此种反思并未触及"资本逻辑"的双重效应，那么这种反思必然是不深刻的，因此也是无效的。实际上，"资本犹如穿上了灰姑娘的魔鞋，罹患了追求永无休止增长的'扩张强迫症'"[2]"全球化或世界历史的生成是资本扩张本性的必然结果和表现。资本的批判离不开历史唯物主义"[3]。当代中国现代化进程中诸多现实问题的解释和解决，都需要在科学性与价值性、现代性与民族性的统一中推进历史唯物主义的中国化。

就实践要求而言，就是要大力推进中国特色社会主义"实践创新"，其最终成果就是开辟"中国特色社会主义道路"。如果说以前我们主要是"理论创新"，我们先后创造出"毛泽东思想"、"邓小平理论"、"'三个代表'重要思想"、"科学发展观"和"习近平新时代中国特色社会主义思想"，那么，今后主要是在科学理论指导下进行"实践创新"，把这些科学理论所蕴含的先进理念贯彻落实到实际工作中去，推进中国发展。鉴于社会主义初级阶段社会主义市场经济境域下仍然存在"资本逻辑"，这是当代中国无法回避的现实问题。由此，如何既利用资本活力，又坚持社会主义，从而规范资本运行，将资本为社会主义所用，成为现实诉求。当代中

---

[1] 白刚：《瓦解资本的逻辑：马克思辩证法的批判本质》，中国社会科学出版社2009年版，第9页。
[2] 鲁品越、骆祖望：《资本与现代性的生成》，《中国社会科学》2005年第3期。
[3] 丰子义：《历史唯物主义与马克思主义哲学主题》，《中国社会科学》2012年第3期。

国进行社会主义市场经济建设,不是离资本越来越远,而是离资本越来越近,不是拒斥资本,而是利用资本,因此,马克思当年对资本逻辑的批判基本契合当代中国的历史脉动,具有重要启示意义。问题在于,在把握当代中国人正在由"生存性需求"走向"发展性需求"的进程中,既要发挥资本的正效应,又要抑制资本的负效应,何其不易。改革开放以来,引进和利用资本为我们带来了空前的物质财富和社会发展,但也引发了"过度劳动的文明灾祸"等资本伦理问题。应认识到,物质贫穷不是社会主义,精神空虚也不是社会主义。"现实的社会主义首先要利用资本发展生产力,但这仅仅是手段,最终目的是超越资本,实现人的自由全面发展,不能把二者的关系颠倒,否则,就会陷入资本逻辑的循环而偏离社会主义的价值目标"。[1]邓小平说:"我们为社会主义奋斗,不但是因为社会主义有条件比资本主义更快地发展生产力,而且因为只有社会主义才能消除资本主义和其他剥削制度所必然产生的种种贪婪、腐败和不公正现象"。[2]因此,"对资本逻辑加以伦理限制,减少其可能带来的消极影响,这是资本全球化时代向中国特色社会主义提出的一个重大理论和实践课题"[3]。

如前所述,全球化的内在根据是资本的运动,其总体格局是由"资本逻辑"支配的全球化。资本是现代经济增长的关键因素,只有拥有了资本才能创造更多财富,才能促进经济增长,也才能推进人的自由和全面发展。问题在于,"资本逻辑"虽然推动了现代社会的快速发展,但却不能自发地保证发展成果必然为每个人的自由全面发展服务。相反,一定程度上却扩大了人与人的不平等,对社会公平正义提出严重挑战。其实,每一

---

[1] 宋黔晖、黄力之:《"以人为本":社会主义发展模式对资本逻辑的超越》,《上海行政学院学报》2002年第1期。
[2]《邓小平文选》第3卷,人民出版社1993年版,第143页。
[3] 吴宏洛:《资本逻辑与劳动伦理》,《当代经济研究》2011年第2期。

个社会在发展的一定时期都有首选价值的问题。"从根本上说,建立一个公平正义的社会才是中国现代性应有的目标"①。因此,在全球化境遇下,中国如何在积极推动社会主义市场经济体制建设的过程中,使人们清醒地认识到资本的逻辑和消极后果,以形成对资本的逻辑和市场机制的制度约束、法律约束、价值约束和道德约束,这是一个艰巨的历史任务,但这正是中国特色社会主义发展道路在全球化和市场经济发展中不同于资本主义的根本之所在。

总之,在全球化和市场经济境遇下,在一个"资本逻辑"主导的西方现代性发展模式中,中国特色社会主义实践更应该从中国问题出发,开辟中国道路,建构中国理论。中国问题彰显了中国特色社会主义实践以及"中国现代性"的特殊性和民族性;中国道路彰显了中国特色社会主义实践以及在这一实践中所形成的社会基本制度和具体体制的顶层设计与制度框架;中国理论则彰显了中国特色社会主义实践和基本经验的理论维度。就此而论,中国共产党人对历史唯物主义的坚持和发展,特别是中国学者对中国道路和"中国现代性"的学理研究,为超越"资本主义现代性"开启了新空间,开辟出"中国现代性"的新境界。

四、《资本论》的文明意蕴

理论上,马克思在19世纪通过《资本论》开启了超越资本主义文明的一种可能性。此后,苏联、南斯拉夫、中国、古巴和越南等国通过社会主义革命、建设和改革,在实践中进行了方向不同的探索,结果发展命运

---

① 陈嘉明:《社会首选价值问题论析》,《中共中央党校学报》2012年第2期。

各异。在21世纪,中国崛起是一个重大世界历史事件,这一事件不仅影响到人们对资本主义文明的反思和对社会主义建设的评价,还影响到人类文明新形态的开启,因此,有必要从人类文明的视角出发来考察《资本论》的文明意蕴、阐明中国崛起的文明意蕴。中国崛起,正在开启一种人类文明新形态,这种新文明形态承继着马克思《资本论》的基本价值和内在精神,正在续写着"21世纪的资本论"和"中华文明新篇章"。

马克思具有强烈的问题意识,正是以问题为导向的理论研究才使得《资本论》虽然经过150余年的时间间距,依然具有穿透时空的思想力量。正是在前人和同时代人认为已经有答案的地方,马克思却认为恰恰是问题所在。《资本论》作为19世纪资本主义典型样态的解剖学,通过分析"资本奴役劳动控制社会"这一总问题,揭示"现代社会的经济运动规律"和资本主义社会自身无法克服的基本矛盾——生产社会化与资本主义生产资料私有制之间的矛盾,提出后发现代化国家能够"缩短和减轻分娩的痛苦"[1],其重要理论意义在于从人类文明新形态的高度,对资本主义进行了批判性分析,既肯定了资本的文明作用,又指出资本主义私有制文明的限度,得出了资本主义是"承上启下"的历史性存在,开启了一种超越资本主义文明的一种人类新的文明形态。因此有必要深入挖掘《资本论》的文明意蕴。

(一)《资本论》与资本主义文明的超越

《资本论》是对资本主义文明,主要是资本主义私有制文明的历史作用及其限度的理论表达。"资本主义的生产方式和积累方式,从而资本主义的私有制,是以那种以自己的劳动为基础的私有制的消灭为前提的,也

---

[1]《马克思恩格斯全集》第42卷,人民出版社2016年版,第16页。

就是说，是以劳动者的被剥夺为前提的。"①历史地看，资本主义在促进社会生产力发展上，发挥了巨大历史作用。"资本极大地张扬了资本持有者的个性，加速了世界历史和全球化进程，为人的发展开辟了道路"②。马克思肯定了"资本的伟大文明作用"。资本的伟大文明作用就在于：资本主义社会比此前的一切社会更有利于打破人对自然的崇拜和人对人的依赖。在资本主义条件下自然界和人只是"有用物"，其目的是使自然界和现实的个人服从于和服务于资本增殖的需要。如何超越资本主义文明，探索一种不以"资本逻辑"为主导而是以"人的逻辑"为主导的新型文明形态，就成为马克思的《资本论》研究与写作的基本价值取向。

概括起来，马克思写《资本论》动因主要有三："动因之一是要科学地揭示资本家阶级与工人阶级的真实关系，为无产阶级解放提供科学的理论指导；动因之二是要揭穿资产阶级经济学家的谎言，阐明无产阶级的历史使命，指明人类历史的前进方向；动因之三是深入研究资本主义生产方式及其发展规律，为解开人类历史之谜进行理论探索。"③马克思对资本逻辑的批判性考察最终指向了"消灭私有制"，可以说"消灭私有制"这一信念构成了马克思全部思想的基石。马克思指出，应在协作和对土地及靠劳动本身生产的生产资料的共同占有的基础上，重新建立个人所有制。重新建立起来的个人所有制作为对资本主义文明的超越，开启了人类文明发展的新形态。

历史地看，"资本的伟大文明作用"主要表现在它榨取剩余劳动的方

---

①《马克思恩格斯全集》第42卷，人民出版社2016年版，第794页。
②金兴伟、张艳涛：《马克思资本逻辑批判的当代意蕴》，《北京行政学院学报》2017年第2期。
③张艳涛：《思想史语境中的〈资本论〉：兼论〈资本论〉与21世纪"中国现代性"建构》，《马克思主义与现实》2015年第4期。

式和条件，同以前的奴隶制、农奴制等形式相比，"都更有利于生产力的发展，有利于社会关系的发展，有利于更高级的新形态的各种要素的创造"①。在马克思看来，资本逻辑是现代社会的本质特征："资本一出现，就标志着社会生产过程的一个新时代。"②这一新时代从理论上概括就是"资本主义文明时代"。马克思揭示了"资本奴役劳动控制社会"的总问题："资本是死劳动，它像吸血鬼一样，只有吮吸活劳动才有生命，吮吸的活劳动越多，它的生命就越旺盛。"③无独有偶，福柯也深刻地指出："根据资产阶级社会生产的条件，根据它的根本法则，它必然要产生不幸。资本主义存在的目的不是要让工人挨饿，但是如果工人不挨饿，它就不能发展。"④可见，以资本逻辑为本质的资本主义文明具有自身无法克服的矛盾。

现实地看，当今时代依然是资本占主导地位的时代，因此《资本论》并未过时，依然具有巨大的理论解释力和思想穿透力。《资本论》是"剖析当代资本主义市场权力结构，进而解释各种经济现象的最深刻理论"⑤。马克思在《资本论》中深刻分析了在资本主义私有制条件下，"以物的依赖性为基础的人的独立性"⑥。从19世纪到21世纪，实际上是从大众到分众的过程。如果说在19世纪《资本论》作为"工人阶级的圣经"是正确的话，那么在21世纪《资本论》主要成为"学者们解读的文本"。如今对《资本论》进行解读的学者越来越多了，如何像恩格斯所提醒的"首先不要读出原著中没有的东西"，这的确引人深思！

用未来的眼光看，资本主义制度是一种历史性和过渡性存在，资本主

---

① 《马克思恩格斯全集》第46卷，人民出版社2003年版，第927—928页。
② 《马克思恩格斯全集》第42卷，人民出版社2016年版，第159页。
③ 《马克思恩格斯全集》第42卷，人民出版社2016年版，第228页。
④ 〔法〕福柯著，严锋译：《权力的眼睛》，上海人民出版社1997年版，第37—38页。
⑤ 鲁品越：《鲜活的资本论：从〈资本论〉到中国道路》，上海人民出版社2016年版，第15页。
⑥ 《马克思恩格斯全集》第30卷，人民出版社1995年版，第107页。

义私有制文明同样具有过渡性质。"现代的世界是资本主义的世界,现代性的文明就是资本的文明。因此'驯服资本'的道路就是一条超越'资本的文明'的道路。"[1]马克思指出:"资本所打碎的界限,就是对资本的运动、发展和实现的限制。在这里,资本决不是摧毁一切界限和一切限制,而只是摧毁同它不相适应的、对它说来成为限制的那些界限。"[2]资本作为历史规定的社会形式,其追求的是增殖。资本作为创新与发展的最大限制与不可逾越的界限,就在于资本的私人占有性,这种私人占有性成为一种强制性关系,可以支配他人。如何扬弃资本主义文明,成为后资本主义时代新型文明形态开启的重要方向。在19世纪,马克思通过科学分析揭示了资本主义文明的限度,并对一种更高的文明形态进行了科学预测,这一科学预测最终指向社会主义和共产主义。

马克思从社会关系的视角对资本主义私有制进行了分析,揭示了资本主义文明的限度及其历史意义。马克思在《资本论》第一卷第24章论述资本主义积累的历史趋势时指出:"从资本主义生产方式产生的资本主义占有方式,从而资本主义的私有制,是对个人的、以自己劳动为基础的私有制的第一个否定。但资本主义生产由于自然过程的必然性,造成了对自身的否定。这是否定的否定。这种否定不是重新建立私有制,而是在资本主义时代的成就的基础上,也就是说,在协作和对土地及靠劳动本身生产的生产资料的共同占有的基础上,重新建立个人所有制。"[3]可见,在资本主义文明的胎胞里发展的生产力,同时又创造着解决这种对抗的物质条件即孕育着新的更高类型的文明形态。因此,人类社会的史前时期就以这种社会形态而终结。这意味着资本主义私有制的丧钟敲响了,"才能为一个更高级的、以每一个个人的全面而自由的发展为基本原则的社会形式建立现实

---

[1] 王庆丰:《〈资本论〉的再现》,中央编译出版社2015年版,第221页。
[2]《马克思恩格斯全集》第31卷,人民出版社1998年版,第41页。
[3]《马克思恩格斯全集》第43卷,人民出版社2016年版,第13页。

基础"①。从此，资本主义文明就将退出历史舞台，新的更高级的文明形态应运而生了。

总之，无论哪一种文明形态，在它所能容纳的全部生产力发挥出来以前，是决不会灭亡的，而新的文明形态，在它的物质存在条件在旧的文明的胎胞里成熟以前，是决不会分娩的。资本主义文明只有耗尽自己的文明的力量，才能退出历史舞台。毕竟，新文明形态的产生需要一系列条件，这些条件只有在充分吸收此前一切文明的积极成就的滋养，才会诞生。这表明，"中国道路"所蕴含的"中国现代性"及其展开是否构成一个对资本主义文明模式的超越，依然有待长时段的历史和实践来证成。

（二）中国与世界：
中国崛起的世界历史意义

当前，人类社会整体上已经进入"后西方社会"，中国逐渐走近世界舞台的中心，为人类对更美好社会制度的探索提供中国方案、贡献中国智慧成为当代中国人的历史使命。在中国与世界关系上，我们既要学习包括西方在内的一切文明的积极成果，同时又要防止崇洋媚外，防止失掉民族自尊心和民族自信心。"中国特色社会主义理论，特别是经济新常态条件下中国经济发展转型期的政治经济学，是《资本论》的伟大续篇和最新创新成果。"②如今，人类正处在大变革大调整时期，作为世界第二大经济体的中国对人类文明如何才能作出较大贡献？关键是积极参与全球治

---

①《马克思恩格斯全集》第42卷，人民出版社2016年版，第606页。
②鲁品越：《鲜活的资本论：从〈资本论〉到中国道路》，上海人民出版社2016年版，第1页。

理，为人类对更美好社会制度的探索提供中国方案，这一新方案是构建人类命运共同体、实现和平发展合作共赢的积极努力。中国方案作为一种有别于西方的现代化路径，打破了西方对现代化道路解释权的垄断，结果把世界现代化道路从"单选题"变成了"多选题"，正在开启一种"人类文明新形态"。虽然改革开放以来我们对世界有了一定的了解，但还不够，我们应更多了解世界。"只有在了解世界的基础上，并进而为世界提供有用的知识，包括对世界问题的诊断和药方，从而能够对他人的福利有所促进，中国才会有真正的国际'话语权'"[1]，才能谈得上中国崛起的世界历史意义。

从前，大国崛起通常是：在国际上，一国牺牲别国而致富；在每一个国家内，一个阶级、阶层牺牲另一个阶级和阶层而致富。[2]而未来大国崛起应主动承担责任并给世界带来和平、安全与和谐，在国内应给本国人民带来福祉。随着中国崛起，中国发展越来越具有世界意义，可以说"中国向何处去"也必将深刻影响"世界向何处去"。1978年改革开放以来中国快速崛起是引人瞩目的世界历史事件，这一事件已经并正在深刻影响世界力量转移与全球秩序重构。概括起来，改革开放以来当代中国发展的现实逻辑中所蕴涵和展现的整体转型升级和力量转移，最终就是要在中国建构起现代文明新秩序。"只有在建构现代文明秩序方面向世界提供中国方案和贡献中国智慧，中国才能真正由'大国'走向'强国'，也才能更加赢得世界的尊敬与尊重"。"大国崛起"绝不仅仅是经济发展的结果，更是制度文明和生态文明的产物。其实"一个国家的外部崛起，实际上是它内部力量的一个外延"[3]。中国崛起的关键是，破除"贫富分化"的陈旧逻辑，跨越"中等收入国家陷阱"；破除"强国必霸"的陈旧逻辑，跨越"塔西陀

---

[1] 唐世平：《多了解一点世界》，《南风窗》2015年第3期。
[2] 参见《马克思恩格斯选集》第1卷，人民出版社1995年版，第229页。
[3] 郑永年：《中国改革三步走》，东方出版社2012年版，第187页。

陷阱";破除"一山容不得二虎"的陈旧逻辑,跨越"修昔底德陷阱"。这无疑需要开启一种人类文明新形态。

中国应当对世界文明有较大的贡献,当代中国人应该有这个雄心壮志。古代中国曾对世界文明作出巨大贡献。近代以来,随着工业革命以及殖民主义的扩张,此时主导力量向资本和科技转移,由于近代中国没有拥有这种力量,从此西方国家主导人类历史长达300年。中国作为世界几千年历史上唯一连续的文明体,诚如毛泽东在1956年发表的《纪念孙中山先生》一文中写道:"中国应当对于人类有较大的贡献。而这种贡献,在过去一个长时期内,则是太少了。这使我们感到惭愧。"[1]邓小平在20世纪80年代曾指出,到21世纪中叶中国可以"达到中等发达国家的水平","为人类做更多的事情",并说,中国坚持社会主义和和平政策,"我们的路就走对了,就可能对人类有比较大的贡献"[2]。可见,实现中华民族伟大复兴主要是在对人类文明的贡献意义上讲的。实现中华民族伟大复兴蕴涵着"中国应当对于人类有较大的贡献"。中华民族的伟大复兴改变的不只是世界体系的"物质力量结构",还会带来"世界精神结构"的革新,这种世界精神结构最集中体现在"精神—文化形态的建制"和"政治—法律建制上",中国不仅要从世界发展趋向中提炼出"现实的原则",而且要进行"有原则的实践"。

其实,人类文明并无高低优劣之分,各种文明只有在相互交流中取长补短和互学互鉴,才能获得共同的繁荣和进步。为此,不能要求有着不同文化传统、历史遭遇、现实国情的国家都采用一种发展模式。"世界上没有放之四海而皆准的具体发展模式,也没有一成不变的发展道路。历史条件的多样性,决定了各国选择发展道路的多样性"[3]。实际上,人类文明因

---

[1]《毛泽东文集》第7卷,人民出版社1999年版,第157页。
[2]《邓小平文选》第3卷,人民出版社1993年版,第224—233、158页。
[3]《习近平谈治国理政》第1卷,外文出版社2018年版,第29页。

平等包容而变得丰富多彩。为此，应尊重不同道路选择，因为一个国家道路合不合适，只有这个国家的人民才最有发言权。正是由于中国的崛起及其示范效应，广大发展中国家才认识到后发现代化国家实现现代化不仅是必要的，而且是可能的，关键是走对路。

当今世界，大国崛起必定伴随文化软实力和精神力量强大，必然伴随着文明的复兴或创造。如果中国要成为一个强国，就必须重视社会主义核心价值观建设。我们积极倡导富强、民主、文明、和谐，这是国家层面的价值目标；倡导自由、平等、公正、法治，这是社会层面的价值目标；倡导爱国、敬业、诚信、友善，这是个人层面的价值目标。"三个倡导"确立了当代中国最基本的价值观念，是规范性和实践性的统一。社会主义核心价值观的每个关键词，既根源于中华优秀传统文化，也充分吸取了世界文明的有益成果，体现了时代精神和社会主义本质要求，实际上回答了"我们要建设什么样的国家、建设什么样的社会、培育什么样的公民"的重大问题。100多年来，中国共产党的思想历程孕育了马克思主义中国化的道路，孕育了中国革命、建设、改革的道路，孕育了蓬勃发展着的中国特色社会主义道路。这是一条通向中华民族伟大复兴之路，也是一条和平崛起文明发展之路。

中国发展如何在吸收资本主义的一切文明成就，建成中国特色社会主义？中国崛起能否改变弱肉强食的丛林法则，能否超越资本逻辑的内在强制规律，能否成为文明的力量？关键在于能否超越现代性文明而实现"文明型现代化"。现代化是人类社会不可抗拒的历史趋势和世界潮流，它构成了一条使人类大多数民族投身其间的世界历史变革之链。中国共产党对于现代化的认识经历了半个多世纪。直到20世纪中期前后，中国共产党才逐步地形成了"工业、农业、国防和科学技术的现代化"即"四个现代化"的认识。党的十八届三中全会提出："推进国家治理体系和治理能力现代化",这是"第五现代化"。中国发展进程中一些重大现实问题的解释和解决,需要在普遍性与特殊性的统一中建构中国现代性,这可能孕育出"一种人类文明新形态"。从文明的高度看,中国人对于"中国道路"的探索,其根本宗旨也许正在于为人类的未来探索一种新的可能性——基于"中国现代性"之上的"中国经验",极有可能开辟"一种新的现代性文明形态"。

在追求现代化和现代性的同时,如何不牺牲中国和社会主义的基本原则?这是个难题!如何把"社会主义""市场经济"结合起来并发挥各自优势,这同样是个难题!过去,我们没有完全处理好政府与市场在资源配置中的关系,过于注重政府在资源配置中的直接支配作用,没有让市场在资源配置中发挥决定性作用,结果导致市场和社会缺乏活力。如今,确定"让市场在资源配置中起决定性作用,同时更好发挥政府的作用",其主旨就是要重构政府与市场的关系,发展社会生产力,促进社会公平正义。如今,功利主义的价值态度、理性主义的思维方式和法治主义的政治思想,构成了以市场经济为基础的"现代主义"新的"三位一体"。[①]对于当代中国而言,如何建立一种与社会主义市场经济体制相匹配的精神——文化建制?关键是建构起社会主义市场经济的道德主体和法治规范,防止"市场经济"蜕变为"市场社会"。

中国如何作为文明型的国家而崛起?中国能够达到怎样的文明高度?有学者指出,中国崛起是"文明型国家"的崛起。中国崛起承载着当代中国人的雄心壮志,体现出中国人的责任与担当。然而中国崛起不仅要通过生产力的快速发展,打造"物质中国"与"经济中国",更要通过生产关系的优化,打造"文化中国"与"文明中国"。中国和平崛起和文明崛起就是要改变"落后就要挨打""贫穷就要挨饿""失语就要挨骂"这

[①] 参见孙正聿:《哲学通论》,辽宁人民出版社1998年版,第388页。

种弱肉强食、倚强凌弱的丛林法则和社会达尔文主义。其实，在国家崛起过程中，低层次是经济竞争，中层次是社会结构和社会心理竞争，深层次则是制度竞争、治理竞争和文明竞争。中国崛起是和平主义的，可能为人类的发展开启新的文明形态。我们应该在"民富"与"国富"的统一中需求强国之道。"德国和日本在20世纪现代化的过程之中，以民族文化相对性为藉口，试图以'另类现代性'争夺全球霸权而最终自掘坟墓，这意味着，任何国家对现代性的探索，都不能挑战底线，相反地，积极展开与普世文明的对话，发展自身文明的独特性，从而扩展普世文明的内涵，这是赢得文明主导权的不二法门"[1]。中国道路绝不是对资本主义发展道路的模仿和重复，推动科学发展就是对既有的人类科学发展和文明发展模式的创新和超越，以人为本的科学发展观、创新协调绿色开放共享新发展理念、全面建成小康社会、精准扶贫、"一带一路"建设，均是如此。"在后改革时代，当代中国只有超越'资本的文明'，才有可能真正建立起一种'超越资本'的文明"[2]。现实地看，中国道路不仅对世界作出了生存性贡献和发展性贡献，而且还作出了和平性贡献和文明性贡献。

（三）文明的力量：
开启人类文明新形态，谁最有资质

世界上有两种东西最有力量：一是刀剑，二是思想，前者是硬实力，后者是软实力。其实，思想比刀剑更有力量，正是思想成就了人的伟大，正是伟大的思想铸就了伟大的国家和伟大的民族。可见，思想就是力量，

---

[1] 许纪霖：《文明的崛起：中国准备好了吗？》，世界中国学论坛、上海社会科学院世界中国研究所编：《中国学》第1辑，上海人民出版社2012年版，第54页。

[2] 王庆丰：《〈资本论〉的再现》，中央编译出版社2015年版，第230页。

有思想才会有力量。中国由大国迈向强国，既要注重"物的力量"，也要注重"思想的力量"。

中国是一个文明古国，中华民族曾创造出灿烂的古代文明，站在世界文明的前列，并且从未中断过。面对"人类向何处去"这一根本问题，需要研究轴心文明说与现代轴心文明出现的可能性问题。轴心期文明最有可能产生人类文明的新形态，主要包括中国（中华文明）、印度（印度文明）、以色列（犹太文明）和希腊（欧洲文明）是可能的候选者。雅斯贝尔斯在《历史的起源与目标》一书中把公元前500年前后同时出现在中国、西方和印度等地区的人类文化突破现象称为"轴心时代"。"轴心时代"既是一个复杂的历史文化现象，也是一个思维的"建构"过程。在轴心时代，每个文明都出现了精神导师，古希腊有苏格拉底，中国有孔子，随着科学、哲学、宗教产生标志着人类文明的新高度。帕森斯认为，在公元前1000年之内，希腊、以色列、印度和中国四大古代文明都曾先后以不同的方式经历了"哲学的突破"阶段，即对构成人类处境之宇宙的本质产生了一种理性的认识，而这种认识所达到的层次之高，则是前所未有的，从此对人类处境及其意义有了新的解释。帕森斯虽然承认世界几个主要文明圈内发生的"哲学的突破"，但谈到古代文化发展的创新，他只认为古代西方的希腊与以色列是他所谓世界文明演化的"苗床社会"，而中国与印度的古代文明则不在其列。可见，为了将"轴心时代"研究推向深入，需要另辟蹊径寻找新的研究视角。历史唯物主义理应成为研究轴心时代的一个崭新视角。有必要对作为人类精神生活之表征的"轴心时代"产生的现实基础及其演进机理提供一个历史唯物主义的分析框架。

从文化自觉和文化自信走向文明自觉和文明自信。文化自觉是费孝通首先明确提出的。"各美其美""美人之美""美美与共""天下大同"这十六个字是其对文化自觉理念所作的高度概括。"所谓文化自觉，意思是生活在既定文化中的人对其文化有自知之明，明白它的来历、形成的过程、所具有的特色和它发展的趋向。自知之明是为了加强对文化转型的自主能力，取得决定适应新环境、新时代文化选择的自主地位"[1]。文化自信是在坚定对中国的道路自信、理论自信、制度自信之后提出来的。"文化自信是更基本、更深沉、更持久的力量"[2]。基于中国道路和中国问题进行中国理论建构本质上是进行一种划时代的整体性理论建构，这一理论建构不仅具有中华民族首创的意义，而且具有世界历史意义。

正如埃德加·莫兰所深刻指出的，"西方文明的福祉正好包藏了它的祸根：它的个人主义包含了自我中心的闭锁与孤独；它的盲目的经济发展给人类带来了道德和心理的迟钝，造成各领域的隔绝，限制了人们的智力能力，使人们在复杂问题面前束手无策，对根本的和全局的问题视而不见；科学技术促进了社会进步，同时也带来了对环境、文化的破坏，造成了新的不平等，以新式奴役代替了老式奴役，特别是城市的污染和科学的盲目，给人们带来了紧张与危害，将人们引向核灭亡与生态的死亡。"[3]如果说"文化"对应的是"自然"，那么"文明"对应的则是"野蛮"。摩尔根提出人类经历"蒙昧时代"和"野蛮时代"达到"文明时代"。恩格斯在《家庭、私有制和国家的起源》中概括摩尔根的分期时说："文明时代是学会对天然产物进一步加工的时期，是真正的工业和艺术的时期。"[4]当前，中国虽然逐渐强大，但不够自信。把中国发展优势和制度优势转化为话语优势的关键是具有文明的力量。

中国发展之所以能取得引人注目的成就，关键是改革开放释放了部分

---

[1] 费孝通：《费孝通论文化与文化自觉》，群言出版社2005年版，出版前言。
[2] 《习近平谈治国理政》第2卷，外文出版社2017年版，第339页。
[3] 〔美〕埃德加·莫兰著，南黛居译：《超越全球化与发展：社会世界还是帝国世界？》，《迎接新的文化转型时期》第1册，上海文艺出版社2006年版，第202页。
[4] 《马克思恩格斯选集》第4卷，人民出版社1995年版，第24页。

市场和资本的力量。改革开放以来，中国正是借助于政府的力量、市场的力量和资本的力量所形成的"合力"，才迅速崛起。如今，中国发展站到了新的历史起点上，中国特色社会主义进入了新时代，中华民族迎来了从站起来、富起来到强起来的伟大飞跃。"现在，我们比历史上任何时期都更接近实现中华民族伟大复兴的目标，比历史上任何时期都更有信心、更有能力实现这个目标。"①中国资本开始大量"走出去"。"一带一路"建设、"金砖+"模式和"亚洲基础设施投资银行"为中国资本"走出去"开辟了新道路，同时也给国际合作开辟了新空间。一句话，只有借助于政府的力量、市场的力量和资本的力量所形成的"合力"，中国才能建成现代国家、中国社会才能成为现代社会、中国人才能成为现代个人，最终使中国特色社会主义制度更加成熟和定型。"社会主义制度无疑是一种新质的文明制度，其内在优越性在于，始终秉承人民利益本位的坚定立场，坚持从整体性构架上谋划、设计和奠定属于这一制度的价值基调和蓝图"②。笔者认为，提升国家治理体系和治理能力现代化，其实质是建立现代国家和现代社会，核心是养成现代个人（引导国民树立文明观念、争当文明公民、展示文明形象），在国内建构起和谐的国民关系，在国际树立令人尊敬和令人向往的国家形象。

（四）时代主题转换与文明共存如何可能

为了回答文明共存如何可能，需要对时代主题和时代潮流进行重新判定。当今时代主题已不是战争与革命，而是转换成和平与发展，和平、

---

① 《习近平谈治国理政》第1卷，外文出版社2018年版，第167页。
② 袁祖社：《当代文明形态变革之主题自觉发展与中国式发展理念的实践—价值逻辑》，《学习与探索》2016年第1期。

发展、合作、共赢成为时代潮流。"当今世界，各国相互依存、休戚与共。我们要继承和弘扬联合国宪章的宗旨和原则，构建以合作共赢为核心的新型国际关系，打造人类命运共同体"①。打造人类命运共同体，其根本目的就是建构"一个更符合对等与互惠原则的国际经济模式，一个更尊重多元性的全球公共领域，一个更能统筹绝大多数国家可持续发展需求、更能体现休戚与共及和而不同理念的全球秩序"②。

亨廷顿在《文明的冲突与世界秩序的重建》一书中提出"文明冲突论"，认为随着冷战的结束，世界出现了暂时的无序状态和新格局的形成阶段，此时，各国从政治意识形态的冲突转向文明的冲突，"文明的冲突取代了超级大国的竞争"③。福山通过回顾20世纪的历史，断言西方文明，即西方的自由民主制度是"人类意识形态发展的终点"和"人类最后一种统治形式"，随着这种文明形式成为全人类的制度，人类历史将走向"终结"④。所谓人类历史终结，并非指历史的结束，而是特指历史的真正的重大问题都已解决，历史的合理的原理与制度都已形成，从此历史不再有真正的进步和发展。这显然是一种以"西方中心主义"和"西方文明论"为归依的"文化趋同论"。我们要走出以西方为中心的"文明与野蛮二元对立"之文明论。中国特色社会主义道路的开辟对人类文明的重要意义就在于超越了"西方中心主义"和"西方文明论"的话语体系，彰显了人类文明发展的多样性。其实，文明的多样性既是人类社会的基本特征，也是人类文明进步的重要动力。

中国应为人类文明作出新的更大贡献。"中国的崛起不是一个普通国

---

① 《习近平总书记系列重要讲话读本》，人民出版社2016年版，第264页。
② 朱云汉：《一个知识分子对21世纪的思考》，《人民日报》2015年7月9日。
③ 〔美〕亨廷顿著，周琪等译：《文明的冲突与世界秩序的重建》，新华出版社2010年版，第6页。
④ 〔美〕福山著，黄胜强、许铭原译：《历史的终结》，远方出版社1998年版，第1页。

家的崛起,而是一个五千年连绵不断的伟大文明的复兴,是一个人类历史上闻所未闻的超大规模的文明型国家的崛起。"[1]中国崛起,如何作为一个文明型国家来实现?人类社会发展的历史证明,一个民族,物质上不能贫困,精神上也不能贫困,只有物质和精神都富有,才能成为一个有强大生命力和凝聚力的民族。因此,我们要在建设高度物质文明的同时,提高全民族的科学文化水平,发展高尚的丰富多彩的文化生活,建设高度的社会主义精神文明。中国崛起不是站在人类现代文明之外的发展,而是自主融入、引领世界潮流的发展。中国从世界多彩文明中汲取营养,为人类命运共同体建构提供中国方案、贡献中国智慧。

当前,人类正经历着历史上第三次重大变迁的冲击,因此人类正处在创造一个文明新形态的过程之中。历史地看,第一次浪潮——农业革命,花了数千年实践才得以完成;第二次浪潮——工业文明的兴起,只用了300年的时间;第三次浪潮——以可再生能源为基础的信息时代,可能只需几十年的时间。第一种文明以锄头为象征,第二种文明以装配线为象征,第三种文明以电脑为象征。三种文明对应三种主要财富形式,土地贡献的是食物,资本带来的是金钱,信息给予的是自由。从个人角度看,人有生存、发展和自我实现三层需要,农业社会主要满足人生存的需要,工业社会主要满足人发展的需要,信息社会主要满足人自我实现的需要。根据"人类三大文化路向说","梁漱溟认为西方文化解决的是人类所面临的低层次问题,即满足人自身生存的需要,而中国文化和印度文化都是解决人类所面临的高层次问题,即人对人和对自己的生命的问题,这就是说不是西方化优于东方化,而是东方化优于西方化,目前西方化的胜利是因为它适应了人类面临的生存问题,而中国和印度文化的失败是因为它的早熟

---

[1] 张维为:《中国震撼:一个文明型国家的崛起》,上海人民出版社2011年版,第1—2页。

和不合时宜"①。作为后发现代化国家，中国要汲取德国和俄国的经验教训，中国"必须在消化吸收西方现代文明的基础上，挖掘深厚的中华文明，在中华文明深厚的根基上消化、吸收、改造、提升西方现代文明，致力于创造一种所谓'现代化而不是西方化'的新道路和新模式，也就是能够容纳西方文明又能遏制西方工商业文明负面后果的新文明体系"②。

当前，人类正在经历一个人类文明新形态生产时的阵痛。正如托夫勒所指出的：人类不只在过渡，而是在转型；我们要面对的不仅是一个新社会，而是一个崭新文明的再创造。这一"新文明有其截然分明的世界观，有其处理时间、空间、逻辑与因果关系的独特方式。并且有其对未来政治学的独特原则纲领"。"基本的问题不是谁掌握了工业社会的最后时日，而是即将取而代之的新兴文明将由谁来塑造。"③人类文明新形态与世界历史力量转移密切相关。当前在由体力型经济走向智能型经济的境遇下，制造业只能使国家变成大国，不能把国家变成强国。中国如果要成为强国，就必须要有所创新。当前的很多问题，如能源、战争、贫穷、生态，已经不能在工业文明的框架内得到解决，迫切需要新的文明形态。当代中国人应自觉意识到，中国特色社会主义引领的中国崛起正在创造人类文明新形态。"这种新类型的文明的优越性将随着人类由工业文明阶段进入生态文明阶段，越来越凸显出来"④。

总之，当代中国的社会主义，既不完全同于马克思和恩格斯经典的社会主义，也不同于苏联的社会主义，而具有自身特色。在理论上与实践

---

① 刘长林：《生命与人生：儒学与梁漱溟的人生哲学》，开明出版社2000年版，第42页。

② 刘森林：《历史唯物主义：现代性的多层反思》，中山大学出版社2016年版，第249—250页。

③〔美〕托夫勒著，白裕承译：《再造新文明》，中信出版社2006年版，第3—4、10页。

④ 许锦云：《文明类型理论与中国特色社会主义》，《探索》2011年第1期。

中，中国特色社会主义要超越资本主义"强资本弱劳动"格局，要创造一种高于和优于资本主义文明新的文明形态，就必须在人与自然的关系上、人与人的社会关系上、人与他人的主体间关系上、人与自我意识关系上进行革命性变革，续写中华文明新篇章，建设美丽中国、平安中国、和谐中国、健康中国，从生态文明和制度文明的意义上为世界贡献一种新的文明形态，为人的自由全面发展开辟广阔空间。

五、全球视野下的能力正义与能力路径

　　正义问题是规范性政治哲学探讨的核心主题，尤其是世界处于"百年未有之大变局"，世界和平新的动荡变革期，全球和平赤字、发展赤字、治理赤字、信任赤字日益凸显，使得全球视野下的能力正义和能力路径问题研究更具重要性和紧迫性。在众多正义理论中，阿玛蒂亚·森提出"能力正义"，打破了"程序正义"和"分配正义"一统天下的局面，将人们的关注点从"为何平等"导向"何为平等"，这是重大的理论进步。在全球视野下，"能力正义"的出发点是使公民过上有尊严更体面和愈加美好的生活。能力路径包括两个维度：一是将能力作为评估社会发展状况和成员生活质量的指标；二是将个体能力纳入社会公平正义的研究视野。对中国而言，深入研究能力正义与能力路径理论对于对内深化改革开放和建设现代化强国、对外提升中国话语权和国际影响力均具有重要的理论价值和实践意义。

　　能力路径如何能够为全球正义提供一种具有说服力的理论论证？作为一种政治学说的能力路径意味着什么？作为一种社会分析范式的能力正义

理论何以可能？这些问题都需要在全球视野下进行深入的学理研究。正义是人类追求的永恒价值之一，自然而然地成为规范性政治哲学探讨的核心主题。阿玛蒂亚·森（以下简称"森"）在对西方传统正义理论进行批判性反思的基础上，将能力视角引入社会正义问题的研究从而构建"能力正义观"，拓展了当代规范性政治理论的问题域，为满足和提升社会成员的基本能力和增进个体自由平等提供了一种方案。在21世纪，如何以全球视野审视和理解能力正义和能力路径问题，以及如何将能力正义理论应用于全球发展实践当中，都是亟待解决的重大现实问题。

（一）21世纪建构社会正义的新维度——能力正义

21世纪是能力主导的世纪，"我能故我在"逐渐成为能力社会中人生价值取向的主导方向。无论是"大力提高国民素质"还是"加强党的长期执政能力建设"，无论是"建设人才强国"还是"建设学习型政党"，无论是"政治过硬"还是"本领高强"，都蕴涵着能力思想。可以说，我国社会主义现代化建设的成效很大程度上取决于国民素质提高的水平。能力视角揭示了能力不平等在评估社会不平等程度中的核心意义。马克思将能力的发展和实现视为一切人的职责。在马克思看来，发展社会生产力主要有两条路径：一是调整和变革生产关系，发展科学技术和完善劳动方式；二是自由而全面发展每个人的能力，使每个人都能够自我实现。在马克思看来，人的本质就是自由，基于这一认识，马克思提出了人的两种本质能力："自由的、有意识的创造性活动的能力及人类共同体（或团结一致）的能力。"[1]

历史地看，不同的哲学家对于"正义"概念的界定不同，其中最普

---

[1]〔美〕罗德尼·佩弗著，吕梁山等译：《马克思主义、道德与社会正义》，高等教育出版社2010年版，第134页。

遍的定义来自查士丁尼："正义乃是一种使任何人获得其所应得的东西的不间断的、永恒的意志。"[①] 就此而论，正义就是力量。然而在现实生活中，能力常常被误读为"强者的话语"，正义常常被指责为"弱者的声音"，其实这是严重的误解。"正义"所要解决的是"好或坏"的问题，因此，关于"正义"的问题被纳入到作为一门规范学科的政治哲学的研究视域当中，因为规范论正是关于"应如何"而非"是如何"的理论。[②] 简而言之，正义关注的就是如何使人类过上更好的生活，就此而论，正义既是目的也是手段。平等、自由、道德等都是作为正义实现的维度和工具，因而，对平等问题的关注实质上就是对正义问题的关注。阿玛蒂亚·森的"能力路径"理论实质上包含两个维度：第一个维度可称为"个人的可行能力维度"，在该维度，森将能力作为评估社会发展状况和成员生活质量的指标，关于这一维度的理论论述集中于森的《以自由看待发展》《生活水准》和《生活质量》等著作中；第二个维度可称为"社会的能力正义维度"，在此维度，森将个体能力纳入社会公平正义的研究视野，初步构建了一种基于社会正义的规范性学说，该学说被称为"能力正义"理论。森的"能力正义"理论有别于以往的结果正义、程序正义、分配正义等社会正义理论，森通过批判先验正义而实现了现实正义的真正回归，其理论的批判内涵与超越意义不言而喻。总体而言，能力正义作为正义理论的一种，力图通过平等、自由和道德三个重要维度来阐明其理论内涵与现实意义，因此，我们采用比较研究的方法揭示能力正义的科学内涵。

首先，"为发展的自由"还是"为自由的发展"。森在能力正义理论中主张"以自由看待发展"，自由是发展的重要手段和主要目的，因而在森的理论中自由具有工具性价值。同时森将可行能力纳入到对自由的阐述中："一

[①] 〔英〕戴维·米勒、韦农·波格丹诺主编，邓正来译：《布莱克维尔政治学百科全书（修订版）》，中国政法大学出版社2002年版，第408页。

[②] 徐梦秋主编：《规范通论》，商务印书馆2011年版，第3页。

个人的可行能力指的是此人是有可能实现的、各种可能性的功能性活动组合。可行能力因此是一种自由，是实现各种功能性活动组合的实质自由。"①森还将政治自由、经济条件、社会机会、透明性保证、防护性保障称为五种主要的工具性自由。可见，森认为自由是为发展而服务的，自由的程度越高，则个人的可行能力水平就越高，从而个体和社会的发展程度就越高；与森不同，马克思主张的是一种"为自由而发展"的观点，马克思从人的发展的视角看待自由问题，人的自由而全面的发展是马克思主义的重要价值目标之一。马克思提出著名的"人的发展三阶段理论"："人的依赖关系（起初完全是自然发生的），是最初的社会形式，在这种形式下，人的生产能力只是在狭小的范围内和孤立的地点上发展着。以物的依赖性为基础的人的独立性，是第二大形式，在这种形式下，才形成普遍的社会物质变换、全面的关系、多方面的需要以及全面的能力的体系。建立在个人全面发展和他们共同的、社会的生产能力成为从属于他们的社会财富这一基础上的自由个性，是第三个阶段。第二个阶段为第三个阶段创造条件"②。在马克思看来，发展的不同阶段标识着人的自由的不同形态。"在此，马克思运用逻辑与历史相统一的原则，论证了个人独立性形成的历史过程和人类社会发展的总趋势。这一总趋势主要表现为：人的全面而自由发展是'基本原则'；政治解放与人类解放是'现实路径'；自由人联合体与能力发展发挥是'根本目的'。"③在马克思眼中，自由与发展是一种辩证关系，全面的发展是为了"自由人联合体"的最终实现，因此，马克思的发展是"为自由的发展"。

其次，"为何平等"还是"何为平等"。平等问题是森的"能力路径"

---

① 〔印〕阿马蒂亚·森著，任赜、于真译：《以自由看待发展》，中国人民大学出版2012年版，第62—63页。
② 《马克思恩格斯全集》第30卷，人民出版社1995年版，第107—108页。
③ 张艳涛、张瑶：《能力正义：现代正义观的合理内核——兼论贫困问题的教育解决路径》，《宁夏党校学报》2018年第1期。

理论的起点和焦点。以往的平等观往往将注意力聚焦在"为何平等"这一问题上,无论是功利主义还是自由主义都主张为了人的自由和社会正义的实现就要解决平等问题,森不否认这种观点的价值,但是还有更重要的问题——"何为平等"——被忽视了。只关注"为何平等"就会陷入先验正义的困境中,例如,罗尔斯为了实现建立理想的正义社会的目标,不得不通过理论假设来阐明平等观点:"……适用于社会基本结构的正义原则正是原初契约的目标。这些原则是那些想促进他们自己的利益的自由和有理性的人们将在一种平等的最初状态中接受的,以此来确定他们联合的基本条件。这些原则将调节所有进一步的契约,指定各种可行的社会合作和政府形式。这种看待正义原则的方式我将称之为作为公平的正义(justice as fairness)。"[①]

罗尔斯通过"无知之幕"假设并以契约论为理论基础建构了一种先验制度主义正义观,他将这种正义观称作"公平的正义"。"公平的正义"强调程序正义和分配正义,具有"封闭的中立性"的特征,并以建构一种理想的正义的社会模式为目的和手段。"具体而言,罗尔斯的社会基本结构是通过以抽象的原初状态和无知之幕为背景预设,以两大正义原则为指导建构出来的,他将作为正义之主题的社会结构置于一种理想的规范性原则和纯粹先验的逻辑推演方法之上,这种社会结构一开始就脱离了现实的社会经验和具体情境,而显示出一种先验理性的非历史特征。"[②]同强调个人的绝对自由、反对社会财富再分配、主张"交易正义"的右翼自由主义代表人物诺齐克不同,罗尔斯强调平等、支持社会财富再分配、主张通过分配和发挥国家职能实现正义,因此他的正义理论也常被称作"分配正义"。罗尔斯的正义理论

[①]〔美〕约翰·罗尔斯著,何怀宏等译:《正义论》,中国社会科学出版社1988年版,第9页。

[②]张瑶:《社会正义的首要主题:艾丽斯·杨对罗尔斯社会基本结构概念的批判与再界定》,《天府新论》2019年第5期。

虽具有广泛影响但仍未能逃脱"为何平等"的藩篱，他的理论仍是建立在为了"公平"而平等这一逻辑结构之上，其整个正义理论体系的设计也都围绕着"公平的正义"在何种情况下才能实现这一目标，因而不得不提出"无知之幕"假设。

与罗尔斯不同，森所关注的不是正义理论体系的建构而是现实的人的能力，因而森就不需要通过先验的理论假设来阐述观点，更不需要通过宏大的制度设计来实现正义。森实现了正义理论关于平等问题研究视角的转向和跃升，他提出应从"为何平等"转向"何为平等"，从"先验正义"回归"现实正义"，从对"物"的关注走向对"人"的关怀。森的出发点和落脚点始终都是现实的人。森提出，所谓平等，是指人的能力的平等，能力与平等是一对辩证范畴，能力的具备是平等实现的前提和基础，平等的实现反过来又促进人的能力的提升。在森的理论中，"一个人的能力指各种不同的可选择的功能性活动的组合，并且他通过选择可以得到其中任何一种（组合）。在此意义上说，一个人的能力是与他不得不过这种或那种生活的自由相当的"[1]。可见，森的"能力正义"理论完成了人的主体性与物的客体性的辩证统一，森主张对人的自由选择能力以及可供选择范围与程度要高度重视，前者强调了人的能动性，后者强调了客观物质条件；森的"能力正义"理论完成了人的差异性与公共理性的有机统一，森主张要关注不同的人的能力需要与能力状态，强调通过"开放的中立性"来建构一种广泛适用的正义理论；森的"能力正义"理论实现了个体自由与社会团结的有机统一，森主张通过个体能力的提高来推动人类集体发展的实现。同罗尔斯相比，森的正义理论已跳脱出解决单一问题、囿于单一国家的思想藩篱，其以"何为平等"为理论出

---

[1]〔印〕阿玛蒂亚·森著，龚群等译：《生活质量》，社会科学文献出版社2008年版，第3页。

发点，阐述了一种立足于现实维度、核心为现实的人、目的为实现现实正义的理论。

最后，"能力正义"还是"全球正义"。正义理论作为一种规范性主张，需要具备可接受性和可操作性。正义理论如何让不同国家、不同人种、不同个性的人都能够接受和认同？正义理论又如何具备可操作性，真正从"头顶的星空"变为"心中的道德律"？这是所有正义理论都不得不面对的难题。森主张"能力正义"理论，坚持"中立的开放性"原则，所以他既坚持包容差异实现"全球正义"，又反对对能力进行过于具体和细致的划分以及定义，他认为这样会造成对于能力的狭隘认知，反而不利于"能力正义"的实现。"尽管森在他的研究中举出了一系列例子，但他拒绝举出列表，他的理由是合适的列表要依据具体的目的和环境而定，必须是公众论证和民主的结果，不是理论家可以提出的。"[1]森从"民主—公共理性—人权"这一制度设计构想出发为其"能力正义"理论提供实践支撑。

与此不同，在玛莎·努斯鲍姆看来，列举是必要且重要的，她列出了十种核心能力，即：生命，身体健康，身体健全，感觉、想象和思考，情感，实践理性，归属，其他物种，娱乐和对外在环境的控制。[2]在能力列表基础上，努斯鲍姆又给出了全球正义结构的十个原则，这十个原则可被划分为三个层面的具体要求：第一，制度层面，包含全球性的制度建构和各个国家的建设要保证公平正义两个方面；第二，组织层面，包含跨国公司发展和家庭领域应承担更多保障人类能力的责任两个方面；第三，个体层面，包含个体在发展能力方面具有的权利和义务以及对弱势群体的关怀和保障两个方面。努斯鲍姆力图通过这十个原则建立一个能够实现全球正义的"可行性体系"。

---

[1] 王国豫、荆珊：《从诗性正义到能力正义——努斯鲍姆正义理论探究》，《伦理学研究》2016年第1期。

[2] 参见〔美〕玛莎·努斯鲍姆主编著，田雪译：《寻求有尊严的生活——正义的能力理论》，中国人民大学出版社2016年版，第24—25页。

比较而言，森所坚持的是一种开放的、多元的、"纲领性"的能力正义理论，森的理论重点在于全球实现正义而非实行统一的正义制度，强调"正义"；努斯鲍姆所坚持的是一种具体的、统一的、"条款式"的全球正义理论，她的理论重点在于全球实现一种具有指导性和可操作性的正义制度，强调"全球"。

马克思的正义维度

- 第二象限（自由·发展）：为自由而发展
- 第一象限（自由·人的差异性）：自由人联合体
- 第三象限（发展·平等）：人的全面发展
- 第四象限（人的差异性·平等）：全人类的解放

森的正义维度

- 第二象限：为发展而自由
- 第一象限：可行能力自由选择
- 第三象限：能力正义广泛实现
- 第四象限：个人能力的平等

罗尔斯的正义维度

- 第二象限：理想的正义社会模式
- 第一象限：基本善的分配
- 第三象限：公平的正义
- 第四象限：基本善的分配

努斯鲍姆的正义维度

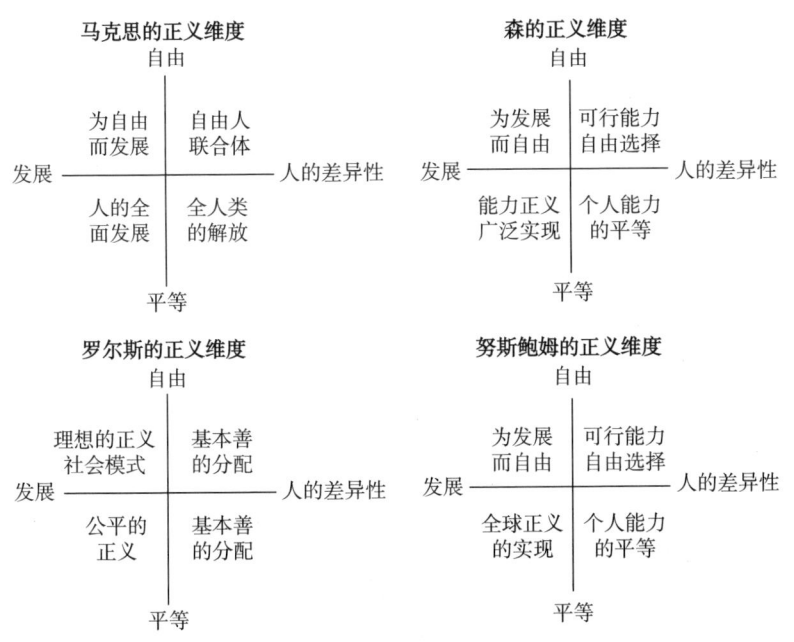

- 第二象限：为发展而自由
- 第一象限：可行能力自由选择
- 第三象限：全球正义的实现
- 第四象限：个人能力的平等

图 1　马克思、森、罗尔斯和努斯鲍姆的正义维度比较

（二）21世纪解决平等问题的新视角——能力路径

平等问题是正义理论的核心问题之一。从历史发展角度看，平等问题关涉人类能否实现全面发展、自由解放的愿景；从社会现实角度看，平等问题关涉民众对于社会发展、国家制度的认同与信心。因此，自文艺复兴开始，西方国家就在不断探索如何在现代性的视域下解决平等问题以彰显文明与制度优势；及至19世纪中叶，随着第一次世界性经济危机产生、

163

两次世界大战爆发、共产主义理论的兴起和实践等事件的相继发生，如何调和资本主义社会的内外矛盾、挽回民众对于资本主义的信心则成为重中之重。正是在这样的时代背景下，庇古于1920年出版专著《福利经济学》，该书被认为是福利经济学诞生的标志。

庇古的福利经济学以边沁的功利主义原则作为理论基础，倡导一种"幸福平等"。庇古提出"一国的经济福利与国民收入的大小密切相关，而且经济福利随着收入大小的变化而变化"[1]。可见，庇古认为国民收入与经济福利是一种相互促进的关系。由此，他提出了两个核心福利命题：第一，国民收入的总值越大，社会经济福利的水平就越高；第二，国民收入的分配越均等，社会经济福利的水平就越高。在此基础上，庇古指出实现平等的两条现实路径就是通过社会资源优化配置以使国民收入最大化和对国民收入进行均等分配，其最终目的是通过社会经济福利的提高而增强民众的幸福感，使人人"感到"平等，因而庇古的平等观本质上是一种"效用平等"和"形式平等"。庇古的理论产生了深远的影响，从现实角度而言，其理论促进了福利国家制度的建立，影响了西方资本主义国家的制度建设方向；从理论角度而言，他的平等理念在福利经济学、政治哲学等诸多学科中都有重大影响。

政治哲学家约翰·罗尔斯正是在批判以庇古起始的福利经济学和同时代人罗伯特·诺齐克代表的右翼自由主义的基础上阐发自己的正义理念。一方面，罗尔斯批判以往的福利经济学以功利主义和效用论为核心，认为其过分关注结果而忽视了程序、过度关注总体而忽视了个人、过于关注效用而忽视了需求；另一方面，罗尔斯批判诺齐克的古典自由主义理论，认为其反对社会财富再分配、过分强调自由的理论并不利于合理有效的国家职能的发挥和平等理念的最终实现。因此，罗尔斯

---

[1]〔英〕庇古著，金镝译：《福利经济学》，华夏出版社2007年版，第39页。

通过"无知之幕"的理论假设，以契约论为理论分析框架，提出用基本善取代福利、用平等取代加总，罗尔斯尤其强调对于基本善的分配以及国家职能的发挥，也可以说，罗尔斯的平等理念是以对分配方式的探讨为理论基础的。自1971年《正义论》出版以来，罗尔斯的理论受到了广泛关注，因为他不像以往的福利经济学家那样关注"如何提高幸福感"，而是转而关注人们从基本善的分配中可以获得什么，相较以功利主义为核心的福利平等，罗尔斯的理论更加凸显了对人的需求的关心和重视。

森在同罗尔斯的论战中，针对罗尔斯的理论主要提出三点批评：第一，批评罗尔斯理论的非现实性，森认为罗尔斯的理论主张仅仅通过基本善就能够实现平等，然而个人对平等的认知和实现平等的能力是两回事，因此，对于具有不同能力的人而言，同样的基本善所能转化为现实的福利的程度是不同的，尤其对于缺乏能力的人而言，即使手握益品也难以享受福利。第二，批评罗尔斯理论的单一性，森认为罗尔斯的理论并未注意到人存在差异性这一问题，不同的人对于平等和幸福的理解是迥异的，即使是几乎人人追逐的货币也难保不会出现对此不屑的人，那么同质的基本善能够满足异质的人的需要吗？第三，批评罗尔斯理论的封闭性，森认为罗尔斯的理论存在一种封闭的中立性，它仅能解决符合罗尔斯理想的假设范围内的问题，面对与日俱增的新问题却是束手无策的。在此基础上，森提出"什么样的平等"才是人类需要和能够实现的平等这一疑问，并通过"能力路径"理论回答了自己的问题。森提出应将能力纳入到对于平等问题的追问中，我们不应再如以往那样追问"为何平等"，而应追问"何为平等"，森用基本能力取代基本善并将这种基本能力定义为："一个人有能力做一些基本的事"[①] 他阐述道："基本善由于关心有益的事物而遭遇了拜物教的阻

---

① 〔印〕阿玛蒂亚·森：《什么样的平等？》，《世界哲学》2002年第3期。

碍,尽管有益的事物的清单所划定的范围非常广泛,包括各种权利、自由、机会以及收入、财富和自尊的社会基础,但是基本善关心的仍然是有益的事物,而不是这些有益的事物对人类会有什么影响。另一方面,功利所关心的是这些事物对人类会有什么影响,但它所使用的衡量标准只关注个人的精神反应而不注重他的能力。……我认为,应当讨论的是,对作为基本能力的需求的解释。这种对需求和利益的解释常常隐含在对平等的要求之中,我将把这种平等称之为'基本能力平等'。"[1]

森的"能力路径"理论为回答平等问题提供了一个更具理性、多样性、开放性和现实性的答案。"当提出一种完全不同于罗尔斯的'公平的正义'的正义理论时——一种更有可比性、更具现实导向性、更可行、更全球化和更多样宽容的公正推理的理论——我不得不承认同在原初立场具有完全一致性的罗尔斯的想象的世界相比,我所主张的理论更具不完全的可能性。"[2]但是森并不将这种不完全性视为理论缺陷或错误,因为他认为:"暂时的不完全性和断言的不完全性都是存在于合乎逻辑的选择范围内的。"[3]"在'什么的平等'这一问题上,森提出了两个令人耳目一新的见解:一是从关注获得益品或幸福的实际状态到关注获得幸福的机会,二是从关注益品或幸福到关注他称之为'能力'的东西。对此,科恩作了高度的评价:'森对他自己的问题的回答,是对这一主题的当代反思的一大飞跃'。"[4]

"能力路径"理论的提出在某种意义上的确实现了对于平等问题思考

---

[1]〔印〕阿玛蒂亚·森:《什么样的平等?》,《世界哲学》2002年第3期。
[2] Amartya Sen, The Importance of Incompleteness. *International Journal of Economic Theory*, Vol.14, No.1, 2018, p.19.
[3] Amartya Sen, Reason and Justice: The Optimal and the Maximal. *Philosophy*, Vol.92, No.1, 2017, p.19.
[4] 段忠桥、常春雨:《G.A.科恩论阿玛蒂亚·森的"能力平等"》,《哲学动态》2014年第7期。

和探寻的一次重大变革，但是并不是说森的理论就是无可置疑的。G.A.科亨[①]就对森的理论作出了批判，科亨对森的批判主要集中在后者对于能力概念的模糊定义。科亨认为："森实际上是把'个人能从益品得到什么'和'他从益品得到什么'这两个评价个人状况的不同维度，归在一个单一的名称'能力'之下。评估个人状况的这两个维度无疑都应该引起平等主义者的关注，但它们中只有前者可称为'能力'，而森却把后者也说成是'能力'。"[②]也就是说，益品为人所提供的要大于人能从益品中获得的，后者是前者的子集，因为存在人在获得益品后是否选择运用能力的问题，例如，获得教育机会但选择放弃，也存在人不必运用任何能力但仍从益品中受益的状态，例如，政府开展城市绿化工作市民并未运用能力但仍收获了更好的生活环境，只有在人拥有益品且运用能力利用益品获益时才是"能力"体现的唯一状态。科亨将上述益品与人的三种关系称为"中介性好"，"中介性好"是一个异质集合，能力是其中的一部分。"从平等主义的观点看，商品—中介性好—效用这一序列的每一个重点都是评价一个人的处境的恰当点。罗尔斯关注的是这一系列的始点，而福利主义者关注的则是他的终点。福利主义者认为，罗尔斯主义者的尺度太客观，它对个体间的区分性事实上几乎没有说明。罗尔斯主义者则认为，福利主义的尺度太主观，它赋予了这类事实太多的寓意"[③]。森发现了不同于这两种观点的中立尺度，但却未能全面地认识和阐明这一中立尺度的涵义，科亨认为"中介性好"概念的提出弥补了森能力理论的不足。

以上四位代表性理论家的平等理论异同可见下表：

[①] 此处G.A.科亨同上一处引用语句中的G.A.科恩是指同一人，即分析马克思主义代表理论家Gerald Allan-Jerry Cohen（G.A.Cohen），也有译者将其译为G.A.柯亨。

[②] 段忠桥、常春雨：《G.A.科恩论阿玛蒂亚·森的"能力平等"》，《哲学动态》2014年第7期。

[③]〔印〕阿玛蒂亚·森著，龚群等译：《生活质量》，社会科学文献出版社2008年版，第22页。

表 1 庇古、罗尔斯、森和科亨的平等理论比较

代表性理论家	所属领域	平等观	理论关键词	关注焦点	理论目标
A.C. 庇古 (Arthur Cecil Pigou)	经济学家	福利平等、幸福平等	功利主义原则、效用论	福利总额	福利国家
约翰·罗尔斯 (John Bordley Rawls)	政治哲学家	分配平等	基本善、正义原则、社会模式	基本善的分配	理想的正义社会模式
阿玛蒂亚·森 (Amartya Sen)	经济学家	能力平等	能力路径、能力正义、可行能力	个体的可行能力	现实的正义
G.A. 科亨 (Gerald Allan-Jerry Cohen)	政治哲学家	自主权平等	中介性好、自我所有、自主权	个人的自主权	社会主义的平等主义

总之，阿玛蒂亚·森为平等问题的解决提供了一个全新的视角——能力路径。森摒弃了以往的具有拜物教倾向的平等理论，将人置于平等问题的核心，关注人的可行能力的获得，力图通过"能力路径"实现社会公平与正义，虽然如科亨指出的那样，森的"能力路径"理论仍存在概念模糊不清等问题，但森仍以其具有强大开放性和包容性的理论为经济全球化、民族多样化、个体差异化过程中出现的平等问题的破解提供了有益的分析框架和建设性方案。

（三）21世纪实现全球正义的新方案——构建人类命运共同体

正义理论不仅是一种道德构想，更是一种规范构想，作为一种道德构想，它强调美好社会的伦理道德基础，作为一种规范构想，它强调美好社会的现代法治建制。正义理论自诞生以来就肩负着重构人类心灵秩序和建构合理社会制度的双重任务。在今天，随着经济全球化的愈加深入，各个国家与民族开放包容、共促发展已成为不可抵挡的历史趋势，全球正义的实现也是势在必行的共同目标。全球正义的核心理念应如何定义？全球正

义要如何兼顾差异与平等？全球正义的实践该如何推进？面对这些问题，中国给出了自己的答案——构建人类命运共同体。

第一，构建以满足人的能力发展需要为核心的人类命运共同体。习近平总书记指出构建人类命运共同体，要"建设持久和平、普遍安全、共同繁荣、开放包容、清洁美丽的世界"[1]，这反映了人类社会共同价值追求。人类命运共同体所关注的人是现实的人，是具有能力需要的人；人类命运共同体所关注的是人的"类本质"，是所有人类共有的能力发展需要。现今全球发展虽趋势良好但也问题不断，区域发展不平衡所造成的局部冲突、生态环境逐步恶化等问题的解决迫在眉睫。环境问题是全人类共同面对的重要课题，解决全球问题还需各国携手共治，而全球共同治理的核心之一就是要使各国认识到良好的生存环境是全人类共同的能力发展需要，从而以"共通"促进"共同"，实现"共治"。人类命运共同体正是从现实的人的能力需要出发，以发展和保障人的基本能力如人身安全、个体成长、生存环境等为基础，致力于构建一个"美美与共"的"地球村"。

第二，构建以"求同存异"发展能力为基础的人类命运共同体。人类命运共同体重视人的差异化与文化多样化。在当下，如何在多样化中寻求一致性就显得极为重要。从现代性的视角来看，多样性不仅仅体现在民族国家中，更体现在人的现实生活中。现代社会强调多元文化，不同国家、不同种族、不同宗教信仰均具有极大的认知和文化差异，同时现代社会还面临着代际差异、区域差异、个体差异等问题，这是现实的人所造成的多样性的具体表现。全球正义的实现必须要减少因多样性造成的矛盾冲突，同时增强融合发展和内在互信。人类命运共同体在满足人的基本能力需要的基础上，主张能力的差异化发展，不能将能力平等褊狭化和理想化。中

---

[1] 习近平：《决胜全面建成小康社会　夺取新时代中国特色社会主义伟大胜利——在中国共产党第十九次全国代表大会上的报告》，人民出版社2017年版，第58—59页。

国始终坚持"求同存异"的发展理念,为全世界提供发展的经验而非发展的"教科书"。总之,人类命运共同体致力于全人类能力的共同发展,构建一个"和而不同"的"地球村"。

第三,构建以公平正义保障能力发展为目标的人类命运共同体。马克思认为,人的自由与解放是要实现"全面而自由的发展",而个体的发展需要客观物质环境的保障。贫困无法保障教育、动荡无法促进发展。因此,人类命运共同体倡导建设和平与安全的世界,使人的健康与安全能力得到保障;建设持久繁荣的世界,使人的教育与成长能力得到保障;建设开放包容的世界,使人的自由与权利得到保障;建设清洁美丽的世界,使人的持续发展能力得到保障。习近平主席在2015年联合国讲话中曾说:"'大道之行也,天下为公。'和平、发展、公平、正义、民主、自由,是全人类的共同价值,也是联合国的崇高目标。目标远未完成,我们仍须努力。当今世界,各国相互依存、休戚与共。我们要继承和弘扬联合国宪章的宗旨和原则,构建以合作共赢为核心的新型国际关系,打造人类命运共同体。"[1]正是在全球治理赤字的境遇下,人类命运共同体以保障人的能力发展为目的,致力于构建一个"天下大同"的"地球村"。"能力路径既提供了一种普遍的人类繁荣的衡量标准,同时也尊重多元文化差异,它既是普遍的又是开放的,容许根据不同的国情、地域、文化等作出新的补充。由此,它可望成为一种能够容纳多元主义的'厚'的(或实质性的)道德理论之间的'薄'的交叠共识。"[2]

第四,构建以"文明交流互鉴"实现能力发展为路径的人类命运共同体。人类命运共同体的倡议绝不是空谈发展的口号,而是以实践性为基础和指向的正义理论。人类命运共同体以"文明交流互鉴"作为实现个体能

---

[1]《习近平谈治国理政》第2卷,外文出版社2017年版,第522页。
[2] 宋建丽:《能力路径与全球正义》,《马克思主义与现实》2015年第3期。

力发展和全球正义的路径，"一带一路"建设正是"文明交流互鉴"的现实表现和推动构建人类命运共同体的有力实践。通过"文明交流互鉴"将人类文明联结起来共促平等对话，将各个国家联结起来共创繁荣进步，将各国人民联合起来实现共同发展。习近平总书记强调："文明因多样而交流，因交流而互鉴，因互鉴而发展。"①当前，人类正共同面临着世界多极化、经济全球化、文化多样化和社会信息化等多种机遇和挑战，唯有多种文明、多个国家、多样民族共同携手才能有效应对多重挑战、促进多领域创新、实现多层次发展。"我们当然需要对价值观的可接受性的关联性质有一个更加全面的理解，这就要求我们超越对在给定条件下各自社会中占主导地位的社会群体的惰性依赖。"②人类命运共同体正是在重视平等的基础上、以"文明交流互鉴"为路径促进人类能力的发展和全球正义的实现，致力于构建一个"和平和谐"的"地球村"。

总之，当今世界正处于百年未有之大变局，当前中国正处于近代以来最好的发展时期，两者同步交织、相互激荡，共同构成了中国与世界的基本面。在21世纪，面对百年未有之大变局，各国道路、制度、理念的竞争和博弈日趋激烈。中国之治和世界之乱形成强烈对比，凸显出中国治理的成效。面对世界"力量转移"大趋向，中国需增强"核心力"以应对全球政治与经济格局之"变"，中国要提高"推动力"以促进全球科技与产业格局之"变"，中国应提升"治理力"以把握全球治理进程与体系之"变"。世界百年未有之大变局正昭示着一个"能力时代"的到来。能力正义与能力路径为中国抓住关键战略机遇期，实现中华民族伟大复兴的中国梦提供了文明发展与和平崛起的新范式。

---

①《习近平谈治国理政》第3卷，外文出版社2020年版，第468页。
②Amartya Sen, Elements of a Theory of Human Rights. *Philosophy & Public Affairs*, Vol.32, No.4, 2004, p.356.

第四编

中国方案

与

中国话语

一、创新驱动与高质量发展

如果说创新驱动是中国迈入"强国时代"和"强起来"的必然选择，那么实现高质量发展则是中国迈入"强国时代"和"强起来"的必然要求。书写新时代创新驱动和高质量发展优异答卷关键是要把握由"大国"迈向"强国"的发展逻辑，逢山开路，遇水架桥，再接再厉，久久为功，做好新时代创新驱动和高质量发展这篇大文章，营造有利于创新创业创造的良好发展环境。

发展是第一要务，人才是第一资源，创新是第一动力，这已经成为大家的共识。问题是如何在经济社会发展中贯彻和落实这些先进理念。众所周知，人是生产力中最活跃、最革命的因素，人的创新能力和水平直接关系经济社会发展的水平。中国改革开放的成功，在哲学的意义上得益于人性的回归，从而激发出潜藏在亿万中国人身上巨大的能力，推动中国快速发展起来。我们必须"把创新摆在国家发展全局的核心位置，不断推进理论创新、制度创新、科技创新、文化创新等各方面创新，让创新贯穿党和国家一切工作，让创新在全社会蔚然成风"[1]。在实现创新驱动和高质量发展的过程中，我们要始终坚持创新是第一动力、人才是第一资源的理念，加快实施创新驱动发展战略，完善国家创新体系，加快关键核心技术自主创新，为经济社会发展打造新引擎，为实现强国建设和民族复兴提供强有力的支撑。创新是一个民族的灵魂，是一个国家兴旺发达的不竭动力。科技是国之利器，人民生活赖之以好，企业赖之以赢，国家赖之以强。创新不是别人能赐予的，特别是在关键技术、核心技术上，只能靠中国人自己

---

[1]《习近平谈治国理政》第2卷，外文出版社2017年版，第198页。

的努力,否则只能跟着别人走。创新本质上是人的创造性活动。为此要充分尊重和信任科研人员,赋予创新团队和领军人才更大的人财物支配权和技术路线决策权。

如今,高质量发展成为中国发展的主题,面对新形势新任务迫切需要进行一轮思想大解放,以实现全面深化改革、创新驱动、推动高质量发展的目标。在新一轮全球增长面前,惟改革者进,惟创新者强,惟改革创新者胜。我们要拿出"敢为天下先"的勇气和"爱拼才会赢"的锐气,锐意改革,激励创新,积极探索适合自身发展需要的新道路、新模式,不断寻求新增长点和驱动力。实现高质量发展,破解我国自主创新能力不强和关键核心技术短板问题,一个重要方面是实施创新驱动发展战略,进一步提升创新能力和发展质量。当前,要大力优化创新生态,调动各类创新主体积极性;要深化科技管理体制改革,推进关键核心技术攻关,加强重大科技基础设施、科技创新中心等建设;要强化企业技术创新主体地位,要营造有利于创新创业创造的良好发展环境;要向改革开放要动力,最大限度释放全社会创新创业创造动能。习近平总书记强调,要坚持问题导向,解放思想,通过全面深化改革开放,给创新创业创造提供更好的环境。

实践无止境,创新无止境。改革开放既是改变中国命运的"关键一招",也是中国一次"伟大的变革",它使中国逐渐赶上时代、进而引领时代。综合国力竞争,说到底是创新能力的竞争。在新时代,我们要向改革开放要动力,最大限度释放全社会创新创业创造动能,不断增强我国在世界大变局中的影响力、竞争力。改革开放40余年的实践启示我们:解放和发展社会生产力,增强社会主义国家的综合国力,是社会主义的本质要求和根本任务。因此,只有牢牢扭住经济建设这个中心,毫不动摇坚持发展是硬道理、发展应该是科学发展和高质量发展的战略思想,推动经济社会持续健康发展，才能全面增强我国经济实力、科技实力、国防实力、综合国力，才能为新时代坚持和发展中国特色社会主义、实现中华民族伟大复兴奠定雄厚物质基础。随着中国特色社会主义进入新时代，"我国社会主要矛盾已经转化为人民日益增长的美好生活需要和不平衡不充分的发展之间的矛盾"[①]。要围绕解决好"人民日益增长的美好生活需要和不平衡不充分的发展之间的矛盾"这个社会主要矛盾，坚决贯彻创新、协调、绿色、开放、共享新发展理念，统筹推进"五位一体"总体布局，协调推进"四个全面"战略布局，推动高质量发展。

第一，实现创新驱动和高质量发展，关键在人。当前，创新成为驱动发展的核心动力，中国比历史上任何时期都更加渴求创新型人才。实现高质量发展，必须下大力气引育人才。中国经济已由高速增长阶段转向高质量发展阶段，如何加快推进经济社会发展与人的协调发展，进而推进国家治理体系和治理能力现代化，为国家长治久安、社会和谐稳定、人民生活幸福提供保障，是摆在中国共产党面前的现实任务。实现这些艰巨任务的关键是牵住实现更高质量发展的"牛鼻子"。从根本上说，市场活力和社会创造力源于亿万人民积极性主动性创造性的发挥。中国人民勤劳智慧，具有无限的创新创业创造潜能，只要充分释放出来，中国的创新驱动和高质量发展就一定会实现。

第二，实现创新驱动和高质量发展，政府要有更大作为。要真正树立政府做好服务是本分，服务不好是失职的理念。在新时代，推动高质量发展，政府要在保障和改善民生上有更大作为。具体而言，围绕推动高质量发展，要深入推进供给侧结构性改革；围绕优化营商办事环境，要深入推进"放管服"改革；围绕激发活力，要大力推进改革开放，加快建立统

---

① 习近平：《决胜全面建成小康社会　夺取新时代中国特色社会主义伟大胜利——在中国共产党第十九次全国代表大会上的报告》，人民出版社2017年版，第11页。

一开放、竞争有序的现代市场体系，放宽市场准入，加强公正监管，打造市场化、法治化、国际化一流营商环境，让各类市场主体更加活跃。为此，要抓住人民最关心最直接最现实的利益问题，在发展基础上多办利民实事、多解民生难事，兜牢民生底线，不断提升人民群众的获得感、幸福感、安全感。

第三，实现创新驱动和高质量发展，企业发展要有战略思维。做企业、做事业的目的不应局限于赚钱，实实在在、心无旁骛做实业才是本分。"企业是科技和经济紧密结合的重要力量，应该成为技术创新决策、研发投入、科研组织、成果转化的主体"[①]，为此要营造有利于创新创业创造的良好发展环境；要为中小企业、年轻人发展提供有利条件，为高技术企业成长建立加速机制；要为各类所有制企业营造公平、透明、法治的发展环境，营造有利于企业家健康成长的良好氛围，帮助民营企业家实现创新发展，在市场竞争中打造一支有开拓精神、前瞻眼光、国际视野的企业家队伍。同时要积极发挥经济特区、自由贸易试验区、综合实验区、21世纪海上丝绸之路核心区等多区叠加优势，不断探索新路，吸引优质生产要素集中集聚，全面提升产业竞争力，力争在建设更高水平开放型经济新体制上有新突破。

总之，过去，中国改革发展的巨大成就，是中国共产党团结带领中国人民筚路蓝缕、千辛万苦干出来的。未来，实现强国建设和民族复兴，成就中国人民的幸福与追求，还得长期不懈地干下去。当代中国的创新驱动和高质量发展是关系我国发展全局的一场深刻变革。党的十八大以来，在习近平新时代中国特色社会主义思想的指引下，中国走出了一条稳中求进、由高速发展转向高质量发展的道路，实践已经表明并将继续表明这条道路是符合中国国情的"强国之道"，我们要坚定地走下去。

[①]《习近平谈治国理政》第2卷，外文出版社2017年版，第274页。

二、走出"共享"是"均分"的认识误区

创新、协调、绿色、开放、共享新发展理念是中国话语创新的重要成果。自从中央提出创新、协调、绿色、开放、共享新发展理念后，一些人把共享等同于均等、均分，这是一种曲解和误解。我们认为，共享既是一个外延不断扩大的过程，更是一个内涵不断完善并精细化的过程。因此，在解决发展与共享难题时要把"低水平共享"与"高水平共享"区分开来。在尚未发展起来阶段，共享往往是均等分配，这其实是"低水平的共享"；在发展起来阶段，我们要倡导"高水平的共享"，这样才能体现社会主义的制度优势、政治优势和比较优势，也才能体现富人对穷人、强者对弱者的责任担当。实际上，在新发展理念语境下，"人人共享"不等于"人人都得到均等份"。因此，在理解和贯彻共享发展理念的时候，要把"大爱"与"公正"结合起来，这样才能物尽其用、人尽其才，而又人人和谐相处。

（一）共享不等于均分：
一种关于共享的新理解

"生存"和"发展"是自人类社会诞生以来就必须直面的两大难题。我国现阶段整体上已经从"生存型"社会进入"发展型"社会。立足新起点，党的十八届五中全会提出创新、协调、绿色、开放、共享新发展理念，并将"共享"作为社会发展的目标和归宿，它要求将我国经济发

展的物质文明成果和精神文明成果与全民共享，由此"发展"与"共享"成为关系人民现实利益和民生福祉的重大现实问题。发展不够，人民生活无法富足；共享不足，人民生活无法和谐。"发展"与"共享"是社会进步的车之两轮、鸟之两翼，缺一不可，它们分别关涉社会现代进程的理性与价值维度，但无论是理性维度还是价值维度都必须辩证统一于发展实践。由此，马克思所描绘的未来共产主义蓝图既是一个物质极大充裕的社会，同时也是一个自由人联合的共同体。在那里，每个人的自由发展是一切人的自由发展的条件，共同体成员联合生产，成果共享。

以自由看待发展，社会发展就其本性而言应是自由的发展，其目的是使社会各成员都能过上自己所珍视的生活，它关涉人性的最高价值——人的尊严。在现实社会中，个体所能实现的有尊严的生活与其所获得的资源和权利休戚相关，例如，适足的收入、教育、医疗、居所都是人实现尊严的必要条件。从平等主义角度出发，公共政策必须保障这些资源在各成员间平等分配，任何人无法获得足够的资源都应被视为必须消除的不正义情形。但是，国家保障每个公民享有获得体面居所的权利，并不代表国家应该提供给每个人相同类型、同等面积的住所；同样地，国家给予每个公民同等的医疗服务资源，并不意味着国家应确保每个公民达到相同的寿命，简言之，"人人共享"不等于"人人都得到均等份"，"共同富裕"不等于"同等富裕"。公共政策的首要目标在于保障每个公民都享有"足够"的资源而非仅仅是"均等"的资源，这就要求政府通过不断完善收入分配制度，调整收入分配格局，完善以税收、社会保障、转移支付等为主要手段的再分配调节机制，维护社会公平正义，使发展成果更多更公平惠及全体人民。

（二）能力是共享的前提：
一种关于达致共享的能力路径

只有共建，才能共享。为了使每个人都过上一种平等且有尊严的生活，既要"把蛋糕做大"，又要"把蛋糕分好"，可见，能力是共享的前提。努斯鲍姆通过"能力路径"为我们拟出了一份包含十项"核心能力"的可行能力清单：生命、身体健康、身体健全、感觉、想象和思考、情感、实践理性、归属、其他物种、娱乐和对外在环境的控制。这十项核心能力是保障人的最低生活限度、实现人性尊严所必需的前提条件。努斯鲍姆将这十项能力视为公民的基本权利，国家基本的政治结构必须保障公民这十项能力至少维持在最低程度的水平之上，并且不允许公共政策对清单中的能力进行权衡取舍，公民任何其中一项能力的缺失都表明一种基本正义的权益受到侵犯，只有十项能力都保持在一定水平之上，国家才能实现最低限度的社会正义。可见，能力底线的设定保障了人们获得必要的能力以实现一种有尊严的生活，并且这样的底线会随着社会发展不断提高。

能力底线设置本身就蕴含着平等的意蕴，任何公民的能力低于这一底线就应被视为社会不正义。由此，国家公共政策的目标在于保障和改善底线之下人的能力缺失。只有人人都跨越了这一底线，其所追求的能力平等才是合理且有意义的，任何低于底线之下的平均都是虚妄的，因为它根本达不到人性尊严的基本要求，就此而论，"全面建成小康社会"就是当代中国人实现经济发展共享性和整体实现尊严的一种积极努力。我们应将"低水平共享"与"高水平共享"区分开来。在尚未发展起来阶段，任何"均等分配"的要求实现的最终结果只能是"低水平的共享"。在发展起来阶段，我们要倡导

"高水平的共享",这样才能体现公平正义,也才能符合社会主义社会发展基本价值导向。"兜底思维"便蕴含着这样的价值导向,它表明任何处于贫困线以下的个体都是国家社会保障体系的重点扶助对象,国家公共政策的核心目标在于通过教育、医疗等手段精准提升贫困者的能力,使其切实摆脱贫困处境,最后和社会其他成员一同跨入小康社会的门槛。

(三)共享是实质的平等:
一种基于平等的正义

当代中国如何提高发展的共享性和可持续性?关键是落实共享发展理念。共享发展不能停留在口头上、止步于思想环节,而要体现在经济社会发展和人的协调发展各个方面和环节。在新发展理念下的共享发展,强调全民共享、全面共享、共建共享、渐进共享。例如,针对城乡发展的不平衡,要更加注重城乡基本公共服务均等化,要全面建成小康社会。全民共享强调的是共享的主体"一个都不能少";全面共享强调的是共享的内容的整体性和全面性;共建共享强调的是既要做中国发展的"积极参与者",又要成为中国发展的"真正受益者";渐进共享强调的是既要尽力而为,合理满足人民新需要,又要量力而行,注重共享的阶段性特征。

基于人的尊严的视角,社会平等不是每个人口袋里装有同等数额的钱币,而是作为公民能够平等参与到社会生活中来,其目标并非仅仅是消除经济上的分配不公,它更加关注公民作为社会关系的参与者是否充分享有"自我实践发展"和"参与个人行为决策"而免于"压迫"和"支配"的基本能力。因此,区别于一种原子化和静态的社会本体论,基于平等的正义理论将社会视为各种关系和规范交织而成的结构,关注个人在这种社会结构中的行为和互动过程。共享将平等视为一种成员之间"关系"的平等而非仅仅是"资源"的平均分配。诚然，每个人作为具有尊严的个体都理应受到同等的尊重和承认，无论他是富人还是穷人、是强者还是弱者。因此，公共政策不应该将弱势群体视为资源的受施者、他人关系的依附者，使其沦为社会的"二等公民"而受到侮辱和蔑视。对弱势群体的扶助必须以尊重他们价值判断的独立性以及对能动目标的自觉追求为底线。基于此，社会共享主要不在于资源的均分，而在于弱势群体核心能力的提升。同时，国家在保障公民享有最低限度的核心能力时，公民也有责任发挥主体的能动性充分利用这些可支配的能力而获得更高的个人成就，只有这样，他们才能更加独立、平等地参与社会关系而获得自我认同和他人承认，进而过上有尊严的生活。

总之，社会主义市场经济与共享的社会价值观是兼容的，这使得社会成员充分考虑到个人的义务和社会的责任而自觉超越狭隘的自私自利行为模式，而对他者表示出关切和同情，并努力帮助他者改善生活处境。一方面，个体的"社会正义感"需要一定的物质基础作为保障，因为，自私自利往往主要来源于自身的匮乏，自身匮乏还要救济他人的道德要求本身就是"心有余而力不足"式的奢望。实际上，个体只有享有一定的成就感、获得感和富足感，才更愿意将自己创造的成果与他人共享。另一方面，公民的"社会责任感"需要一个稳定和可期待的鼓励与信任机制，这就要求国家逐步建立以"权利公平、机会公平、规则公平"为主要内容的社会公平保障体系并加快完善体现"权利公平、机会公平、规则公平"的法律制度，努力营造出公平的社会环境和氛围，保障人人平等参与、人人自由发展的权利，这样才能逐步实现发展为了人民、发展依靠人民、发展成果由人民共享，最终形成"大众创业、万众创新"的新局面。

三、共享发展：中国发展的价值基因

中国是世界上最大的发展中国家，因此，发展是党执政兴国的第一要务，也是党治国理政的关键所在。实际上，提出什么样的发展理念，选择什么样的发展模式，遵循什么样的发展规律，折射的是党和人民对世情、国情、社情和发展规律的认知程度。自提出创新、协调、绿色、开放、共享新发展理念以来，一些人把新发展理念中的共享等同于均等、均分，这是对共享理念的曲解和误解。共享发展不仅是当代发展伦理的"中国表达"，更是当代中国破解发展难题提供的"中国方案"，而且还是中国发展的"价值基因"。

"生存"和"发展"是自人类社会诞生以来就必须直面的两大难题。整体来看，经过新中国成立以来，尤其是改革开放40多年的快速发展，我国现阶段整体上已处于"发展起来以后"的阶段。党的十八届五中全会提出创新、协调、绿色、开放、共享新发展理念，总结了我国改革开放和现代化建设的成功经验，吸取了世界上其他国家在发展进程中的经验教训，概括了世界历史力量转移的重要启示，揭示了经济社会发展的客观规律，鲜明地回答了"实现什么样的发展、怎样发展"这个根本问题。

（一）共享发展：
当代发展伦理的"中国表达"

在中国由大国迈向强国进程中，如何加快推进国家治理体系和治理能力现代化，为国家长治久安、社会和谐稳定、人民生活幸福提供制度保障，是摆在中国共产党面前的现实任务。实际上，共享理念本身就蕴含在马克思构建的未来自由人联合体中，蕴含在从"我"迈向"我们"的伦理追求中。"由社会全体成员组成的共同联合体来共同地和有计划地利用生产力；把生产发展到能够满足所有人的需要的规模；结束牺牲一些人的利益来满足另一些人的需要的状况……所有人共同享受大家创造出来的福利，通过城乡的融合，使社会全体成员的才能得到全面发展。"[1]这是建立在生产力高度发达和物质极大充裕基础上个体的自由和解放，由于消灭了剥削和阶级对立，人们摒弃了彼此相互竞争和敌对的关系，限制和支配他人的物质和社会权力被彻底消除，每个人的自由发展依赖于他人的自由发展，自身的自由发展又为他人的自由发展创造条件，其最终结果是每个人在平等和谐的共同体中自由而全面地发展。

从社会发展的主体视角看，社会发展的最终目的就在于为人们创设良好的条件过一种有意义的幸福生活。因此，共享理念为发展注入了更多的人文关怀，强调人自身的内在目的和价值，将经济增长视为实现幸福生活的外在工具，使经济社会发展最终落脚于人们实实在在的生活和真真切切的感受。"共享意识的历史脉络体现在当代具体的社会发展实践中，则吁求着共享发展理念的出场与实现。这一理念是对发展伦理所要面对的两大古老的哲学问题，即'什么是好的生活'与'我们应当如何生活'的深刻关切，是对其所要探讨的两大核心问题，即'如何取得发展'与'发展之后获取了什么利益'的当代回答。"[2]发展的目标在于实现人民幸福体面的生活，共享为这一目标提供了正确的伦理规范和价值导向，缺乏这一规范和导向，经济社会发展将以部分人的牺牲和被剥夺为代价，造成经济增长

---

[1]《马克思恩格斯选集》第1卷，人民出版社1995年版，第243页。
[2] 张彦、顾青青：《共享发展：当代发展伦理的中国表达》，《思想理论教育》2016年第7期。

而民生滞后的局面,结果导致经济社会发展偏离正确的方向,社会主义偏离正确的道路。

共享发展是当代发展伦理的"中国表达"。共享发展理念体现着对人的尊严的伦理关怀,人的尊严作为发展伦理的逻辑起点和最高价值,也是共享发展理念应有的规范性目标。社会各成员都期盼过上尊严而体面的生活,经济社会的发展要为实现人的尊严生活创造条件。在现实社会中,个体所能实现的有尊严的生活与其所获得的资源休戚相关,例如,充分的收入、教育、医疗、居所都是人实现尊严的必要条件。公共政策必须保障这些资源在各成员间平等分配,任何人无法获得足够的资源都应被视为必须消除的不正义情形,这就要求政府通过不断完善收入分配制度,调整收入分配格局,完善以税收、社会保障、转移支付等为主要手段的再分配调节机制,维护社会公平正义,使发展成果更多更公平地惠及全体人民,真正实现"发展依靠人民、发展为了人民、发展成果由人民共享"的中国特色社会主义发展观。

当然,获得足够和平等的物质资源仅仅是实现主体尊严的基本前提。人作为社会性的存在,其尊严是在和谐的人际交往和普遍联系中不断实现的。因此,享有共同发展的权利和机会,是获得与自我实现相关的尊严价值的必要手段。"从人的发展层面来看,全部社会成员享有平等的发展权利和发展机会是实现其发展的基本条件。"[1]就此而论,社会的公平正义归根结底必须保障公民能够平等参与到社会生活中来,社会制度必须为社会成员营造一个"人人参与、人人尽力、人人共享"的社会环境,使公民作为社会关系的参与者充分享有"自我实现发展"和"参与发展决策"的基本能力。基于此,共享理念启示我们共享不仅仅是物质财富的共享更是发

---

[1] 孟宪生、关凤利:《论共享发展的层次性及实现路径》,《思想理论教育导刊》2016年第8期。

展权利和发展机会的共享,比较而言,后者更重要。

(二)共享发展:
破解发展难题提供的中国方案

发展是世界的主题,也是世界的难题。作为世界的主题,发展是世界各国面临的共同任务,如何在和平的环境下谋发展、在合作的前提下谋发展、在共赢的前提下谋发展,需要各国集思广益;作为世界的难题,世界各新兴国家都在探索破解发展瓶颈的本土方案,实现共建、共享、共赢,需要各国寻求最大公约数。

在中国由大国迈向强国进程中,如何为人类对更美好社会制度的探索提供中国方案,是摆在中国共产党面前的现实任务。当代中国如何提高发展的共享性和可持续性?关键是贯彻落实共享发展理念。共享发展蕴含中国智慧,是针对发展难题提供的中国方案。

毛泽东曾经提出,"中国应当对于人类有较大的贡献"[1]。中国特色社会主义的实践及其成就,证明了中国有条件有能力为探索以人为本的新型文明作出贡献。当下中国所倡行的创新、协调、绿色、开放、共享新发展理念,正是贯彻以人为本的有益探索,本质上是人类探索更美好社会制度的一种中国方案,这对于人类开启新型的文明,是值得期待的。毫无疑问,中国在发展过程中要处理好中国与世界的关系,为此我们提出"一带一路"倡议。"一带一路"倡议是构建人类命运共同体的伟大探索和实践。虽然"一带一路"倡议来自中国,但成效惠及世界;"一带一路"倡议是伟大的构想,"一带一路"建设是伟大的事业。本来很多构想和实践应该是由美国或欧洲大国率先提出来,但是为什么首先由作为最大发展中国家

---

[1]《毛泽东文集》第7卷,人民出版社1999年版,第157页。

的中国提出？这在一定程度上反映了中国作为负责任大国的价值追求。问题在于，我们不仅这样说，而且实实在在地做。2015年3月28日，习近平主席在博鳌亚洲论坛2015年年会上的主旨演讲中指出，"一带一路"建设秉持的是共商、共建、共享原则，不是封闭的，而是开放包容的；不是中国一家的"独奏"，而是沿线国家的"合唱"。这向世界充分表明了中国构建人类命运共同体的信心和决心。

新发展理念是针对我国发展中的突出矛盾和问题提出来的，具有鲜明的"问题导向"和"问题意识"。具体而言，共享发展注重解决"社会公平正义"问题。在改革开放初期，中国整体上处于普遍贫困阶段，当时需要充分调动和释放全体成员的一切积极因素以解放和发展生产力，从而解决中国的生存难题。到了21世纪的今天，中国已经告别当初物质短缺的阶段，时代的任务已从满足"生存性需要"转入满足"发展性需要"。此时，各种影响中国发展的不稳定不确定因素不断涌现，社会公平正义的问题也凸显出来，一个重要的原因是，"中国的社会发展明显滞后于经济发展，社会与经济之间出现了明显的不平衡不协调状况。其中的关键症结在于，社会公正问题已经成为一个影响中国社会经济发展全局、影响中国社会各个阶层的大问题"[①]。因此，可以说共享理念的提出不仅仅是党在社会发展客观规律下的顺势而为，也是破解中国现实发展困境问题倒逼的抉择。共享理念蕴含着公平正义的价值导向，它要求通过更有效的制度安排，为人们提供平等参与现代化进程的权利和机会，激励社会各成员能够"各尽其能"；同时建立合理公正的分配制度，保障社会各成员能够"各得其所"；还要建立完善的社会保障和福利机制，协调和整合成员间的利益关系，保证社会各成员能够"和谐相处"。

面对中国发展成就，西方总是说三道四。西方有些人说中国发展是

---

① 吴忠民：《社会公正理论十二讲》，山东人民出版社2012年版，第3页。

"在共产党领导下走资本主义道路""中国是在走第三条道路""中国是在搞国家资本主义",这是对中国发展的曲解和误解,充分显现了西方有些人对中国的傲慢与偏见。中国公有制的主体地位和国有经济的主导地位为各民族的共建、共享提供了根本的制度保障,这与当代西方国家生产资料私人占有前提下的分配调节具有本质的不同。中国社会主义公有制决定了劳动资料和劳动成果共享的必然性,以及共享主体的全面性和普惠性。说到底,中国的"共享发展与生产关系的性质、所有制性质,基本经济制度本质上是一致的,表现为一种内生性关系,共享发展所涉及的不仅仅是再分配问题,而是整个生产与分配两个领域,而且生产领域是共享发展推进的起点和基础"[①]。虽然中国还处于社会主义初级阶段的基本国情没有变,需要借助资本的力量发展经济和实现现代化。但是,我们始终将"共建、共享"作为中国特色社会主义制度的本质要求和基本原则,其目标是实现共同富裕和公平正义,这超越了西方国家重效率轻公平、先发展后调节的发展模式,克服了资本主义社会贫富两极分化的趋势。

(三)共享发展:
当代中国发展的"价值基因"

中国作为世界上最大的发展中国家,发展是中国第一要务。中国发展不是无价值操守的漫游,而是"有价值原则的实践"。面对不断变化的发展环境、发展任务、发展条件,发展理念也必须与时俱进,用新理念引领新发展。当前,中国的根本问题还是发展问题。改革开放以来尤其是党的十八大以来,我们党对整体发展、平衡发展、协调发展和全面发展的认识

[①] 刘晋祎:《论共享发展的逻辑脉络、科学蕴含与推进路向》,《改革与战略》2017年第4期。

不断深化，反映了我们党对经济社会发展规律认识的不断深化。社会发展再上新台阶，改善民生更要再上新台阶。立足于以人为本，发展的目的就是改善民生、增进人民福祉，通过国强带动民富。"共享发展理念蕴含了民生改善的普惠性伦理。"[①]以前我们把发展看作硬道理，今后，我们也要把保障和改善民生看作硬道理。中国坚持以人民为中心的发展思想，加强以保障和改善民生为重点的社会建设，不断增进人民福祉，促进人的全面发展，其根本目的是使人民群众在发展中有更多的获得感。具体而言，改善民生，要在幼有所育、学有所教、劳有所得、病有所医、老有所养、住有所居、弱有所扶上持续用力，不断实现好、维护好、发展好最广大人民根本利益，使发展成果更多更公平地惠及全体人民，在经济社会不断发展的基础上，朝着共同富裕方向稳步前进。

共享发展理念，不仅是认识问题，也是能力问题。为此，要从完善和发展中国特色社会主义制度，推进国家治理体系和治理能力现代化的高度来认识共享。共享不能停留于对现存发展成果的共同占有，要将共建与共享辩证统一起来，只有共建，才能共享，共建的过程也是共享的过程。失去共建的共享就是低水平、低层次的均等；失去共享的共建就是特权阶级的独占。

在理解和贯彻共享发展理念的时候，我们应将"低水平共享"与"高水平共享"区分开来。在尚未发展起来阶段，任何"均等分配"的要求实现的最终结果只能是"低水平的共享"。在发展起来阶段，我们要倡导"高水平的共享"，这样才能体现公平正义，也才能符合社会主义社会发展的基本价值导向。同时，共享还要求我们把"我"与"我们"、"大爱"与"公正"、能力与正义结合起来，这样才能营造各尽其能、各得其所而又和谐相处的局面。

---

① 韩喜平、孙贺：《共享发展理念的民生价值》，《红旗文稿》2016年第2期。

四、"一带一路"的世界历史意义

"一带一路"建设是中国为破解世界难题和中国问题提供的中国方案。"一带一路"借助于古代丝绸之路和海上丝绸之路所遗留下的丰富资源,建设性地回应了和平、发展、合作、共赢的时代主题,是面对世界发展困境、世界历史力量转移和世界秩序重构提出的中国方案。"一带一路"将中国文明、印度文明、伊斯兰文明、西方文明等联通起来,是连接世界多元多样文明的纽带。中国不仅是"一带一路"建设的倡议者,也是负责任的参与者和有担当的行动者。追溯"一带一路"产生的历史渊源,阐明互联互通的精神实质,深入挖掘"一带一路"的世界历史意义,对全面推进"一带一路"建设具有重要意义。

"一带一路"构想并不是凭空产生的,而是有其深厚的理论基础与现实基础。如果说,始于18世纪中后期的工业革命为世界历史的深入发展提供了现实的驱动力,那么,资产阶级基于对价值增殖的追逐则潜在地推动着世界市场和世界历史的形成,其结果就是,"过去那种地方的和民族的自给自足和闭关自守状态,被各民族的各方面的互相往来和各方面的互相依赖所代替了"[1]。历史向世界历史的转变,是客观规律在社会领域发生作用的结果,它突破了民族与地域的局限,使整个人类社会密切联系起来,"世界历史形成后,其社会的深层结构——即社会基本矛盾的运动形态发生了深刻变化,变成了民族性与世界性的辩证统一"[2]。总之,世界历

---

[1]《马克思恩格斯选集》第1卷,人民出版社2012年版,第404页。
[2] 张艳涛、张晓:《论"一带一路"的时代内涵与战略构想:基于全球秩序重组视角的考察》,《桂海论丛》2015年第4期。

史的形成和深入发展为"一带一路"倡议的产生提供了客观条件,而"一带一路"倡议的实践又进一步推动了世界历史的深入发展。在全球化背景下,"一带一路"倡议正是中国在遵循这一客观历史发展规律的前提下,充分调动人的能动性,为进一步推动人类社会在经济、政治、文化、社会等方面的共同发展提供了难得的发展机遇,它既是对马克思"世界历史"理论的创新性发展,也是符合当今时代发展要求的伟大实践。

其实,"一带一路"不仅是一条交通物流走廊,更是一种新型的全球合作模式,还是连接起不同文化和文明的纽带。"一带一路"的提出和实践具有深远的世界历史意义,为此,"应从世界历史力量转移和全球秩序重组的高度来理解和把握'一带一路'的时代内涵"[1]。只有如此,才能真正把握"一带一路"倡议的实践意义与世界历史意义;反过来,只有真正理解了世界历史、理解了"一带一路",才能更深刻地理解和把握世界历史力量转移和全球秩序重构的趋向,开创人类文明发展的新时代。

(一)激活历史:
追溯"一带一路"产生的历史渊源

目前,学界普遍认可的观点是,"丝绸之路"这一术语由德国旅行家、科学家、地质学家费迪南·冯·李希霍芬在1877年出版的《中国——亲身旅行和研究成果》中首次提出。一般认为,"丝绸之路"始于西汉张骞出使西域时所开辟的一条"从黄河流域和长江流域,经印度、中亚、西亚连接北非和欧洲,以丝绸贸易为主要媒介的文化交流之路"[2]。毋庸置疑,张骞为加

---

[1] 林梅村:《丝绸之路考古十五讲》,北京大学出版社2006年版,第4页。
[2] 王炳华:《丝绸之路考古研究》,新疆人民出版社2010年版,第2页。

强中原与西方世界的联系搭建了一座稳固的桥梁,中国的丝绸、瓷器等大量传入西方,而西方的香料、金银货币等也广泛流入中原,这极大地密切了中西方的人员往来和经济、文化交流。但考古资料显示,"丝绸之路"的开辟,"黄河流域与新疆大地的联系,新疆大地与中亚西部地区的往来,时代要远比西汉为早……追溯到公元前13世纪至前12世纪,即相当于中国殷商王朝的后期,新疆与黄河流域一带的经济联系,已经达到相当的规模"[①]。由此可见,"丝绸之路"的开辟、发展、繁荣均有一个历史过程,前一时代所遗留下来的一系列物质文化财富、社会关系、生产及生活经验等都能够为后人的进一步发展提供条件。中国倡导的"一带一路"建设正因为契合时代主题和潮流,激活了中国古代丝绸之路和海上丝绸之路的丰富资源,因此才得到沿途各国的广泛响应和积极参与。"一带一路"虽然是由中国倡导,但得到沿线国家的广泛响应和积极参与,因此具有世界历史意义。

从历史的高度看,互联互通既是人类文明发展的大趋势,也是世界各国人民的人心所向。"2000多年前,亚欧大陆上勤劳勇敢的人民,探索出多条连接亚欧非几大文明的贸易和人文交流通路,后人将其统称为'丝绸之路'。千百年来,'和平合作、开放包容、互学互鉴、互利共赢'的丝绸之路精神薪火相传,推进了人类文明进步,是促进沿线各国繁荣发展的重要纽带,是东西方交流合作的象征,是世界各国共有的历史文化遗产。进入21世纪,在以和平、发展、合作、共赢为主题的新时代,面对复苏乏力的全球经济形势,纷繁复杂的国际和地区局面,传承和弘扬丝绸之路精神更显重要和珍贵。"[②]这是中国国家发展改革委、外交部、商务部在2015年3月28日发布的一项重要文件——《推动共建丝绸之路经济带和21世纪

[①]《推动共建丝绸之路经济带和21世纪海上丝绸之路的愿景与行动》,《人民日报》2015年3月29日。

[②]《经国务院授权 三部委联合发布推动共建"一带一路"的愿景与行动》,新华社,2015年3月28日。

海上丝绸之路的愿景与行动》中的一段话，它高度概括了丝绸之路精神，并精练阐述了中国在21世纪所倡导的"一带一路"建设的历史逻辑起点。反思过去，"一带一路"建设的倡议并不是一蹴而就的，从这一构想的初步萌芽，到它的正式产生，再到它的实施，都经历了一个艰难的发展过程，这一过程离不开中国对其倾注的热情和心血，也离不开"一带一路"沿线国家对此项构想的关心和支持。

2013年9月7日，习近平主席在访问哈萨克斯坦时，首次提出共同建设"丝绸之路经济带"倡议。同年10月3日，习近平主席在印度尼西亚国会发表演讲时提出共同建设21世纪"海上丝绸之路"倡议，这一构想一经形成，中国就开始抓紧制定出这一构想的初步实施方案。2014年，习近平主席先后访问了13个周边国家，足迹遍及中亚、东南亚、东北亚、南亚等周边区域，这些访问加快了"一带一路"建设由理想变为现实的历史进程。显然，中国作为世界上第二大经济体、作为世界上最大的发展中国家，在国际上倡导"一带一路"引起了一些西方国家对中国的猜疑和诋毁，不少西方媒体宣称"一带一路"是后发国家在崛起中必走的一条称霸道路，是"中国版的马歇尔计划"、是中国崛起的过程中无法避免的"修昔底德陷阱"等，企图在意识形态层面挑起世界上其他国家对中国的敌视和不满情绪，遏制中国的进一步发展，削弱中国在国际上的影响力和话语权。

鉴于此，2015年3月28日，习近平主席在博鳌亚洲论坛2015年年会开幕式上强调，"'一带一路'建设秉持的是共商、共建、共享原则，不是封闭的，而是开放包容的；不是中国一家的独奏，而是沿线国家的合唱……'一带一路'建设不是空洞的口号，而是看得见、摸得着的实际举措，将给地区国家带来实实在在的利益。"① 可能有些国家对此仍然心有疑

---

① 《习近平外交演讲集》第1卷，中央文献出版社2022年版，第237页。

虑，但事实证明"一带一路"建设确实能够造福沿线国家广大人民。一大批基础设施建设工程正在投入建设或者已经完工，这些可喜的成就，在为中国经济新常态的平稳过渡、中国经济的转型升级、中国全面深化改革提供新路径的同时，也为"一带一路"沿线国家的发展创造了条件、提供了机遇、增加了彼此的贸易往来和人文交流，为丝绸之路注入了新的时代精神，为构建人类命运共同体开辟了现实道路。

（二）互联互通：
开创"一带一路"沿线国家合作新纪元

"一带一路"承载着中国古代处理民族关系和国家关系的"中国智慧"，蕴含着中国为建构更加公正合理的世界秩序贡献的中国方案。这对深化中国对外开放格局，为拉动世界经济的共同发展提供了新的思维范式；对促进沿线国家的交流与合作，为提升全球治理水平提供了共享平台；对唤醒沿线国家的历史记忆，为引导世界科学认识中国崛起提供了新的视角。

1.深化中国对外开放格局，为世界经济的共同发展提供新的思维范式

"一带一路"建设寻求的是通达。纵观"一带一路"建设的拓展路线，不难发现中国在空间发展战略上确实有基于对国内外发展局势的科学定位。从历史上看，中国是一个乐于敞开胸怀、勇于走向世界的国家，无论是张骞出使西域、郑和下西洋，还是中国1978年以来的改革开放。但对中国的发展具有革命性历史意义的事件仍然是1978年的改革开放，改革开放是中国逐渐走出封闭状态并积极融入全球化的初步尝试，它彻底改变了中国和中国人的命运，2010年中国一跃成为世界第二大经济体，中国综

合实力明显增强、人民生活水平显著提升、国际影响力日益提高，令世界刮目相看。

中国对外开放最早的地方是中国的东南沿海地区，这些地区可以利用其特有的区位优势、便利的水运交通与其他国家开展对外贸易，同时国家也给予这些地区以优惠的税收政策吸引大量的外资，这实现了外资企业部分产业转移与中国劳动力资源过剩的对接，带来了双赢效应。中国1978年改革开放将战略空间定位在东南沿海是基于中国当时各方面都比较落后的现实，只有通过一部分地区率先发展再带动其他地区的发展。但在当前，中国的改革开放已经进入了攻坚期和深水区，东南沿海地区的天然优势已经接近瓶颈，东部与中、西部的发展差距日益拉大，社会矛盾日益凸显，中国劳动力资源优势逐渐减弱，中国经济也进入新常态，面临着产业结构转型升级和剩余产能转移的问题，这就不能够仅仅依靠优化部分结构，而应有一种整合、优化整体结构的整体性思维范式，由此，"一带一路"应运而生。

"一带一路"恰恰是基于中国发展现实所探寻的一条发展道路，其空间战略重心不仅在东南沿海地区有所保留，即尽量保存当地已有的自然优势及在改革开放条件下所取得的新的成就，同时也将中国的改革开放推向更高的水平、更广阔的平台，着力向中国的中、西部推进，将覆盖范围延展至世界上其他国家，寻找中国经济发展新的增长点。与此同时，"一带一路"也为沿线国家的发展创造了良好的基础性条件和广阔的发展空间，通过"一带一路"建设，中国和沿线国家不仅能够借此平台发挥自身的潜力，而且也能够实现彼此之间的优势互补、沟通对话，进而增强理解与互信，实现共商共建共享共赢。"一带一路"在发挥中国力量解决中国问题的同时，也为世界问题的破解提供了新的思维范式，即从本国国情出发，经济文化比较落后的国家可以实施有合理差别的发展战略，运用区域与整体协同发展的思维方式，充分发挥某些地区的天然优势和"一带一路"建设沿线的优势，寻找新的经济增长点，实现以某一地区的发展优势逐步带动其他地区的发展。

2.促进沿线国家的交流与合作，为提升全球治理水平提供新平台

经济全球化作为当今世界历史发展的必然趋势，不是由人的主观意识或"绝对精神"所决定的，而是由客观的、必然的、一定社会发展阶段的规律所决定的。一方面，经济全球化加强了国家之间、民族之间、国家和民族之间及各个共同体之间的联系，打破了人们空间距离上的分离状态，整个世界日益成为一个密不可分的利益共同体、价值共同体和命运共同体，"各个相互影响的活动范围在这个发展进程中越是扩大，各民族的原始封闭状态由于日益完善的生产方式、交往以及因交往而自然形成的不同民族之间的分工消灭得越是彻底，历史也就越是成为世界历史"[1]。另一方面，经济全球化也给不同国家带来了不同程度上的"伤害"，像南北差距过大、落后国家更加贫困等问题，究其本质在于某些西方大国利用其主导的国际政治经济旧秩序，利用资本掠夺发展中国家或落后国家的资源与财富，并强力挤占其市场，导致其发展举步维艰。如何探索一种世界各国都能够受益的新全球化？如何制定更加公正合理的国际规则和国际秩序？成为现实课题。

"一带一路"建设的出发点是希望能够在中国经济发展的同时让更多的国家搭乘中国经济发展的顺风车，"努力实现区域基础设施更加完善，安全高效的陆海空通道网络基本形成，互联互通达到新水平；投资贸易便利化水平进一步提升，高标准自由贸易区网络基本形成，经济联系更加紧密，政治互信更加深入；人文交流更加广泛深入，不同文明互鉴共荣，各

---

[1]《马克思恩格斯选集》第1卷，人民出版社2012年版，第168页。

国人民相知相交、和平友好"[①]。"一带一路"建设重点在以下方面加强合作：政策沟通、设施联通、贸易畅通、资金融通、民心相通。这不仅为沿线广大国家带来了难得发展机遇，使广大发展中国家能够基于此平台拓展自身的业务、引进他国先进的技术改造本国的落后产业、开发国内丰富的自然资源，而且还能够加强各国之间的交流与合作，促进彼此间政治互信、人文交流与国际合作。

虽然当前世界整体局势稳定，但在稳定的背后仍然隐藏着纷繁复杂的利益冲突与博弈。当前国际交往中所出现的零和博弈，国家间的冲突、不信任因素不断增加，这些都充分说明了目前各国之间的合作、共享很难实现，全球治理体系有待完善。当前国内外发展所遇到的现实困境迫使中国重新思考发展问题，党的十八届五中全会提出的创新、协调、绿色、开放、共享新发展理念，是对国内外发展理念的进一步深化和创新，其中共享理念作为新发展理念的价值旨归，不仅是引领中国社会发展的价值追求，更是中国在对外政策上的外交理念之一。"一带一路"构想就是基于这种"共享"发展理念而展开，它打破了以往以竞争为主导的旧的国际交往模式，倡导以合作促发展的国际交往新模式，为提升全球治理水平提供了中国方案。"一带一路"作为非歧视性的国际性合作平台，是中国新发展理念的具体化和展开，它为探索和创新21世纪国际合作新模式，为推动世界经济的共同发展和整个人类文明的发展与进步提供了难得的发展机遇。同时，"一带一路"也是中国打造负责任大国的国际形象、提升中国话语权、积极参与全球治理的现实举措，它为提升全球治理水平提供了新平台。

[①]《推动共建丝绸之路经济带和21世纪海上丝绸之路的愿景与行动》，《人民日报》2015年3月29日。

3.唤醒沿线国家的历史记忆，为科学认识中国崛起提供文化资源

"一带一路"建设的萌芽、提出、实施并不是凭空产生的，它的形成有其历史逻辑起点，它承接了古代丝绸之路的历史文化理念，承载着互联互通的丝路精神，借助于古代丝绸之路和海上丝绸之路沿线国家交流互通的文化资源，唤醒了沿线国家的历史记忆。中国本着求真务实的精神积极开展与"一带一路"沿线国家的合作，取得的成效世界有目共睹，这为世界各国科学认识中国崛起提供了文化资源。

在世界历史长河里，中国属于世界四大文明古国之一，有着5000多年的悠久文明，有着厚重的历史文化底蕴，有着流淌在中国人血液里的精神信仰。早在春秋时期的孔子，就把"己所不欲，勿施于人"作为处理人与人之间关系的基本行为准则。战国时期的孟子说："恻隐之心，仁也；羞恶之心，义也；恭敬之心，礼也；是非之心，智也。"[①]"恻隐之心"放在首位可见其在孟子思想中的重要性，仁爱是中国儒家传统文化的思想核心，更是中国人的安身立命之本。《孟子·尽心上》中的"达则兼济天下，穷则独善其身"，旨在鼓励后人在自己得志时要不忘百姓苍生、施惠于他人，在自己不得志、穷困潦倒的时候要注重提升自身修养，久而久之，这些文化理念渗透在后人的思想里就会形成指导人们行为的行为准则。从中国古代两次重大的外交实践来看，无论是张骞出使西域还是郑和下西洋都彰显出中国追求和谐、仁爱的价值理念，他们给当地人民带去了精致的丝绸、华美的瓷器、博大精深的中华文化和发明创造，加深了彼此间的沟通与交流，加速了所到国家的历史文明进程。

在沿线国家的历史记忆里，中国是一个爱好和平的文明古国。"一带

[①] 杨伯峻、杨逢彬译注：《孟子译注》，岳麓书社2009年版，第211页。

一路"作为破解世界问题的中国方案,主要借助于中国古代丝绸之路和海上丝绸之路丰富的历史文化资源,通过唤醒"一带一路"沿线国家的历史记忆,破除西方国家对中国崛起的曲解与误解,为世界科学认识中国崛起提供文化资源,进而在推进整个人类社会共同发展的同时构建人类命运共同体和创造人类文明新形态。

(三)互利共赢:
打造人类命运共同体的中国方案

"一带一路"建设为全球贸易和国际合作提供了中国方案,在一定程度上能遏制单边主义、霸权主义和强权政治,推进世界政治经济秩序重构。在和平、发展、合作、共赢的新时代,尤其是进入21世纪以后,中国作为世界上最大的发展中国家、作为四大文明古国中历史文明唯一没有中断的国家,中国和广大非西方国家的群体性崛起进一步牵制了二战后以美国为主导的霸权主义和强权政治。在当前的时代背景下,整个世界处于新一轮的全球秩序重组的历史进程之中,虽然"现存国际秩序为西方所确立,但西方已经很难主导这个体系,如何重建国际秩序是国际社会所面临的挑战。中国现在是最大的发展中国家,必然要在未来国际秩序的改革和建设过程中起到关键作用"[①]。中国现今所倡导的"一带一路"正是在立足中国、放眼世界的基础上,寻求"一带一路"沿线国家的利益、价值和命运契合点,书写人类文明新篇章。

纵观人类历史的演进,无论是新航路开辟初期的"欧洲中心论",还是20世纪80年代末到90年代初苏联解体、东欧剧变,世界力量的中心一直处于动变之中。世界多极化与经济全球化的出现,使得整个世界免

---

① 郑永年:《中美关系和国际秩序的未来》,《国际政治研究》2014年第1期。

于"单极主导"的同时又使各个国家间的依赖程度加深,孤立的、区域性的民族历史在更深和更广的层次上被世界历史所取代,各个国家处于"独立"与"依存"的张力之中。按照西方的发展逻辑,世界性大国的崛起迄今为止均离不开侵略与战争,所以中国崛起在一定程度上引起了西方的高度警惕。

虽然和平与发展依然是当今时代的主题,但是局部冲突与矛盾不断显现,影响世界和平的因素具有多样性、变动性、突发性等特征。"在各国彼此依存、全球性挑战此起彼伏的今天,仅凭单个国家的力量难以独善其身,也无法解决世界面临的问题。只有对接各国彼此政策,在全球更大范围内整合经济要素和发展资源,才能形成合力,促进世界和平安宁和共同发展。"[1]进言之,世界上不同国家间的共商共建共享共赢只有在摒弃意识形态隔阂、摆脱冷战思维、增进彼此间相互信任的前提下才能够实现,一旦不同社会制度的国家发生冲突与对立,世界和平与发展将难以维系。"一带一路"建设不仅扩大了沿线国家之间的沟通、交流与合作,为世界上不同意识形态国家间的合作共赢提供了新的合作典范,而且也为破解当今世界经济整体增长迟缓问题、为打造人类命运共同体提供了中国方案。

"一带一路"所打造的人类命运共同体不同于一些虚假的共同体,"虚假的共同体,总是相对于各个人而独立的;由于这种共同体是一个阶级反对另一个阶级的联合,因此对于被统治的阶级来说,它不仅是完全虚幻的共同体,而且是新的桎梏。在真正的共同体的条件下,各个人在自己的联合中并通过这种联合获得自己的自由"[2]。这两类共同体不仅适用于某个国家内部,而且还适用于整个国际社会。中国倡导的"一带一路"与以往西

---

[1] 习近平:《开辟合作新起点 谋求发展新动力——在"一带一路"国际合作高峰论坛圆桌峰会上的开幕辞》,《人民日报》2017年5月16日。

[2]《马克思恩格斯选集》第1卷,人民出版社2012年版,第199页。

方大国主导的国际性倡议最大的不同在于中国旨在打造一个真实的共同体，让所有的国家能够在参与合作中实现互利共赢的发展；其最大的特色在于摒弃意识形态隔阂，着力改变西方国家主导的国际政治经济旧秩序，"以文明复兴的逻辑超越了现代化的竞争逻辑，为21世纪国际政治定调"①。"一带一路"虽然由中国倡议，但得到了沿线国家广泛的响应与支持，它顺应了世界历史的发展潮流，反映了世界各国人民求稳定、求发展的深切呼声，沿线国家能够在此项战略合作中平等地对话交流，共同参与到"一带一路"的合作建设中，共享"一带一路"建设带来的丰硕成果，彼此之间既是利益共同体和责任共同体，又是命运共同体。中国向世界提出"人类命运共同体论"，"构建人类命运共同体，实质上是在寻求一种不同于西方中心论的世界发展的再生之路，是在为解决人类共同面临的'发展赤字'、'和平赤字'、'治理赤字'三大难题提供'中国方案'、贡献'中国智慧'，进而是为了重建新的世界格局"②。可见，"一带一路"为破解当代世界困局提供了一种新的选择。

  总之，"一带一路"建设作为中国所倡导的世界性的合作平台，是中国主动参与全球治理、提升中国话语权、促进不同意识形态国家的政治互信、积极打造人类命运共同体的具体实践，这"体现出中国不懈追求和平发展、合作共赢的坚定意愿"③，具有深远的世界历史意义。相信在沿线各国的共同努力下，"一带一路"建设一定能为推进全球治理体系现代化、加快建构世界新秩序、积极打造人类命运共同体创造条件，为增进世界人民福祉作出更大贡献。

---

  ① 王义桅：《世界是通的："一带一路"的逻辑》，商务印书馆2016年版，第55页。
  ② 韩庆祥、陈远章：《人类命运共同体与中华新文明》，《学习时报》2017年6月26日。
  ③ 复旦大学中国与周边国家关系研究中心：《中国周边外交学刊（2015年）》第2辑，社会科学文献出版社2015年版，第35页。

五、构建人类命运共同体的人学意蕴

构建人类命运共同体是破解人类发展困境的中国方案。中国方案作为一种全新的现代化路径，打破了西方对现代化道路解释权的垄断，结果把世界现代化道路从"单选题"变成了"多选题"，是一种新发展观和新文明观。构建人类命运共同体，建立共同性基础尤为重要。构建人类命运共同体具有深刻的人学意蕴：形成人类命运共同体意识是构建人类命运共同体的逻辑前提。在21世纪，只有走出"西方中心主义"和"西方文明优越论"，引导人们关注人类的集体性尊严，实现"自我"与"他者"的和谐、"小我"与"大我"的统一、"我"与"我们"的交融，才能实现整个人类社会的永续和平与共同发展。

人类向何处去？这一重大现实问题摆在每个人面前。问题是时代的声音，每个时代总有属于它自己的问题。21世纪人类共同面对的问题是：和平赤字、发展赤字、治理赤字、信任赤字。实现人类和平一直是世界各国人民的共同价值追求和共同理想。在全球化和现代性境遇下，这种价值追求和共同理想更为迫切，因为当前影响人类和平发展的因素更具复杂性、突发性、普遍性。在21世纪，需要从文明论的高度思考：人类命运共同体构建何以可能？发展起来后的中国为解决"人类问题"和"世界难题"提供了中国方案、贡献了中国智慧。这一中国方案就是构建人类命运共同体，实现共赢共享。习近平总书记指出："历史一再证明，没有和平就没有发展，没有稳定就没有繁荣。各国安全紧密相关，没有哪个国家可以独善其身，也没有哪个国家可以包打天下。抛弃过时的冷战思维，树立共同、综合、合作、可持续的新安全观是当务之急。"①人类和平关乎人类未来命运，和平需要保卫，需要全人类的共同努力。党的十九大明确提出，"我们呼吁，各国人民同心协力，构建人类命运共同体，建设持久和平、普遍安全、共同繁荣、开放包容、清洁美丽的世界"②。"人类命运共同体作为对依附格局、主从结构、丛林秩序和零和规则的反思，它向全球提供了一种崭新的思维方式和文明理念，为建设美好世界提供了新的机遇"③。构建人类命运共同体，既为人的发展提供新的时代境遇，又对人学研究提出了一系列亟须研究的新课题。当前，深入研究构建人类命运共同体的人学意蕴具有重要意义。

（一）利益共同体：
从个体本位与孤立主义走出来，实现"自我"与"他者"的和谐

如何减少全球暴力与冲突、实现世界和平与永续发展一直是学界研究的一项重要课题。当前世界面临的风险和不确定因素增多了。在全球化背景下，和平赤字、发展赤字、治理赤字、信任赤字日益凸显，由此所造成的全球范围内的利益不均衡已成为影响世界和平的关键因素。如何避免"新冷战"的威胁？"对抗"还是"对话"这是一个问题。从人学视域看，人类命运共同体的"人类"要求人们摆脱个体本位与孤立主义。毕竟，人类共享一个地球、人类共处一个世界，人类命运息息相关，走向"共生"与"和谐"是人类社会历史发展的大势所趋。

---

① 习近平：《中国发展新起点　全球增长新蓝图——在二十国集团工商峰会开幕式上的主旨演讲》，《人民日报》2016年9月4日。
② 习近平：《决胜全面建成小康社会　夺取新时代中国特色社会主义伟大胜利——在中国共产党第十九次全国代表大会上的报告》，人民出版社2017年版，第58—59页。
③ 陈曙光：《贡献中国方案的思想理论体系》，《学习时报》2019年7月22日。

利益是人类发展进步的重要动力，也是人类社会分化整合的重要黏合剂。物质利益的差别使社会划分为不同的等级，对私人利益的考虑支配着人们的思想和行动。思想要掌握群众，就必须代表群众的利益。因为"思想"一旦离开"利益"，就一定会使自己出丑。光是思想力求成为现实是不够的，现实本身应当力求趋向思想。国之交在于民相亲，民相亲的现实基础则是利益。历史上所谓大国间的博弈与文明之间的冲突实质上主要是利益的冲突，不仅包括利益主体诉求不同引发的争端，更在于利益分配不均导致的暴力冲突乃至战争。"资产阶级在它已经取得了统治的地方把一切封建的、宗法的和田园诗般的关系都破坏了。它无情地斩断了把人们束缚于天然尊长的形形色色的封建羁绊，它使人和人之间除了赤裸裸的利害关系，除了冷酷无情的'现金交易'，就再也没有任何别的联系了。它把宗教虔诚、骑士热忱、小市民伤感这些情感的神圣发作，淹没在利己主义打算的冰水之中。"[1]放眼望去，到处都是精致或赤裸裸的利己主义者。如果不能摆脱个体本位与孤立主义，就不可能打造"利益共同体"。

在旧的国际秩序中，发达国家占据国际规则制定和全球价值链的高端，因此能够花费较少的资本获得较高利润，付出较少的环境代价获得高附加值。然而广大发展中国家却只能从事低附加值产品的生产加工，沦为发达国家商品输出的倾销市场和资本输出的市场，同时又得吞咽贫穷、环境污染等苦果。中国倡导的"一带一路"就是要修正"你输我赢"的利益格局，以"合作共赢"寻求利益共识的最大公约数，进而建立更加公正合理的全球新利益格局。打造"利益共同体"，关键是坚持以发展增进利益、以公正分配利益、以和谐协调利益，逐步建立利益共创、共享、分配、协调的良性机制，不断扩大利益契合点，促进利益交融。同时，也必须正视彼此利益冲突和利益交锋。在21世纪，面对世界百年未有之大变局，各

---

[1]《马克思恩格斯选集》第1卷，人民出版社2012年版，第402—403页。

国道路、制度、理念的竞争和博弈日趋激烈。由于各国国情不同，发展道路不同，发展诉求各异，彼此之间存在利益差别和矛盾是正常的。合作是实现利益唯一正确的选择。必须以求同存异的精神正确处理利益诉求多样化和差异性问题，让"一带一路"成果更好更广泛地惠及沿岸沿线人民。

"一带一路"不仅为中国区域合作开创了新空间，同时也为其他沿线国家带来了新机遇。因此，必须从世界力量转移和全球秩序重组的战略高度深刻理解和把握"一带一路"的时代内涵，把中国发展与世界发展联系起来，把中国人民利益与各国人民共同利益结合起来。中国秉承"亲、诚、惠、容"理念提出的"一带一路"具有创新性，它将代替"单打独斗"的落后做法，摒弃"赢者通吃"的野蛮做法，其战略构想范围更广，受益面也更大。更为重要的是，它更为开放包容，将促进利益互惠、加强交流互融、深化文明互鉴。

真正的哲学是时代精神的精华。"哲学作为理论形态的人类自我意识，即以理论的形态所表达的人类关于自身的意义与价值的自我意识，一向是以阐扬崇高贬抑渺小作为自己的追求目标和理论使命"[1]。在当代，和平赤字、发展赤字、治理赤字、信任赤字日益凸显，人类命运值得忧思。西方哲学对人的阐明大体经历了一个从"抽象的人"到"现实的人"的认识过程。实际上，主体性背后所隐藏着的恰恰是西方近代的内在性主体性哲学的文化话语。这种近代的内在性主体性哲学把人的本质"理解为一种内在的、无声的、把许多个人自然地联系起来的普遍性"[2]。

纵观人类历史，由意识形态差异和隔阂导致的暴力与冲突数不胜数。从世界上第一个社会主义国家诞生之日起，资本主义国家就将社会主义国

---

[1] 孙正聿：《崇高的位置》，吉林人民出版社1997年版，第1页。
[2]《马克思恩格斯选集》第1卷，人民出版社1995年版，第60页。

家作为其对立面看待,由此展开的斗争与冲突时断时续、从未停止。实际上,斗争与冲突并不是人类生存发展之道,和平发展、合作共赢才是人类应该秉持的理念。这要求世界各国在搁置意识形态差异的前提下,培育人类命运共同体意识,进而构建人类命运共同体。

(二) 命运共同体:
从"我"走向"我们",实现"小我"与"大我"的统一

在21世纪,交流交锋交融日益凸显,世界各国你中有我、我中有你,人类命运日益紧密地联系在一起,没有哪一个国家能够摆脱世界历史的影响而独善其身。诚然,单纯的利益互惠换不来真正的尊重和认同,如果要实现真诚尊重与真心认同,必须进一步构建休戚与共的命运共同体。在和平与发展的时代主题下,要树立人类命运共同体意识,建设好、呵护好人类共有的地球家园,要有以天下为己任的担当精神,积极做行动派、不做观望者,共同努力把人类前途命运掌握在自己手中。人类命运共同体的"命运"凸显了当代人的发展的共同性与协调性,其核心是从"我"走向"我们"。

人类命运共同体建构在全球化和世界历史时代具有了可能性,世界各国的前途命运从未像今天这样紧密相连。"一带一路"诞生于全球化时代,是开放合作的产物,它不是地缘政治的工具,更不能用过时的冷战思维去看待,这不是冲突之路,而是一条和平发展之路。中国提出并奉行"结伴"但"不结盟",这对于构建新型国际关系具有创新性。"一带一路"契合时代主题,以"和平发展"理念寻求命运共识的最大公约数,努力打造休戚与共的"命运共同体"。在推进"一带一路"过程中,中国将坚持"共商、共建、共享"原则,坚持平等协商,充分尊重各国的自主选择,注重与各国发展战略的相互对接,注重与现有地区合作机制相辅相成。可见,

"一带一路"不仅是实现中华民族伟大复兴的伟大构想,而且是沿途国家共同繁荣的现实路径,更是中国梦与世界梦的契合点。

从中国与世界关系来看,中国梦是和平发展之梦、合作共赢之梦、共同繁荣之梦。中国坚持走和平发展道路,既是中国根据时代发展潮流和我国根本利益作出的战略抉择,也是中国人民对实现自身发展目标的自信与自觉。随着世界力量的转移和全球秩序的重组,中国力量与日俱增,如今中国比以往任何时期都更加接近实现中华民族伟大复兴的中国梦。实现中国梦要有和平的国际国内环境。为此,中国要统筹国内国际两个大局,夯实走和平发展道路的基础,努力走出一条和衷共济、合作共赢的新路来。关键是把"中国机遇"转变为"世界机遇",把"世界机遇"转变为"中国机遇",以和平发展谋求共同发展和共同繁荣,最终形成休戚与共的命运共同体。

建构现代心灵秩序,当代中国人不仅要成为"历史的同时代人",更要成为"思想的同时代人"。而要成为"思想的同时代人",关键是建构现代心灵秩序,培育现代个人。毕竟,人的现代化是现代化的核心与关键。我们要走出以西方为中心的"文明与野蛮二元对立"的文明论。"中国特色社会主义道路的开辟对人类文明的重要意义就在于超越了'西方中心主义'和'西方文明论'的话语体系,彰显了人类文明发展的多样性"[①]。

(三)价值共同体:
寻求价值共识的最大公约数,实现"价值交融"与"和而不同"

力量只能征服国家和人身,利益只能征服市场和人脑,而价值观却能够征服世界和人心。"为了塑造一个反映我们共同目标和价值观的美好未

---

① 张艳涛:《中国崛起与人类文明新形态开启:兼论〈资本论〉的文明意蕴》,《中国浦东干部学院学报》2019年第4期。

来，共识至关重要。"①牢固树立人类命运共同体意识，关键是承认人类共同价值。和平、发展、公平、正义、民主、自由，是全人类的共同价值。人类命运共同体的"共同体"彰显了人与人之间的新型联结关系，这一新型联结关系根本上是"价值交融"与"和而不同"。

如今世界已步入全球化时代，此时不再单纯以疆土而是以价值观来划界国家和地区。如何构建价值共同体成为时代的重大现实问题。"冷战结束以来，在西方价值观念鼓捣下，一些国家被折腾得不成样子了，有的四分五裂，有的战火纷飞，有的整天乱哄哄的。"②在价值观论争方面，根本分歧不在于纷繁复杂的表象，而在于西方价值观表述背后特定的立场和理念。

美国纽约州立大学阿尔巴尼分校社会学教授理查德·拉克曼在《为何社会主义吸引美国年轻人》一文中指出：贫富差距让美国年轻人倍感失望，社会主义对美国年轻人的吸引力日益增加。美国年轻人已经开始厌倦资本主义。民调显示美国人价值观变化巨大，社会主义日益受美国年轻人追捧。③2018年的盖洛普民意测验显示，18~29岁的美国人对社会主义的看法比资本主义更积极。如今，越来越多的美国人将社会主义看成旨在减少不平等、缓解美国社会严酷状况、防止全球变暖的进步武器。将社会主义视为通向美好未来唯一可行道路的美国人的数量将继续增长。20世纪社会主义制度的实践，在客观上推动了西方资本主义作出一系列自我改良，从而赢得了一段时期的稳定发展，从一个侧面反映了资本主义内在的自我调节能力。但是，对资本来说，这种调节更多停留在分配层面，如增加福利，有一条底线不可逾越，就是不能触动资本主义制度的根基，即生产资

---

①〔德〕克劳斯·施瓦布著，李菁译：《第四次工业革命》，中信出版社2016年版，前言第5页。
②《习近平谈治国理政》第2卷，外文出版社2017年版，第327页。
③参见《社会主义日益受美国年轻人追捧》，《参考消息》2019年8月27日。

料的私人占有。这个底线是资本主义经济危机爆发的总根源。社会主义提升绝不是一个孤立现象，它从价值层面折射出世界历史进程的深刻变化。苏联解体后相当长的时间里，人类在理想问题上处于近乎失语的状态，信仰的缺失成为全球性景象。然而，不到30年的时间，西方世界出现了包括经济和政治在内的整体性危机，中国特色社会主义却在经历风雨之后见到了彩虹，并且已经进入新时代，两种制度、两条道路、两个文明之间的博弈日趋激烈。

从西方价值观角度来看，全球可分为西方国家和非西方国家。然而伴随着全球力量的转移，特别是广大发展中国家群体性的崛起，以西方发达国家为主导的旧秩序正在瓦解，全球新秩序正在建构当中。全球新秩序的重组需要发展中国家的积极参与。"一带一路"就是发展中国家积极参与全球新秩序重组的伟大实践。因为"一带一路"不是排他性的，而是普惠性的。中国不谋求世界霸权，而是真诚追求通过合作发展、和谐发展、和平发展，以此增强中国发展与世界发展的文明性、包容性与可持续性，努力构建和谐世界。中国发展将给世界带来机遇，也必将为世界文明作出自己应有的贡献。中国是国际新秩序的参与者和维护者，而不是破坏者和挑战者。"'中国道路'所蕴含的'中国现代性'和'社会主义核心价值观'及其展开有可能构成一个对现代西方文明模式的'补充性方案'或'替代性方案'。"[①]

从国际看，一段时期以来，西方对中国有种误解和误判，认为中国的成功，对内主要靠"摸着石头过河"，对外主要靠"搭全球化便车"，由于缺乏自身明确的价值观和制度特质，中国成功具有极大的偶然性和不可持续性。社会主义核心价值观的提出有力回击了这种曲解和误解，它表明

[①] 张艳涛：《论社会主义核心价值观的独特贡献》，《当代中国价值观研究》2017年第6期。

中国在道路自信、理论自信、制度自信、文化自信基础上逐渐形成"价值自觉"和"价值自信",将有力推动从"经济中国"走向"精神中国"和"价值中国"。人的精神食粮与物质食粮同样重要。现实的个人,既不能饥不择食,更不能因噎废食,习近平总书记指出,人民有信仰,民族有希望,国家有力量。实现中华民族伟大复兴的中国梦,既需要物质财富极大丰富,也需要精神财富极大丰富。这是事关国之兴衰、民之福祉的战略问题。中国和平崛起和文明崛起有助于建立一个更加公平、公正、包容、有序的国际新秩序。

如果世界各国都片面强调本国文化的"独特性"与"民族性"而排斥外来文化、歧视他国文明,这必然会衍生出一系列文化冲突和意识形态对立问题,结果将导致民族、国家之间激烈的冲突与对抗。因此,只有消除文化的不平等和文化歧视,才能开辟出人类光明的未来。中国文明的发展不是站在人类现代文明之外的发展,而是主动融入、引领世界潮流的发展。中国从世界多彩文明中汲取丰富营养,为人类共同价值贡献东方智慧。

总之,由于民族主义的内涵是一个民族自我利益的维护和伸张,因此,一个大国,一个在国际社会成为领导者的大国,必须要超越民族主义,而构建一种更具广泛代表性的国际主义的价值观。正如马克思所指出的:"如果事物的表现形式和事物的本质会直接合而为一,一切科学就都成为多余的了。"[1]这提醒人们要拨开笼罩在自由、平等、民主和正义上面的层层迷雾,透视"普世价值论"的本质,看清西方"非此即彼"、冷战思维、零和博弈思维方式的实质。在多元社会中,承认差异的存在而寻求共识的努力在每个国家都不可避免,"求同存异"与"和谐共处"不仅仅是理想,更是解决问题的唯一方案。西方有些国家要走出"冷战思维"和"霸权逻辑",理性

---

[1]《马克思恩格斯全集》第46卷,人民出版社2003年版,第925页。

客观地看待其他国家的发展与进步,推动从"竞争式发展"走向"竞合式发展",从零和博弈走向共赢共生。实际上,任何民族和国家都存在着一个能否和如何走出"民族中心主义"和"双重标准"的问题。一句话,打造人类"利益共同体""命运共同体""价值共同体"需要我们遵循和平、发展、公平、正义、民主、自由的共同价值,更需要"有话好好说",寻求最大公约数。[①]

[①] 参见赖怡静、张艳涛:《共同价值的哲学基础与现实意义》,《人民论坛》2016年第14期。

第五编

"四个伟大"

与

中国话语

一、伟大斗争与中国话语

伟大斗争话语建构，彰显中国共产党人高度的战略清醒、自警的政治品格和宽广的世界胸怀，承载讲好中国故事，传播好中国声音，展现可亲可敬可爱中国形象的历史使命，是增强话语自信和文化自信的必要举措。因此，有必要对伟大斗争话语建构的根本遵循、基本原则和价值意蕴进行分析，阐明伟大斗争话语的内涵和特质，跳出西方国家对伟大斗争所设的话语陷阱，讲好中国共产党以伟大斗争化解风险、解决公共性难题的故事，为扎实推进强国建设、民族复兴伟业提供有力保障。

（一）伟大斗争话语建构的根本遵循

话语权属于国家软实力，"话语权是国之重器"[①]。中国共产党带领人民在相继解决"落后—挨打"和"贫穷—挨饿"问题之后，加强话语权建构、解决"失语—挨骂"问题迫在眉睫。中国话语建构，本质上是进行一种划时代的整体性话语建构，这一话语建构不仅具有中华民族首创意义，而且具有世界历史意义。

1.伟大斗争话语建构应该以马克思主义为指导

马克思主义认为，社会在矛盾运动中前进，有矛盾就有斗争。斗争是化解社会矛盾、推动社会进步的有效手段。从社会发展历程来看，围绕生产力和生产关系、经济基础和上层建筑矛盾展开的伟大斗争，是社会发展的根本推动力。伟大斗争是不断调整生产关系以适应当前生产力

[①] 何毅亭：《中华民族伟大复兴与中国话语的崛起》，《学习时报》2019年9月27日。

发展、不断调整上层建筑以适应当前经济基础的创造性实践活动。在马克思主义的语境中，伟大斗争指向现存世界的革命化，既包括阶级对抗、世界历史性革命和社会形态的更替，也包括精神上的奋斗意志、意识形态领域的交锋。

理论上清醒，政治上坚定，斗争才有底气、有力量。中国共产党自成立之日起，就自觉把马克思主义作为全党的行动指南，指引中华民族伟大斗争的历史进程。在马克思主义中国化时代化的进程中，相继产生了毛泽东思想、邓小平理论、"三个代表"重要思想、科学发展观、习近平新时代中国特色社会主义思想，指引中国共产党开展革命、建设、改革的斗争实践。伟大斗争贯穿党百余年奋斗征程，"建立中国共产党、成立中华人民共和国、实行改革开放、推进新时代中国特色社会主义事业，都是在斗争中诞生、在斗争中发展、在斗争中壮大的"[1]。马克思主义是进行伟大斗争的理论指导，也是伟大斗争话语建构的宝贵思想资源。中国共产党进行的伟大斗争，不仅仅着眼于自身发展，而且关心关切世界人民命运，自觉地把"为中国人民谋幸福，也把为全人类作贡献作为重要使命"[2]，践行马克思主义为全人类谋解放的基本立场。

2.伟大斗争话语建构应该以中国理论为支撑

"话语的背后是理论，理论的背后是意识形态"[3]。当前西方国家之所以有较强的话语权，能够"解释"甚至任意"剪裁"其他国家的历史和现实，一方面是因为他们拥有强大的经济实力作为支撑，另一方面是由于他们建构了一套较为完善的理论体系。当前中国的一些学者自觉不自觉地奉西方理论、西方话语为金科玉律，用西方的话语、范畴和理论来解释中华民族的伟大斗争，不知不觉成为西方理论的"布道者"、西方话语的"搬

---

[1]《习近平谈治国理政》第3卷，外文出版社2020年版，第225页。
[2]《习近平谈治国理政》第3卷，外文出版社2020年版，第422页。
[3] 韩庆祥：《中国道路及其本源意义》，中国社会科学出版社2020年版，第216页。

运工"。仔细分析，主要是我们缺乏利用中国实践和中国理论来建构伟大斗争话语的思想自觉和行动自觉。实际上，伟大斗争话语的当代建构，只有"立足于我们民族自身的语言(所谓'中国语')的基础上，才有可能实际地开展出来并积极地被构成"[①]。

鉴于中华民族面临的历史任务与西方有实质性的区别，我们无法从西方的理论体系中找到现成的解决方案。中国话语建构的正确路径，应该是基于中国现实，直面中国问题，建构中国理论，创制中国话语。在21世纪，哪个国家具有能解释实践的理论，哪个国家就能占领国际话语权高地。我们所处的时代是需要理论并且一定能够产生理论的时代，为此要加快建构中国特色哲学社会科学，用思想的力量传递时代声音。实际上，习近平新时代中国特色社会主义思想就是能够解释中国实践、解决中国问题的中国理论，它是为学术界广泛认可的、具有相对稳定的研究范式，包括话语词汇、语法逻辑、话语规则及话语立场等，是建构伟大斗争话语的宝贵思想资源。基于习近平新时代中国特色社会主义思想这一原创性的中国理论，来建构伟大斗争的话语体系，必须"把握好新时代中国特色社会主义思想的世界观和方法论，坚持好、运用好贯穿其中的立场观点方法"[②]。

3.伟大斗争话语建构应该以"现实历史的基础"为立足点

话语建构，不是在时代中寻找范畴，不是概念的自我演绎，而是"始终站在现实历史的基础上"[③]。历史"是各个世代的依次交替。每一代都利用以前各代遗留下来的材料、资金和生产力；由于这个缘故，每一代一方面在完全改变了的环境下继续从事所继承的活动，另一方面又通过完全改

[①] 吴晓明：《论中国学术的自我主张》，复旦大学出版社2016年版，第27页。
[②] 习近平：《高举中国特色社会主义伟大旗帜　为全面建设社会主义现代化国家而团结奋斗——在中国共产党第二十次全国代表大会上的报告》，人民出版社2022年版，第18—19页。
[③]《马克思恩格斯文集》第1卷，人民出版社2009年版，第544页。

变了的活动来变更旧的环境"①。也就是说，话语生成于对"以前各代遗留下来的材料、资金和生产力"的利用、改造和积极扬弃，而"完全改变了的环境""完全改变了的活动"必然催生话语的新内容、新范畴和新样态。这就要求话语的建构，不是以创制某种震撼世界的词句为目的，也"不是简单的概念变化和词汇更新，不能就话语论话语，而应该回溯到话语和'存在'的关系"②上，回溯到现实的历史基础和人们的物质生产实践，向社会历史本身、"向现实本身去寻求观念"③，向社会历史本身、现实本身寻求话语建构的源头活水和致思理路。

伟大斗争话语生成于当代中国共产党治国理政的伟大实践，是对当代中国发展现实课题的回应。党中央之所以屡次强调斗争，是基于党中央对当前中国发展新的历史方位的科学研判，对当前国家发展面临的机遇和风险挑战的辩证把握。从发展机遇来看，改革开放以后中国社会主义现代化建设取得历史性成就，为乘胜奋进第二个百年奋斗目标奠定了坚实基础。从发展面临的风险挑战来看，就国内而言，"我国改革发展稳定面临不少深层次矛盾躲不开、绕不过，党的建设特别是党风廉政建设和反腐败斗争面临不少顽固性、多发性问题，来自外部的打压遏制随时可能升级"；就国外而言，"逆全球化思潮抬头，单边主义、保护主义明显上升，世界经济复苏乏力，局部冲突和动荡频发，全球性问题加剧，世界进入新的动荡变革期"④。面对影响党长期执政、国家长治久安和人民幸福安康的风险挑战，党中央精准研判，"团结带领全党全军全国各族人民撸起袖子加油干、

---

① 《马克思恩格斯文集》第1卷，人民出版社2009年版，第540页。
② 李双套：《中国话语建构：来自哲学的分析》，《中共中央党校（国家行政学院）学报》2020年第1期。
③ 《马克思恩格斯全集》第47卷，人民出版社2004年版，第13页。
④ 习近平：《高举中国特色社会主义伟大旗帜　为全面建设社会主义现代化国家而团结奋斗——在中国共产党第二十次全国代表大会上的报告》，人民出版社2022年版，第26页。

风雨无阻向前行，义无反顾进行具有许多新的历史特点的伟大斗争"①。

4.伟大斗争话语建构应该以"改变世界"为价值旨向

话语是人类实践活动的理论化表达。如果话语只是停留于"解释世界"层面，就不可能成为"改变世界"的现实物质力量，结果只会沦为毫无用处的"抽象表达"。无论何种形式的斗争，其目的不在于"解释世界"，而在于"使现存世界革命化，实际地反对并改变现存的事物"②。对内而言，就是要积极变革与中国当前发展不相适应的生产关系和上层建筑，化解一系列风险挑战，推动治国理政全方面变革。对外而言，就是要改变零和博弈的线性发展观，解构"东方从属于西方"的国际旧秩序，建立合作共赢的新型国际关系，构建人类命运共同体。

问题在于，伟大斗争话语何以成为改变现实世界的革命性力量？伟大斗争话语蕴含的革命力量不是哲学家的主观臆想，而是生成于中国与世界的深度融合的大历史观中，生成于中国和世界的良性互动中。伟大斗争话语建构的源头活水来源于实践，也必然要反作用于实践。伟大斗争话语如何运用于实践呢？诚如马克思所言："理论一经掌握群众，也会变成物质力量。"③也就是说，话语本身不能自发地改变世界，只有将话语和参与感性对象性活动的人有机统一才能作用于感性对象世界中。因此，从根本上说，伟大斗争话语唯有与中国人民群众力量相结合，才能将话语的真理力量转变为实践效能，才能"在当前的运动中同时代表运动的未来"④，在解释、承认和批判旧世界中超越现存的旧世界，建立新世界。

---

①习近平：《高举中国特色社会主义伟大旗帜 为全面建设社会主义现代化国家而团结奋斗——在中国共产党第二十次全国代表大会上的报告》，人民出版社2022年版，第5—6页。
②《马克思恩格斯文集》第1卷，人民出版社2009年版，第527页。
③《马克思恩格斯文集》第1卷，人民出版社2009年版，第11页。
④《马克思恩格斯文集》第4卷，人民出版社2009年版，第324页。

（二）伟大斗争话语建构的基本原则

在世界话语格局中，单纯以意识形态化的叙事方式向世界讲述中国的方式已经不够，迫切需要选择合适的话语叙事方式，站在真理和道义的制高点，"讲好中国故事、传播好中国声音，展现可信、可爱、可敬的中国形象"[①]。而话语叙事方式与话语是遵循何种原则建构起来的息息相关。从唯物辩证法视角来看，新时代伟大斗争话语的建构，并不是抽象的、无序的，而是现实的、有章可依的。新时代伟大斗争实践本身所蕴含的话语旨向和实践特质，内在要求我们在建构伟大斗争话语时，必须遵循总体性原则、时代性原则、人民性原则和公共性原则。

1.伟大斗争话语建构应该坚持总体性原则

话语来源于人们的现实生活，是人们的现实生活的表达方式。人们的现实生活不是零散的、破碎的，而是以人类实践活动为基础的，包含自然界、经济秩序、政治格局、精神文化和人的发展等内容的有机总体。面对复杂的社会有机总体，伟大斗争的对象，既有国内的，也有国外的；既有党内的，也有党外的；既有经济、政治的，也有文化、社会、生态的；既有有形的敌对势力，也有无形的挑战和困难。申言之，经济、政治、文化、社会、生态等领域都是伟大斗争的战场，自然资源、金融隐患、自然灾害、意识形态、文化阵地、黑恶势力、民族分裂、领土安全都是斗争的对象。全方面宽领域的伟大斗争，要求我们在建构伟大斗争话语时，必须把握话语建构的总体性原则，以总体性的视角来审视伟大斗争，避免将

[①] 习近平：《高举中国特色社会主义伟大旗帜　为全面建设社会主义现代化国家而团结奋斗——在中国共产党第二十次全国代表大会上的报告》，人民出版社2022年版，第46页。

伟大斗争窄化的倾向。同时，伟大斗争与伟大工程、伟大事业、伟大梦想（合称"四个伟大"）"紧密联系、相互贯通、相互作用"[①]，构成中国共产党治国理政的总体性框架。"四个伟大"是一个有机总体，对其中任何一个方面的把握，不能忽视其存在的总体结构和内在关联。仔细分析，伟大斗争之所以居于"四个伟大"之首，是基于伟大斗争对推进伟大事业、建设伟大工程、实现伟大梦想的根基性作用。因此，伟大斗争话语建构，不能脱离"四个伟大"的总体框架，必须坚持总体性原则，将伟大斗争话语与伟大梦想话语、伟大工程话语、伟大事业话语的建构视为有机总体，建构"四个伟大"的总体性话语。

2.伟大斗争话语建构应该坚持时代性原则

话语要从现存回归到现实，把握变动的、生成的、历史的现实，反映社会现实在人的实践基础上的深刻变革。因此，话语不是孤立的、静止的、僵死的东西，而是暂时的、历史的、联系的产物，它必然会随着生产力的发展、生产关系的变革、思想观念的演变而变化。中国话语内生于中国的"现实历史的基础上"，是对现实历史中生成的中国现实问题和世界发展问题的观照。中国话语建构的基点，"只能从对每个时代的个人的现实生活过程和活动的研究中产生"[②]，关注历史性和现实性实践问题，符合当下中国人民乃至世界人民的生存体验。在革命战争年代，中国话语建构以使中国站起来为核心关切；在改革建设时期，中国话语建构以使国家富起来为根本导向；进入新时代，中国话语建构主要以实现国家强起来为主要目的。新时代伟大斗争话语是强起来的话语。新时代伟大斗争，不是以往的"阶级斗争""政治斗争"，而是克服社会发展阻力、重新配置资源的斗争。它的"表现形式是斗，但其指向并非乱而是和、稳、安、

[①]《习近平谈治国理政》第3卷，外文出版社2020年版，第14页。
[②]《马克思恩格斯文集》第1卷，人民出版社2009年版，第526页。

进"①；它的目的不是加剧国际对抗，不是"为了斗争而斗争"，而是以"伟大斗争"求"伟大团结"。因此，在建构伟大斗争话语时，应该坚持时代性原则，有效地避免对伟大斗争的认识落入历史惯性思维的窠臼，它纠正了"斗争是流血牺牲""和平年代不需要斗争"的模糊认识，是对"谈斗争色变""讳言斗争""惮言斗争"的一种纠偏，是对污名化"伟大斗争"舆论的有力回应。

3.伟大斗争话语建构应该坚持人民性原则

在历史唯物主义视域中，话语并非单纯的语言学问题，更是与人的生存和发展息息相关的生存论。这个问题的实质在于，话语建构是以奴役、宰制人为根本准则，还是以人民为中心、促进人的解放和自由全面发展为根本原则。任何话语都是意识形态的表达，是有根本政治立场的。中国话语是"绝大多数人的，为绝大多数人谋利益的"②的话语运动，其理论旨趣在于实现全人类的解放和人的自由全面发展。伟大斗争话语本质上是"'为人民说话'，这有别于资本逻辑主导下的新自由主义话语"③。"为人民说话"，本质上是由马克思主义立场决定，由中国共产党政党性质决定，由中国社会主义制度的属性决定。中国话语作为中国理论或者中国行动的表达，只能为人民代言，替群众发声，始终代表人民群众的根本利益。因此，伟大斗争话语的建构，必须始终站稳人民立场，回答"为谁斗争"和"靠谁斗争"的根本问题。历史地看，中国共产党通过武装斗争取得战争的胜利，确立人民群众的独立主体地位，超越了马克思所批判的"只是用新的阶级、新的压迫条件、新的斗争形式代替了旧的"④具有历史重复性的

---

① 郝永平、黄相怀等：《伟大斗争与新时代共产党人的使命担当》，人民出版社2019年版，第56页。
② 《马克思恩格斯文集》第2卷，人民出版社2009年版，第42页。
③ 陈曙光：《中国话语与话语中国》，《教学与研究》2015年第10期。
④ 《马克思恩格斯文集》第2卷，人民出版社2009年版，第32页。

旧斗争理念。新中国成立后，我们党通过社会主义三大改造、确立社会主义制度等斗争实践，为巩固新生的共和国确立了物质基础和政治保障。改革开放后，党中央带领人民以经济建设为中心、加强精神文明建设和意识形态斗争，实现政治、经济、文化等领域的现代转型。面对新时代人民群众更加多元、更加广泛、更高层次的利益诉求，习近平总书记强调，"不是为了斗争而斗争，也不是为了一己私利而斗争，而是为了实现人民对美好生活的向往、实现中华民族伟大复兴知重负重、苦干实干、攻坚克难"[①]。在此意义上，伟大斗争话语力量转换为物质力量的终极目的，是向着"为了人""开发人""解放人"的方向发展，这是伟大斗争话语人民性建构的特有魅力。

4.伟大斗争话语建构应该坚持公共性原则

伟大斗争话语建构，不仅应该坚持人民性原则，而且应该坚持公共性原则。如果只注重伟大斗争话语建构的人民性原则（对内），而忽视伟大斗争话语建构（对外）的公共性原则，那么就会使伟大斗争话语沦为民族主义的自我表达，陷入狭隘性和利己性的境地，最终走向民族主义、保守主义、利己主义的窠臼。如果只注重话语建构的公共性原则，而忽视话语建构的人民性原则，那么就会使伟大斗争话语在建构的出发点问题上失去根本立场，进而失去话语的独立性和自主性，沦为其他话语的附庸。因此，伟大斗争话语建构的人民性和公共性原则相辅相成，不可偏废。伟大斗争话语的建构，要超越地域特殊性，坚持公共性原则，将伟大斗争话语打造成体现全人类"共同利益"的话语。一言以蔽之，从"我"走向"我们"、从"个体性"走向"主体间性"的伟大斗争话语的公共性，能够行之有效地推动人类社会的总体性和文明性转变，促成全人类化解风险挑战、解决公共性难题的现实行动，凸显伟大斗争话语的世界历史意义。

[①]《习近平谈治国理政》第3卷，外文出版社2020年版，第542页。

（三）伟大斗争话语建构的价值意蕴

话语的实现程度取决于其满足社会现实的需要程度。任何话语都不是凭空出现，而是应时代所需、实践所求。任何话语之所以能成为有生命力和有影响力的话语，就在于话语不仅是促进人们变革世界的强大精神武器，也是变革世界的现实物质力量。伟大斗争话语作为行动中的语言，发挥着凝聚斗争共识、构筑新时代党的形象新叙事、推动中国话语崛起、推动解决公共性难题的重要功能。

1. 有利于凝聚斗争共识，卓有成效地推进现代化事业

话语能够凝聚人心、凝聚共识、凝聚力量，任何一个国家和民族，都要重视话语建构，以此"凝聚起全党全国人民的意志和力量"[1]。马克思以"路德的论纲"为例，指出"共同语言以出人意料的速度使他们团结起来"[2]，而话语"隔阂也能阻碍工联的国际主义团结"[3]。统一思想、凝聚共识是进行伟大斗争的前提，也是进行伟大斗争的"关键一招"。伟大斗争话语不是单纯的话语或者逻辑结构，它作为新时代党和人民开展伟大斗争的动员令和冲锋号，能够唤醒人民群众对于伟大斗争的历史记忆，激起广大人民群众的斗志，汇聚伟大斗争的动力之源。对此，习近平总书记号召全党"坚持发扬斗争精神。增强全党全国各族人民的志气、骨气、底气，不信邪、不怕鬼、不怕压，知难而进、迎难而上，统筹发展和安全，全力战胜前进道路上各种困难和挑战，依靠顽强斗争打开事业发展新天地"[4]。

---

[1]《中共中央关于党的百年奋斗重大成就和历史经验的决议》，人民出版社2021年版，第69页。
[2]《马克思恩格斯文集》第2卷，人民出版社2009年版，第271页。
[3]《马克思恩格斯全集》第17卷，人民出版社1963年版，第694页。
[4] 习近平：《高举中国特色社会主义伟大旗帜　为全面建设社会主义现代化国家而团结奋斗——在中国共产党第二十次全国代表大会上的报告》，人民出版社2022年版，第27页。

这一时代号召彰显中国共产党人高度的战略清醒、自警自励的政治品格和强烈的责任担当。

与以往谈论斗争主要从态度、立场和精神等方面出发不同，新时代伟大斗争话语内蕴许多对能力和本领的要求，强化了斗争要有成效的要求，明确了斗争是一种能力，需要讲究方式和方法。习近平总书记在党的二十大报告中肯定了我们所取得的成就的同时，也指出我们工作中还存在的不足。其中重要的一条就是"一些党员、干部缺乏担当精神，斗争本领不强"[1]。这些领导干部习惯于过"太平日子"，贪图享乐、回避矛盾和问题，没有做好随时迎接斗争的思想准备，不敢斗争、不愿斗争、不善斗争，患上"软骨病""胆怯病"。但毫无疑问，在实现中华民族伟大复兴进程中，我们必须迈过很多坎，必须爬过很多坡，不靠斗争是越不过去的，妥协永远无法解决问题。对此，习近平总书记强调"加强干部斗争精神和斗争本领养成"，"注重在重大斗争中磨砺干部，增强干部推动高质量发展本领、服务群众本领、防范化解风险本领"[2]。广大党员干部必须把防范风险摆在突出位置，加强对各种风险源的研判，有效管控重点风险，提升化解风险能力和水平；必须坚定斗争意志，弘扬大无畏精神，在面对矛盾冲突、风险挑战和危机困难时，要勇于亮剑、迎难而上；必须掌握斗争方式方法，"合理选择斗争方式、把握斗争火候，在原则问题上寸步不让，在策略问题上灵活机动"[3]；必须以斗争求团结，以斗争汇聚发展能量，在斗争中赢得胜利。对斗争的特定要求使得斗争成为赋能过程，也正是在赋予伟大斗

---

[1] 习近平：《高举中国特色社会主义伟大旗帜　为全面建设社会主义现代化国家而团结奋斗——在中国共产党第二十次全国代表大会上的报告》，人民出版社2022年版，第14页。

[2] 习近平：《高举中国特色社会主义伟大旗帜　为全面建设社会主义现代化国家而团结奋斗——在中国共产党第二十次全国代表大会上的报告》，人民出版社2022年版，第66页。

[3]《习近平著作选读》第2卷，人民出版社2023年版，第259页。

争能力和本领要求的过程中，提升了斗争的实效性和针对性。

2.有利于讲好伟大斗争故事，构筑新时代党的形象新叙事

话语作为政党执政理念、执政价值的重要传递媒介，是塑造良好政党形象的重要资源。中国共产党诞生于内忧外患中，成长于艰苦磨砺中，壮大于攻坚克难中。无论面临的敌人如何强大，无论面临的挑战如何严峻，"党总是绝不畏惧、绝不退缩，不怕牺牲、百折不挠"[1]，带领中国人民攻克一个又一个难关，取得一个又一个胜利。在党的二十大报告中，习近平总书记对新时代"伟大斗争"的历史性成就进行了总结："面对国际局势急剧变化，特别是面对外部讹诈、遏制、封锁、极限施压，我们坚持国家利益为重、国内政治优先，保持战略定力，发扬斗争精神，展示不畏强权的坚定意志，在斗争中维护国家尊严和核心利益，牢牢掌握了我国发展和安全主动权。"[2]中国共产党以伟大斗争实践化解外部风险挑战，维护国家核心利益和主权安全，牢牢把握国家发展的主动权，中国共产党敢于斗争、敢于胜利的政党形象愈加鲜明。

然而，以美国为首的西方国家蓄意制造"中国威胁论""中国霸权论"等错误言论，将中国共产党妖魔化为"好战分子""好斗分子"，破坏中国共产党的正面形象，污名化中国共产党的伟大斗争。实际上，中国共产党开展的伟大斗争，不是强取豪夺、不是零和博弈、不是对外扩张、不是制造混乱，而是奔着解决问题、化解矛盾去，"积极回应各国人民普遍关切，为解决人类面临的共同问题作出贡献"[3]。例如，中国共产党携手世界人民

---

[1]《习近平谈治国理政》第4卷，外文出版社2022年版，第81页。
[2] 习近平：《高举中国特色社会主义伟大旗帜　为全面建设社会主义现代化国家而团结奋斗——在中国共产党第二十次全国代表大会上的报告》，人民出版社2022年版，第4页。
[3] 习近平：《高举中国特色社会主义伟大旗帜　为全面建设社会主义现代化国家而团结奋斗——在中国共产党第二十次全国代表大会上的报告》，人民出版社2022年版，第21页。

一道，以"改变世界"为斗争指向，把改善现存的中国现实发展状况与改善现存的世界现实发展状况统一起来，构建使最多数国家和人民共享经济繁荣、世界美丽与人民幸福的人类命运共同体。新时代伟大斗争摒弃西方发达国家所走过的殖民主义、帝国主义、扩张主义的老路，秉承"每个国家在谋求自身发展的同时，要积极促进其他各国共同发展"[1]的公共精神，凸显斗争致力于维护世界的和谐性，而非制造世界的失范性。因此，必须建构新时代伟大斗争话语，彰显中国共产党人历久弥坚的革命斗志、忧患意识和担当精神，讲好中国共产党以斗争求世界发展、以斗争促世界进步、以斗争促世界大同的故事，消除西方对于伟大斗争的误读，构筑新时代党的形象新叙事。

3.有利于推动话语体系的与时俱进，推动中国话语崛起

话语体系要与时俱进。恩格斯指出"一门科学提出的每一种新见解都包含这门科学的术语的革命"[2]。就术语革命而言，大致有两种表现形式，一是话语创造，用新术语代替旧术语，或者创造出"新概念、新范畴、新表述"[3]。二是话语再造，赋予原有术语以新的内涵。新时代伟大斗争话语属于话语再造，即赋予原有伟大斗争话语以新的内容。以习近平同志为核心的党中央在建构伟大斗争话语时，充分考虑了话语产生的历史沿革和现实基础，容纳了党的文献和政治报告中作为常用语言的"伟大斗争"的语义内涵，在中观和微观层面上使用，将国内外需要解决的矛盾和风险囊括其中，赋予伟大斗争话语新内涵，推进伟大斗争话语的新陈代谢。新时代伟大斗争话语，"集中表达了中国共产党尝试以伟大斗争表达对社会规律的认识，并始终紧扣社会主要矛盾转变的话语前提，重新唤起敢于斗争的

---

[1]《习近平谈治国理政》，外文出版社2014年版，第273页。
[2]《马克思恩格斯文集》第5卷，人民出版社2009年版，第32页。
[3]《习近平谈治国理政》第4卷，外文出版社2022年版，第317页。

革命基因"①，是高质量的话语建构过程。

在世界百年未有之大变局的背景下，话语体系领域呈现文化多元、思想分化、斗争激烈的复杂格局。长期以来，西方国家凭借现代化先发优势，掌握了现代化话语的主导权和议题的设置权，以自己的话语面貌"为自己创造出一个世界"②，建构了"东方从属于西方"话语体系。西方话语具有排他性、利己性和扩张性，是服务于西方国家追逐利益的工具，就其本质而言是霸权话语。与之不同的是，中国的伟大斗争话语则紧扣"和平"与"发展"话语，承载的价值追求是化解风险、应对挑战、造福世界，与求发展求进步的国家具有"重叠共识"，具有较好的话语国际传播力，能够打造出国际关注的议题。

4.有利于顺应发展潮流，为解决公共性难题提供中国方案

从宽广的历史视野看，新时代伟大斗争话语是基于解决中国所面临的民族性问题提出的，更是在总结社会发展基本规律的基础上，致力于解决全球公共性问题。新时代的伟大斗争具有公共性特征，它是"改变中国"和"改变世界"的活动中介，不仅肩负着实现民族伟大复兴的历史任务，更承载着变革现存世界的历史使命。当前世界进入新的动荡变革期，国际格局逐步从"西方主导"走向"东西平衡"，充分展示了中国方案的科学性和有效性。基于此，"国际社会期待听到中国声音、看到中国方案"③和听到中国话语。

伟大斗争话语，是向世界话语舞台传递中国声音、塑造中国形象、贡献中国方案的重要话语，顺应了时代发展潮流，对于推动全球公共性问题的解决具有重要意义。面对人类的公共性难题，中国没有扮演悄无声息、

---

① 黄相怀：《习近平关于伟大斗争重要论述的原创性贡献》，《马克思主义研究》2022年第9期。
② 《马克思恩格斯文集》第2卷，人民出版社2009年版，第36页。
③ 《习近平主席新年贺词（2014—2018）》，人民出版社2018年版，第13页。

缺乏自我主张的沉默角色，而是站在真理和道义的双重制高点，"坚定站在历史正确的一边、站在人类文明进步的一边"[①]，建设性地提出优于西方的应对公共性难题的方案。比如，在经济建设方面，中国努力推进"一带一路"国际合作，提出打造富有活力的增长模式、开放共赢的合作模式、平衡普惠的发展模式，为全球经济发展注入强劲动力；在全球治理方面，中国提出"共商、共建、共享"的治理理念，提出"构建人类命运共同体"，重塑全球治理规则；在应对网络空间治理方面，中国提出"四项原则""五点主张"等。伴随着中国主张、中国方案和中国贡献的历史性出场，我们欣喜地看到：毛泽东60多年前提出"中国应当对于人类有较大的贡献"[②]的期待正在一代代中国共产党人和中国人民的努力下变为现实。没有硬实力的崛起，中国不可能真正实现话语崛起。一句话，终结西方话语霸权，看似是话语的碰撞博弈，实则是综合国力较量，根本出路不在话语之内，而在话语之外。

二、伟大工程与中国话语

话语是一种重要的社会实践形式，话语权是国之重器，话语建构是理论创新的重要方面。伟大工程话语是中国共产党党的建设领域具有划时代意义的话语再造和话语创新，是强国时代的"中国话语"，具有深厚的历史逻辑与理论逻辑。党的十八大以来，以习近平同志为核心的党中

[①] 习近平：《高举中国特色社会主义伟大旗帜　为全面建设社会主义现代化国家而团结奋斗——在中国共产党第二十次全国代表大会上的报告》，人民出版社2022年版，第23页。

[②]《毛泽东文集》第7卷，人民出版社1999年版，第157页。

央高度重视中国话语体系建构，提出了一系列具有原创性、时代性、指导性的重大思想观点，形成了逻辑严密、内涵丰富的一整套重要论述，为管党有方、治党有力、建党有效提供了思想力量。其中，关于"建设什么样的长期执政的马克思主义政党、怎样建设长期执政的马克思主义政党"①，就是一个牵头抓总的大问题。只有对伟大工程话语建构的历史逻辑、理论逻辑、科学内涵及重大意义进行深入的学理化阐释，才能突破西方话语陷阱，才能走出"失语挨骂"的境地，才能讲清讲透党的建设是我们党的一大法宝。

（一）伟大工程话语建构的历史逻辑与理论逻辑

伟大工程话语是中国共产党党的建设领域具有划时代意义的话语再造和话语创新，具有深厚的历史逻辑与理论逻辑。回顾我们党100多年的奋斗史，取得伟大成就的最根本原因就是不断加强和改进党的自身建设，即不断推进党的建设新的伟大工程。因此，要从历时态角度阐明党的建设新的伟大工程话语，离不开对中国共产党"加强改进自身建设"历史的梳理与总结。

1.伟大工程话语建构的历史逻辑

任何理论与话语的形成，都需要建立在坚实的历史根基上。毕竟，历史发展是连续性和阶段性的统一。"话语是实践的产物，作为思想表达的工具，根源于社会实践。"②党的十八大以来，中国特色社会主义进入新时代，伟大工程话语建构必须将其置于历史维度中进行考察。

---

①《习近平谈治国理政》第4卷，外文出版社2022年版，第550页。
②齐卫平：《习近平创新中国共产党执政话语的重大贡献》，《社会科学》2022年第9期。

（1）站起来语境下的伟大工程话语

回顾中国共产党的100多年历史，毛泽东首次将"党的建设"称为"伟大的工程"。由此，开启了"党的建设伟大工程"话语之先河。1939年10月，毛泽东在《〈共产党人〉发刊词》中明确提出共产党人的任务就是："帮助建设一个全国范围的、广大群众性的、思想上政治上组织上完全巩固的布尔什维克化的中国共产党。为了中国革命的胜利，迫切地需要建设这样一个党，建设这样一个党的主观客观条件也已经大体具备，这件伟大的工程也正在进行之中。"①这是首次将党的建设称为"伟大的工程"，也是首次提出"党的建设伟大工程"话语，属于伟大工程话语的初创期。

在此时期，"党的建设伟大工程"话语尤其强调学习的重要性，注重通过党性、党风学习教育，建设先进党员干部队伍。关于建设什么样的党、如何提升党员干部能力，1939年5月20日，毛泽东在延安在职干部教育动员大会上强调："我们要建设的一个大党，不是一个'乌合之众'的党，而是一个独立的、有战斗力的党，这样就要有大批的有学问的干部做骨干。"②他号召各级干部，发挥"挤"与"钻"的精神，想法子"挤"出时间来学习，如木匠钻木头一样地"钻"进去把理论问题搞懂。关于如何提升党员干部理论水平和理论素养，更好地学习马克思主义，1941年5月在《改造我们的学习》中，毛泽东号召全党树立马克思主义与中国实际相结合的作风。关于如何加强党员干部党性修养，避免不良作风，1942年，大规模开展延安整风运动，提出"惩前毖后，治病救人"③。总的看来，新民主主义革命时期，"党的建设伟大工程"话语主要以学习和运用马克思主义理论提升解决中国问题为目标，重点突出"学习性"。

①《毛泽东选集》第2卷，人民出版社1991年版，第602页。
②《毛泽东文集》第2卷，人民出版社1993年版，第179页。
③《毛泽东选集》第3卷，人民出版社1991年版，第827页。

（2）富起来语境下的伟大工程话语

1994年9月28日，党的十四届四中全会通过的《中共中央关于加强党的建设几个重大问题的决定》，首次提出实施"党的建设新的伟大工程"，并明确提出了"党的建设"的根本目标。这是在国际形势风云变幻的背景下，在中国共产党面临新的考验之时，所出现的中国话语。党的十五大报告对"党的建设新的伟大工程"的内涵进一步作了科学阐释，提出"要把党建设成为用邓小平理论武装起来、全心全意为人民服务、思想上政治上组织上完全巩固、能够经受住各种风险、始终走在时代前列、领导全国人民建设有中国特色社会主义的马克思主义政党"[①]。党的十七大报告则进一步提出"党要站在时代前列带领人民不断开创事业发展新局面，必须以改革创新精神加强自身建设，始终成为中国特色社会主义事业的坚强领导核心"[②]。由此可见，从提出新概念到阐释新内涵，再到深化新思想，实际上完成了从"建设什么样的党"到"怎么样将党建设得更好"的话语跃升，属于伟大工程话语的发展期。

比较而言，这一阶段"党的建设新的伟大工程"话语主要有三方面"新意"。一是新在制度建设话语突出"民主集中"。提出"必须进一步坚持和健全民主集中制，特别要注重制度建设，以完备的制度保障党内民主，维护中央权威，保证全党在重大问题上的统一行动"[③]。二是新在基层组织建设话语突出"党的领导"。提出"必须进一步巩固和加强数以百万计的党的基层组织，使之成为能够团结和带领群众进行改革开放和现代化

[①] 江泽民：《高举邓小平理论伟大旗帜，把建设有中国特色社会主义事业全面推向二十一世纪——在中国共产党第十五次全国代表大会上的报告》，人民出版社1997年版，第51页。

[②] 胡锦涛：《高举中国特色社会主义伟大旗帜，为夺取全面建设小康社会新胜利而奋斗——在中国共产党第十七次全国代表大会上的报告》，人民出版社2007年版，第49页。

[③]《中共中央关于加强党的建设几个重大问题的决定》，人民出版社1994年版，第7页。

建设的战斗堡垒"[1]。三是新在干部选拔话语突出"年轻活力"。提出"必须进一步培养和锻炼数以万计的党的中高级领导干部，特别是培养和选拔大批德才兼备的年轻干部，形成坚定地走建设有中国特色社会主义道路、善于研究新情况、解决新问题、干练而充满活力的领导层"[2]。由此可见，在关于"建设什么样的执政党"的话语叙事中，其核心思想是一脉相承且经过高度凝练概括的，不同之处在于，为了适应时代发展需要，对党的建设提出了"创新型"的新要求，这是伟大工程话语表述的创新。

（3）强起来语境下的伟大工程话语

强国必先强党。中国共产党的先进性与纯洁性，直接决定了党和国家的前途命运。党的十八大报告强调，要"以改革创新精神全面推进党的建设新的伟大工程，全面提高党的建设科学化水平"[3]。基于党的十九大报告，习近平总书记进一步阐释："我在党的十九大报告中提出了新时代党的建设总要求，明确在统揽伟大斗争、伟大工程、伟大事业、伟大梦想中，起决定性作用的是新时代党的建设新的伟大工程。"[4]这是第一次明确提出"新时代党的建设新的伟大工程"的话语概念。

当前，要有效应对"四大考验"，防止"四种危险"，解决"四风问题"，"全党必须牢记，全面从严治党永远在路上，党的自我革命永远在路上，决不能有松劲歇脚、疲劳厌战的情绪，必须持之以恒推进全面从严治党，深入推进新时代党的建设新的伟大工程，以党的自我革命引领社会革

---

[1]《中共中央关于加强党的建设几个重大问题的决定》，人民出版社1994年版，第7页。

[2]《中共中央关于加强党的建设几个重大问题的决定》，人民出版社1994年版，第7页。

[3]胡锦涛：《坚定不移沿着中国特色社会主义道路前进　为全面建成小康社会而奋斗——在中国共产党第十八次全国代表大会上的报告》，人民出版社2012年版，第49页。

[4]习近平：《推进党的建设新的伟大工程要一以贯之》，《求是》2019年第19期。

命"①。两个"永远在路上"深刻揭示了中国共产党不仅是马克思主义执政党，也是马克思主义革命党，"党的自我革命"与"社会革命"是相互促进、螺旋式上升的。总之，伟大工程话语形成于中华民族从站起来、富起来到强起来的伟大飞跃之中，是强国时代的"中国话语"。

2. 伟大工程话语建构的理论逻辑

我们党要在统揽"四个伟大"中继续创造伟大成就，就必须在实践创新基础上不断推进理论创新和话语创新。

一是理论依据上坚持科学性与革命性相统一。"打铁必须自身硬"既是马克思主义执政党的内生特质，又是党的建设必须遵循的重要主体性原则。马克思和恩格斯在《共产党宣言》中明确指出："共产主义革命就是同传统的所有制关系实行最彻底的决裂；毫不奇怪，它在自己的发展进程中要同传统的观念实行最彻底的决裂。"②可见，要担负起"最彻底的决裂"这一伟大使命，共产党人就必须在改造客观世界的同时积极改造主观世界。"虽然中国共产党的执政地位是历史和人民的选择的结果，但中国共产党的执政地位不是与生俱来的，不是一劳永逸的，关键是要始终保持党的先进性和纯洁性。"③这就决定了共产党人只有加强自身建设，不断进行"刀刃向内"的自我革命，才能不负人民的重托、不负民族的期待、不负共产党人的初心。"我们党作为世界第一大党，没有什么外力能够打倒我们，能够打倒我们的只有我们自己。"④一句话，兴党强国，坚持真理和自我革命永远在路上。

二是理论架构上坚持整体性与系统性的统一。"四个伟大"紧密联系、

---

① 习近平：《高举中国特色社会主义伟大旗帜　为全面建设社会主义现代化国家而团结奋斗——在中国共产党第二十次全国代表大会上的报告》，人民出版社2022年版，第64页。

② 《马克思恩格斯文集》第2卷，人民出版社2009年版，第52页。

③ 韩庆祥、张艳涛：《论"四个伟大"》，北京联合出版公司2018年版，第87页。

④ 《习近平谈治国理政》第3卷，外文出版社2020年版，第531页。

相互贯通、相互作用。因此，要把握党的建设新的伟大工程话语建构的理论逻辑，就必须用系统思维从"四个伟大"这一整体上把握。"推进伟大工程，要结合伟大斗争、伟大事业、伟大梦想的实践来进行，确保党在世界形势深刻变化的历史进程中始终走在时代前列，在应对国内外各种风险和考验的历史进程中始终成为全国人民的主心骨，在坚持和发展中国特色社会主义的历史进程中始终成为坚强领导核心。"①首先，进行伟大斗争是建设好伟大工程的前提。只有敢于斗争并善于斗争才能推进伟大工程，我们党正是依靠顽强斗争才打开事业发展新天地的。同时，只有将伟大工程建设好，才能有效应对复杂严峻的风险和挑战，才能进行好具有许多新的历史特点的伟大斗争。其次，推进伟大事业是建设好伟大工程的目标。中国特色社会主义伟大事业，既是中国共产党领导下的伟大事业，也是中国共产党所开创的伟大事业。因此，推进伟大事业的关键着力点就是抓好中国共产党的自身建设，更好地干事创业。最后，实现伟大梦想是建设好伟大工程的原动力。国家富强是实现中华民族伟大复兴的必然条件，而政党强又是实现国家富强必不可少的因素。所以，政党的强弱直接关系伟大梦想能否实现。

三是理论内容上坚持守正性与创新性的统一。话语是理论的载体，党的事业发展需要党的理论创新和话语创新。实际上，伟大工程话语建构过程，也是马克思主义中国化时代化话语创新的过程。从毛泽东提出要按照马列主义普遍原理和中国革命具体实际相结合的原则来建设党，将"党的建设、统一战线、武装斗争"概括为党在中国革命中战胜敌人的"三大法宝"，到邓小平提出的"把我们党建设成为有战斗力的马克思主义政党，成为领导全国人民进行社会主义物质文明和精神文明建设的坚强核心"②，

---

①《习近平谈治国理政》第3卷，外文出版社2020年版，第14页。
②《邓小平文选》第3卷，人民出版社1993年版，第39页。

再到习近平总书记强调的"把党建设成为始终走在时代前列、人民衷心拥护、勇于自我革命、经得起各种风浪考验、朝气蓬勃的马克思主义执政党"①，可以看出，伟大工程话语强调革命性、现代性、先进性的有机统一，这不仅为新时代党的建设新的伟大工程话语指明了发展方向，还进一步丰富和发展了马克思主义建党学说，充分显示了强大的理论生命力、实践影响力与创新创造活力。"马克思的整个世界观不是教义，而是方法。它提供的不是现成的教条，而是进一步研究的出发点和供这种研究使用的方法。"②

（二）伟大工程话语建构的科学内涵

话语权的强弱往往是由说话者的身份与地位决定的。"中国共产党是中国工人阶级的先锋队，同时是中国人民和中华民族的先锋队，是中国特色社会主义事业的领导核心"③，这一性质和地位决定了党的建设新的伟大工程话语建构必须与时俱进。"构建科学党建话语体系是中国共产党推动自身现代化建设的现实诉求。"④只有成功建构伟大工程话语及其叙事体系，才能进一步提升对内的凝聚力和对外的话语权，才能解决中国共产党在国际传播中"如何说话""说什么话""为谁说话"等重要课题。

1. 科学解决"如何说话"

其一是坚守人民性，站在中国人民一边，为中国人民谋幸福。立足中国实际，讲好中国共产党治国理政的故事。中国共产党始终坚持为中国人

---

① 《习近平著作选读》第2卷，人民出版社2023年版，第167—169页。
② 《马克思恩格斯文集》第10卷，人民出版社2009年版，第691页。
③ 《中国共产党章程》，人民出版社2022年版，第1页。
④ 王海军：《新时代中国共产党话语体系建构范式的多维探究——基于党的二十大报告的文本分析》，《教学与研究》2023年第12期。

民谋幸福,把人民对美好生活的向往作为奋斗目标。"人民性是中国制度的内在品质、'首要美德'。"①因此,伟大工程话语建构应坚守人民性,站在中国人民一边,为中国人民谋幸福。进入新时代,人民追求更高品质、更优体验、更加全面的美好生活,期盼能够获得更优质的教育、更稳定的工作、更殷实的收入、更先进的医疗条件、更可靠的社会保障、更舒适的居住环境,等等,这给我们党治国理政提出了新要求。在新时代的历史方位中,必须将彰显人民性的中国价值、中国立场融入中国共产党治国理政的全过程各方面,依托中国式现代化新道路,阐述好中国共产党在经济、政治、文化、社会、生态和党的建设等方面的历史经验与伟大成就,回答好人民之问。

其二是坚守民族性,站在中华民族一边,为中华民族谋复兴。立足民族团结,讲好中国共产党铸牢中华民族共同体的故事。中国共产党的来历表明,中国共产党的根是深深地扎在中华民族之中的,中国共产党是背负着中华民族伟大复兴的历史使命的,我们中国共产党人的共产主义是同爱国主义不可分地统一在一起的。习近平总书记指出:"全面贯彻党的民族政策,深化民族团结进步教育,铸牢中华民族共同体意识,加强各民族交往交流交融,促进各民族像石榴籽一样紧紧抱在一起,共同团结奋斗、共同繁荣发展。"②这意味着,团结奋斗是中国人民创造历史伟业的必由之路。可以说,"中华民族共同体意识"不仅仅是一个概念,更是马克思主义民族观在中国话语中的重要体现,是56个民族情感交融的现实写照,是中华民族良好文化形象的重要表征。当前,我国正在以中国式现代化全面推进中华民族伟大复兴。此时,我们更应该认识到,坚持党的全面领导是各民族的人心所向,更是强国建设和民族复兴的必然要求。因此,伟大工程

---

① 唐爱军:《把牢解读中国制度的话语权》,《马克思主义与现实》2020年第5期。
② 《习近平谈治国理政》第3卷,外文出版社2020年版,第31页。

话语须铸牢"中华民族共同体"意识，始终站在民族复兴一边，团结全国各族人民，让民族团结之花常开长盛，让民族复兴之梦如期实现。

其三是坚守人类性，站在人类道义一边，为人类谋进步。立足命运与共，讲好中国共产党带领中国人民创造中国式现代化新道路进而创造人类文明新形态的故事。一段时期以来，西方话语横行世界，其凭借着在国际话语上的主导地位，不断利用国际舆论打压中国的发展进步，"'西方'俨然成为了话语权威性和真理性的担保"[①]。追根溯源，这是由于中国话语体系还没有真正建立起来，在国际话语场上，中国话语很大一部分处于"失声""失语"，甚至"失踪"状态。为此，如果要有效应对西方的话语霸权、话语陷阱，就必须从战略层面重视中国话语体系建构与话语权提升。伟大工程话语须紧扣"人类性"，始终站在人类道义一边，以"人类命运共同体"为话语核心，积极建构为人类谋进步的话语体系，通过客观事实向世界阐明"中国共产党的智慧""中国共产党的贡献""中国共产党的方案"。

其四是坚守世界性，站在世界和平发展一边，为世界谋大同。立足世界和平，讲好中国共产党胸怀天下的故事。中国共产党是具有世界眼光和战略思维的马克思主义政党。当前，世界进入百年未有之大变局和新的动荡变革期，在方法论上必然要求坚持系统观念，不断提高系统思维能力和战略思维能力，唯有如此，才能通过历史看现实、透过现象看本质、通过比较看优势，才能不断回答好中国之问、世界之问、人民之问、时代之问。发展起来的中国向世界发出"三大倡议"。全球发展倡议：重振全球发展事业，谋发展，各国共同发展；全球安全倡议：构建人类命运共同体，求和平，人类命运与共；全球文明倡议：践行真正的多边主义，促合作，文明交流互鉴。在全球话语传播中，中国话语要能获得国际认同，核

[①] 陈曙光：《中国话语：说什么？怎么说？》，湖北人民出版社2017年版，第238页。

心就是抓住事物的本质，彰显中国话语的科学性、逻辑性和说服力。

2.创新表达"说什么话"

首先，说清楚党的全面领导与坚持全面从严治党的统一。伟大工程话语强调党对一切工作的全面领导。因此，其主体内容要突出党的独特性，阐明"中国共产党为什么能"这一根本问题。实践和理论都证明了，办好中国的事情，关键在党，核心在党的领导力。中国共产党的领导是中国特色社会主义的最本质特征，中国共产党的全面领导，是做好党和国家各项工作的前提与保证，是战胜一切困难和风险的定海神针，是带领中华民族走向伟大复兴的关键力量。就此而论，"坚持中国共产党的全面领导是'谋事之基，成事之道'"[①]。同时，伟大工程话语强调坚持全面从严治党。全面从严治党是党永葆生机活力、走好新的赶考之路的必由之路。习近平总书记在中国共产党第二十届中央纪律检查委员会第三次全体会议上强调："我们对反腐败斗争的新情况新动向要有清醒认识，对腐败问题产生的土壤和条件要有清醒认识，以永远在路上的坚韧和执着，精准发力、持续发力，坚决打赢反腐败斗争攻坚战持久战。"[②]这就要求伟大工程话语要将"严"的要求贯彻始终，话语内容要突出党内政治生活的新气象，同时也不能回避党的建设面临的突出问题，要有面对问题的硬气，分析问题的锐气，解决问题的底气。总之，要将"打虎""拍蝇""猎狐"的政治勇气，将不敢腐、不能腐、不想腐的政治定力，将"割除毒瘤""清除毒源""肃清流毒"的政治魄力，作为伟大工程话语的指导精神并一以贯之。

其次，说清楚中国共产党从敢于自我批评到勇于自我革命的历史实践。新时代党的建设新的伟大工程话语强调党勇于自我革命，这是我们党

[①] 张艳涛、王婧薇：《论中国共产党的现代化领导力》，《中国领导科学》2024年第4期。

[②] 习近平：《深入推进党的自我革命 坚决打赢反腐败斗争攻坚战持久战》，《人民日报》2024年1月9日。

区别于其他政党最显著的标志，也是中国共产党最鲜明的品格。在党的光辉历程中，由自我批评到自我革命的系列话语，成为伟大工程话语的鲜明底色。随着社会主义革命、建设和改革的发展，自我革命也被不断赋予新的时代内涵。从最初新民主主义革命时期形成的"批评与自我批评""两个务必"等党的建设话语，发展到中国特色社会主义新时代"勇于自我革命""必须时刻保持解决大党独有难题的清醒和坚定""健全全面从严治党体系"等党的建设话语。特别需要指出的是，党的十八大以来，习近平总书记关于党的自我革命的重要思想，如"三个务必"、"三个不纯"、"四个伟大"、"七个有之"、中央八项规定及自我净化、自我完善、自我革新、自我提高等，则是伟大工程话语的丰富与拓展，其本质是用"制度"的现代化为"物"的现代化提供保障，用"人"的现代化为"社会"的现代化开辟道路。因此，在伟大工程话语建构中，内容要突出"革命性"，紧密结合具有许多新的历史特点的伟大斗争话语，遵循守正创新的话语原则，结合时代与实践提出的新问题，在新的赶考之路上，不断推进勇于自我革命话语的内容丰富与形式创新，把中国的制度优势转化为话语优势，为伟大工程话语提供动力。

最后，说清楚伟大工程话语注重科学理论引领，是实现马克思主义中国化的新飞跃。新时代党的建设新的伟大工程话语强调必须坚持以马克思主义为指导。理论基础是否科学，是判断一个政党是否先进的重要标志。作为马克思主义中国化创新性的话语表达，伟大工程话语的立论基础就是马克思主义理论。马克思、恩格斯在《共产党宣言》中对无产阶级政党的性质、宗旨、纲领、原则、目标等进行了详实的论述，为马克思主义的建党学说奠定了坚实的理论基础。而中国共产党之所以能够永葆先进性，一个很重要的原因，就是它是在马克思主义理论指导下建立起来的，并将其作为党的指导思想，根据实践的发展守正创新，实现马克思主义中国化新的飞跃。学哲学、用哲学是中国共产党治国理政的重要方式。伟大工程话语建构也离不开科学理论引领,特别是当代中国马克思主义、21世纪马克思主义——习近平新时代中国特色社会主义思想的引领。只有全面阐明马克思主义中国化新的飞跃,全面学深悟透"两个结合",才能不断完善伟大工程话语的科学体系。

3.表明立场"为谁说话"

第一,坚持为人民发声。党的理论来源于人民、造福于人民。在中国共产党人看来,党性与人民性是统一的。我们党的根基在人民、血脉在人民,群众路线是党的生命线。对中国共产党人而言,"实事求是"和"为人民服务"是内在统一的。党的十八大以来,为民造福,为中国人民谋幸福,为人民美好生活而奋斗等话语贯穿党的建设之中。"人民至上"不是口号,而是走好新时代党的群众路线的根本要求,是我们党永葆先进性和纯洁性的重要法宝。为此,新时代党的建设新的伟大工程话语建构要注重实事求是,坚持用人民听得懂的语言表述新时代党的建设的新要求。如何创造伟大工程话语新形态,如何使伟大工程话语真正深入人心,如何让伟大工程话语赢得人民群众的认同,这是新时代赋予我们的新课题。一方面,要说老百姓"听得懂"的话。要将党的创新理论具体化,打造为人民群众易于接受的语言,让伟大工程话语通俗易懂、深入人心。另一方面,要讲老百姓"听得懂"的道理,让伟大工程话语接地气、表民意、得民心。

第二,坚持独立自主发声。中国共产党是具有独立自主精神的政党。"中国人民和中华民族从近代以后的深重苦难走向伟大复兴的光明前景,从来就没有教科书,更没有现成答案。党的百年奋斗成功道路是党领导人民独立自主探索开辟出来的,马克思主义的中国篇章是中国共产党人依靠自身力量实践出来的,贯穿其中的一个基本点就是中国的问题必须从中国基本国情出发，由中国人自己来解答。"①独立自主是中国共产党不断取得成功的重要法宝，是中国共产党发挥历史主动精神的具体实践，更是中国共产党治国理政的生动表达。因此，作为"党的自身建设"的伟大工程话语必须突出"自主性"，站稳"人民立场"，发挥"主心骨"作用，提升"政治三力"，从而实现精神上的"独立自主"。进言之，独立自主并不意味着固步自封，封闭僵化，而是强调"坚持把国家和民族发展放在自己力量的基点上，坚持把中国发展进步的命运牢牢掌握在自己手中"②，走好自主创新之路。一句话，伟大工程话语既要讲好中国共产党自信自强的故事，也要讲好中国共产党从人民群众中汲取智慧的故事。

第三，坚持立足使命发声。中国共产党是使命型政党。环顾全球，很难再找到一个政党能够像中国共产党这样，一代接着一代往下干，一棒接着一棒往前跑，为了实现同一个目标而接续奋斗，谱写出中国式现代化的壮丽史诗。中国式现代化建设既保持了国家独立性，又成功推进了现代化事业，破解了"现代化与国家独立性之间的悖论"。如今，我们已经到了迈向第二个百年奋斗目标的新征程。"中国共产党的赶超战略是一种前瞻性思考、全局性谋划、战略性布局和整体性推进的统一，是中国共产党治国理政的一种重要方式。"③而这种"赶超战略"使命感正是来源于人民群众。因此，伟大工程话语"只能说出人民的心声，为人民代言，替百姓说话，始终代表最广大人民的根本利益"④。党的百余年奋斗经验启示我们，

---

① 习近平：《高举中国特色社会主义伟大旗帜　为全面建设社会主义现代化国家而团结奋斗——在中国共产党第二十次全国代表大会上的报告》，人民出版社2022年版，第19页。

② 习近平：《高举中国特色社会主义伟大旗帜　为全面建设社会主义现代化国家而团结奋斗——在中国共产党第二十次全国代表大会上的报告》，人民出版社2022年版，第27页。

③ 李鹏：《中国式现代化——基于马克思主义政党与经济理论的研究》，国家行政学院出版社2021年版，第249页。

④ 陈曙光：《大国复兴》，人民日报出版社2018年版，第314页。

只有中国共产党能担负起中华民族伟大复兴的历史使命，只有中国共产党能带领全国人民向共产主义社会迈进。一句话，共建、共创、共享中华民族伟大复兴，让人民拥有切实幸福感、获得感、安全感，关键是中国共产党发挥中流砥柱作用，这是伟大工程话语的实践逻辑。

（三）伟大工程话语建构的重大意义

伟大工程话语建构具有重大意义。"因为当代中国发展不是'自然发展'和'自发发展'，而是在中国共产党领导下有规划的'自觉发展'。"①新时代党的建设新的伟大工程话语表明，我们党对建设什么样的长期执政的马克思主义政党、怎样建设长期执政的马克思主义政党的规律性认识达到新高度，为强国建设和民族复兴提供了坚强政治保证。

1.有利于加强和改进党的建设，涵养为民造福的马克思主义政党形象

中国共产党的话语自信，来源于其强大的领导力、动员力、组织力和理论创新能力。把方向、谋大局、定政策、促改革、抓落实是党的领导的重要体现，也是我们党的重要政治优势。中国式现代化一个突出优势是中国共产党的领导。由此，解码中国样本的奥秘，阐明现代化建设的中国逻辑，挖掘中国奇迹背后的深层动因，均绕不开中国共产党的战略谋划。"党的力量来自组织，组织能使力量倍增。加强组织纪律性必须增强党性。"②党的十八大以来，以习近平同志为核心的党中央统筹推进"两个一百年"奋斗目标，秉承赶考之心全面推进伟大工程。"我们的自信是

---

① 张艳涛：《敢于斗争、善于斗争：应对风险考验的强大思想武器》，《中国领导科学》2023年第2期。

② 《习近平谈治国理政》，外文出版社2014年版，第395页。

建立在对客观事实的认知、对未来充满期待、对国家和民族的热爱基础上。"①一方面，伟大工程话语增强了党的话语自信。近年来，党的建设水平逐步提升。从"三严三实"专题教育、"两学一做"学习教育、"不忘初心、牢记使命"主题教育，到党史学习教育，再到学习贯彻习近平新时代中国特色社会主义思想主题教育，党内政治生态明显好转，党的建设质量显著提升。另一方面，伟大工程话语涵养了为民造福的中国共产党形象。"我们党始终强调，执政党的党风关系党的形象，关系人心向背，关系党和国家生死存亡；加强和改进党的作风建设，核心问题是保持党同人民群众的血肉联系；马克思主义执政党的最大危险就是脱离群众。"②从"党的自身建设"到"党同人民群众的关系"，这些在伟大工程话语中打造的一系列党的建设理论表述，使新时代党的形象更加立体、丰满、全面。

2.有利于拓宽中国式现代化新道路的话语范式，丰富中国道路的世界历史意义

中国式现代化是中国共产党领导的社会主义现代化。"新中国成立特别是改革开放以来，我们用几十年时间走完西方发达国家几百年走过的工业化历程，创造了经济快速发展和社会长期稳定的奇迹，为中华民族伟大复兴开辟了广阔前景。"③仔细分析，伟大成就背后的"中国密码"就是中国式现代化。中国道路的成功探索，归根结底在于中国共产党的领导地位与治理能力。"话语是思想的一面镜子，可以反映特定时期社会思想、社会思潮的发展状况；话语也是思想发展的一种记录仪，可以记录不同时期社会思想发展的轨迹。"④伟大工程话语与中国式现代化新道路具有内在联

---

① 邱耕田：《中国话语自信》，《社会科学战线》2015年第3期。
② 《习近平谈治国理政》，外文出版社2014年版，第366页。
③ 习近平：《中国式现代化是强国建设、民族复兴的康庄大道》，《求是》2023年第16期。
④ 丰子义：《从话语体系建设看马克思主义哲学创新》，《哲学研究》2017年第7期。

系。在国家治理体系和治理能力现代化中，中国共产党处于核心地位，起着总揽全局、协调各方的关键作用，其治理能力决定着国家治理效能。而国家治理体系和治理能力水平越高，党的领导地位也将进一步夯实加强。中国共产党的目标既宏大又质朴，其出发点和落脚点就是让全体中国人都过上好日子，中国式现代化的本质就是人的现代化，中国梦归根结底是人民幸福的梦。面对世界之问，中国共产党倡导合作、开放、互利、共赢，反对对抗、封闭、零和博弈，既"为中国人民谋幸福、为中华民族谋复兴"，也"为人类谋进步、为世界谋大同"。伟大工程话语建构必将带给世界全新的中国方案、中国价值、中国智慧，让世界知道中国是如何和平崛起，中国式现代化凭什么能够超越西方现代化。

3.有利于将中国发展优势转化为中国话语优势，展现可信、可爱、可敬的中国形象

话语作为治国理政理念的重要传递媒介，是塑造良好国家形象的重要资源。党的十八大以来，面临风险挑战，中国知难而进、迎难而上，取得令世界瞩目的骄人成绩，国际地位稳步提升，国际影响力持续增强。然而，在国际话语场域中，我国还面临着"有理说不出、说了传不开"等问题，呈现发展优势与话语能力不匹配的状态。因此，将中国的发展优势转化为话语优势迫在眉睫。中国共产党自身的建设在国家话语建构中有着举足轻重的地位，只有向国人、向世界讲清讲透"中国共产党是什么、中国共产党要干什么"，才能真正让世界更好认知"中国共产党为什么能"这个根本问题，才能真正向世界全方位展现可信、可爱、可敬的中国形象。

4.有利于完善"四个伟大"话语体系建设，深化中国共产党治国理政的整体框架

要真正理解建设伟大工程话语，就应当基于进行伟大斗争话语、推进

伟大事业话语、实现伟大梦想话语进行系统谋划。同样地，只有将伟大工程话语与伟大斗争话语、伟大事业话语、伟大梦想话语置于一个内在逻辑框架中构建，才能相互贯通、相互作用。"四个伟大"是被置于推动中国特色社会主义进入新时代的历史进程之中的，是被融入中国共产党治国理政的整体框架之中的。进行伟大斗争、推进伟大事业、实现伟大梦想，绝不能脱离建设伟大工程这个政治保障。

三、伟大事业与中国话语

伟大事业话语是中国话语体系的重要内容，也是构建"学术之中国""理论之中国""哲学社会科学之中国"的重要议题。习近平总书记强调，要"加快构建中国话语和中国叙事体系……形成同我国综合国力和国际地位相匹配的国际话语权"[1]"加快构建中国话语和中国叙事体系，全面提升国际传播效能"[2]。作为当代中国新的话语表达，伟大事业话语是基于中国特色社会主义的理论升华与实践总结，对新时代讲好中国故事、传播中国声音、彰显中国方案、展现中国形象具有重要意义。伟大事业话语的内容建构应以马克思主义作为学理支撑，强调中国共产党的领导力量，阐明各领域全面推进的有机结构，凸显以人民为中心的价值理念。

---

[1] 习近平:《高举中国特色社会主义伟大旗帜　为全面建设社会主义现代化国家而团结奋斗——在中国共产党第二十次全国代表大会上的报告》，人民出版社2022年版，第46页。

[2]《中共中央关于进一步全面深化改革　推进中国式现代化的决定》，人民出版社2024年版，第34页。

（一）伟大事业话语建构的重要意义

伟大事业话语的建构首先是要"言之有据"，即解决"为什么说"的问题。马克思指出："语言也和意识一样，只是由于需要，由于和他人交往的迫切需要才产生的。"①这表明，任何理论和话语都不是凭空产生的，而是源于特定的需要，表现为各种因素交互作用的结果，与一定的现实问题和实践要求相适应。也就是说，"问题"是话语建构的逻辑起点，只有建构基于"问题意识"之上的话语才是现实的，才不会被理解为空洞无物的语言符号。同样，伟大事业话语的建构是立足于新时代的现实问题和实践要求的，能为廓清国内对中国特色社会主义的错误认知、增强中国特色社会主义的国际影响力、回击西方国家对中国特色社会主义的误解曲解提供话语层面的合法性支持与保障。

1.有助于廓清国内对中国特色社会主义的错误认知，助力民族复兴目标的实现

习近平总书记指出："中国特色社会主义是党和人民历经千辛万苦、付出巨大代价取得的根本成就，是实现中华民族伟大复兴的正确道路。"②这一重要论断，科学揭示了实现强国建设、民族复兴的前进方向、必由之路、根本遵循。实现中华民族的伟大复兴，关键在于坚持和发展中国特色社会主义，增进全社会对伟大事业的思想认同、情感认同和政治认同。然而，随着中国经济硬实力的提升，西方国家对中国特色社会主义质疑的声音也层出不穷，其合理性和正当性不断遭到新的挑战。例如，将中国的发展进程看作走向资本主义的过程，认为中国特色社会主义是介

---

①《马克思恩格斯选集》第1卷，人民出版社2012年版，第161页。
②《习近平谈治国理政》第4卷，外文出版社2022年版，第10页。

于传统社会主义向资本主义转轨的中间过程或暂时状态；也有甚者将中国特色社会主义看作"中国特色资本主义"或"资本社会主义"，认为中国发展取得的巨大成就归因于资本主义的移植效应。由于受到这种话语叙事的影响，一部分学者倾向于用西方理论和西方话语来阐释中国特色社会主义事业，导致了国内社会存在着一些错误的思想认知，不仅影响了大众对中国特色社会主义的信心和信念，而且阻碍了实现民族复兴的历史进程。

话语作为一种独特的文化价值符号，能以"理论力量规范并影响着事物乃至社会发展"[①]，而伟大事业话语建构的意义正在于此。从本质上看，伟大事业话语是呈现中国特色社会主义内涵及其外在形象的话语载体和表达方式，是理解、把握和推进伟大事业的重要前提。通过构建伟大事业话语，可以深刻阐明中国特色社会主义的根本理论和实践问题，讲清楚、说明白其显著优势和比较优势，既能廓清国内对中国特色社会主义错误的思想认知，破除"月亮是西方的圆，空气是美国的甜"的思想倾向，也能进一步增强中国人民对中国特色社会主义的认同感和自信心，并使之内化为思想自觉和行动自觉，助力中华民族伟大复兴目标的实现。

2.有助于增强中国特色社会主义的国际影响力，为解决人类问题贡献中国方案

历史地看，社会主义500多年，经历了从空想到科学、从理论到实践、从一国实践到多国发展的历程。20世纪80年代末90年代初，在世界社会主义运动遭受严重挫折的关键时刻，中国通过解放思想、实事求是、与时俱进，大胆吸收、借鉴人类社会创造的一切文明成果，在理论与实践

[①] 杨生平：《话语理论与中国特色社会主义话语体系构建》，《中国特色社会主义研究》2015年第6期。

中逐步探索出了一条有本国特色的社会主义道路。在这条道路上，中国取得了举世瞩目的巨大成就，创造了世所罕见的"两大奇迹"，用发展的事实宣告了："马克思主义过时论"过时了、"历史终结论"终结了、"社会主义失败论"失败了、"中国崩溃论"崩溃了，为世界社会主义运动注入了新的生机与活力。可以说，在对中国特色社会主义的言说上，中国比任何旁观者都更有发言权。

伟大事业话语有力佐证了中国特色社会主义的优越性。仔细分析，话语之所以重要，就在于其可以凭借权力制造出关于自身地位的合法性话语。"话语本身是一种权力。话语不仅是施展权力的工具，也是掌握权力的关键。"[①]一个国家能否在国际社会上产生重要的引领力、影响力，关键在于是否拥有强大的话语权。谁拥有强大的话语权，谁就能在国际社会上拥有发声的主动权和优先权，可以在一定程度上控制议题设置、改变舆论走向，影响他国的认知或行动。正因为如此，话语权才成为各个国家争夺的对象。这也决定了，在新时代下增强中国特色社会主义的国际影响力，必须要牢牢掌握伟大事业的话语权。党的十八大以来，中国特色社会主义进入新时代，"意味着中国特色社会主义道路、理论、制度、文化不断发展，拓展了发展中国家走向现代化的途径，给世界上那些既希望加快发展又希望保持自身独立性的国家和民族提供了全新选择，为解决人类问题贡献了中国智慧和中国方案"[②]。伟大事业话语建构，其目的就在于总结和凝练出既具有社会主义底色、又兼具世界普遍意义的发展经验，无疑为解决人类面临的普遍难题、构建世界文明新秩序，特别是为广大发展中国家实现独立自强提供了真实可见的中国样本、中国经验、中国方案，增强了中国特色社会主义在国际社会上的影响力、吸引力、说服力。

[①] 陈曙光：《论中国话语的生成逻辑及演化趋势》，《马克思主义研究》2016年第10期。

[②]《习近平谈治国理政》第3卷，外文出版社2020年版，第8—9页。

3.有助于回击西方国家对中国特色社会主义的误解曲解,塑造和维护国家形象

随着中国日益走近世界舞台中央,需要构建良好的国际形象。作为一种对国家软实力和影响力的反映和表征,话语权向来是国家和政党之间竞争和博弈的焦点。任何一个国家,如果想要在国际社会中树立良好的国家形象,不断提升在国际社会上的话语权,必然要建构自主的理论体系和话语体系。

从现实方位的角度来看,改革开放以来,我们党带领全国人民坚持和发展中国特色社会主义,创造了举世瞩目的发展奇迹,使中国从跟跑、并跑转变为在一些领域内领跑,从昔日的世界边缘日益走近世界舞台中心,成为了国际社会关注的焦点。然而,中国的快速崛起却引发了一些西方发达国家的恐慌,一段时间内,"中国威胁论""中国霸权论""扩张主义论"等各种谩骂和指责中国的话语论调甚嚣尘上。这些曲解和偏见往往归因于"国强必霸"的丛林法则与零和博弈的惯性思维,认为中国崛起必然会像苏联一样在全球称霸,挑战现存的国际秩序,导致对抗与冲突。与此同时,中国的发展优势未能及时有效转化为话语优势,为中国特色社会主义的国际传播和影响力扩散带来了阻碍。实际上,中国国际形象的塑造不应依赖于"他塑",而主要应依靠"自塑"。基于此,为了积极回应这些误解曲解,跳出西方国家对中国伟大事业所设的话语陷阱,塑造和展现可信可爱可敬的中国形象,需要建构伟大事业优势话语,阐明伟大事业内蕴的和平发展、命运与共等实然价值,进而让国际社会能够认识到一个全面而真实的中国。

综上所述,伟大事业话语的建构既能讲好中国故事,不断增进中国人对伟大事业的认同和自信,助力中华民族伟大复兴目标的实现;又能凸显中国方案,不断拓展中国特色社会主义的国际影响力,为广大发展中国家

提供一种不同于西方社会的发展路径；还能展现中国形象，跳出西方国家对伟大事业所设的话语陷阱，破除在全球化视域下的中国"话语赤字"和"形象他塑"困境。

（二）伟大事业话语建构的内容聚焦

伟大事业话语的建构其次是要"言之有理"，即解决"说什么话"的问题。仔细分析，建立在话语基础上的话语体系，反映的是一定时代背景下的社会经济发展状况、历史文化传统等，其背后乃是对现实社会的实质性内容的总体表达。这意味着，伟大事业话语作为中国实践有效的话语载体和理论表达，"讲什么"尤为重要。"推进伟大事业，强调的是治国理政的旗帜、方向和道路，具有举旗定向的作用，它主要回答'举什么旗、走什么路'或'干什么'的问题。"[①]回溯历史不难发现，在伟大事业推进的过程中，中国始终坚持以马克思主义为学理支撑、以中国共产党为领导核心力量、以各领域的协调发展为有机结构、以以人民为中心为价值理念，由此逐渐积累了许多成功的经验，伟大事业话语便能以此聚焦来进行内容建构。

1.坚持以马克思主义作为学理支撑

科学的理论体系是话语体系和叙事体系建构的内在支撑与必备构件。作为一种彻底的历史科学，马克思主义是推进伟大事业的理论指导，也是伟大事业建构的理论来源和强大思想武器。换言之，伟大事业话语是极具典范的马克思主义中国化的理论创新和理论表达。"在人类思想史上，就科学性、真理性、影响力、传播面而言，没有一种思想理论能达到马克思主义的高度，也没有一种学说能像马克思主义那样对世界产生了如此巨大

[①] 韩庆祥、张艳涛：《论"四个伟大"》，北京联合出版公司2018年版，第90页。

的影响。"① 马克思主义之所以依然是具有国际影响的思想体系和话语体系，就在于它站在了科学的制高点上，以不可辩驳的事实和不容置疑的逻辑揭示了人类社会的发展规律，为推进伟大事业指明了方向。

伟大事业话语，本质上是马克思主义同中国具体实际相结合的伟大事业的外在表达形式。马克思、恩格斯曾指出："中国社会主义之于欧洲社会主义，也许就像中国哲学与黑格尔哲学一样。"② 他们预见到"中国社会主义"将出现，且不同于"欧洲社会主义"，甚至将新中国称为"中华共和国"。中国共产党自成立之日起，就致力于实现社会主义，将马克思主义作为指导全党行动的科学指南。在这一历史进程中，我们党深刻认识到，中国的社会主义建设必须将马克思主义同中国具体实际相结合、同中华优秀传统文化相结合。对此在理论层面，中国共产党不断推进马克思主义中国化，相继产生了毛泽东思想、邓小平理论、"三个代表"重要思想、科学发展观和习近平新时代中国特色社会主义思想，形成了指导和推动伟大事业的中国话语体系。在实践层面，中国共产党明确提出"我们建设的社会主义，是有中国特色的社会主义"③的命题和概念，坚持"四个自信"，统筹推进"五位一体"总体布局、协调推进"四个全面"战略布局，贯彻落实五大发展理念，全力推进"一带一路"建设，不断把伟大事业推向前进。"实践告诉我们，中国共产党为什么能，中国特色社会主义为什么好，归根到底是马克思主义行，是中国化时代化的马克思主义行。"④ 一句话，中国化时代化的马克思主义为伟大事业话语建构提供了学理支撑。

---

① 《习近平谈治国理政》第2卷，外文出版社2017年版，第65页。
② 《马克思恩格斯全集》第10卷，人民出版社1998年版，第277页。
③ 《邓小平文选》第3卷，人民出版社1993年版，第29页。
④ 习近平：《高举中国特色社会主义伟大旗帜　为全面建设社会主义现代化国家而团结奋斗——在中国共产党第二十次全国代表大会上的报告》，人民出版社2022年版，第16页。

2.强调中国共产党的领导核心力量

伟大事业话语的建构，不能绕开中国共产党。历史地看，伟大事业肇始于20世纪下半叶，在中国共产党坚持和发展中国特色社会主义伟大实践中逐渐生成，在以实现强国建设、民族复兴为目标的历史性实践中走向辉煌。实际上，伟大事业推进的每一个重大历史关头，都要靠党把好"方向盘"、靠党领航掌舵。从一定意义上说，伟大事业的叙事就是我们党领导人民创造历史伟业的叙事。因此，阐明中国共产党在领导伟大事业上所发挥出的核心领导作用，是新时代赋予伟大事业话语建构的新任务，也是伟大事业话语面对时代之问不断回答的常新内容。

在伟大事业话语语境下，要深刻阐明党的领导作为中国特色社会主义最本质的特征和中国特色社会主义制度的最大优势具体体现在哪些方面。习近平总书记指出："党政军民学，东西南北中，党是领导一切的。"[1]办好中国的事情，关键在党。在中国这样一个14亿多人口的发展中国家，面对经济社会发展面临的一系列新矛盾新挑战，统筹推进"四个伟大"就必须有坚强有力的党来领导。首先，中国共产党自成立之日起，就把为人民谋幸福、为民族谋复兴自觉确立为初心使命，并贯穿党领导人民推进伟大事业的全部历史进程。其次，中国共产党具有强大的组织力、动员力和整合力，能够发挥总揽全局、协调各方的领导核心作用，实现集中力量办大事、集中力量办成大事，凝心聚力共同推进伟大事业向前发展。再次，中国共产党始终坚持创新发展，让社会创造活力竞相迸发，赋予伟大事业以鲜明的实践特色、理论特色、民族特色、时代特色。最后，中国共产党具有敢于进行伟大斗争、勇于进行自我革命的品格，时刻保持解决大党独有难题的清醒与坚定，在进行具有许多新的历史特点的伟大斗争中，在中国道路上推动伟大事业稳步前行、开拓创新。因此，伟大事业话语内容的建

---

[1]《习近平谈治国理政》第3卷，外文出版社2020年版，第16页。

构，要从党的领导力、创新力、谋划力、落实力上阐释中国特色社会主义"为什么能集中力量办大事""为什么能创造经济快速发展和社会长期稳定'两大奇迹'"，强调党在中国特色社会主义实践中所起到的关键作用，讲好党带领人民推进伟大事业的中国故事。

3.阐明各领域全面推进的有机结构

中国特色社会主义事业的一大突出特点，就在于它是一个涵盖经济、政治、文化、社会、生态等各领域的有机结构，是全面发展、全面进步的社会主义。伟大事业话语的内容建构，必须要从"五位一体"总体布局的整体性建设高度来把握中国特色社会主义的基本构成，阐明其内在结构与有机联系。

改革开放以来，由于没有现成的经验可以借鉴，也没有万古不变的原则可以遵循，因而我们党只有在艰苦探索、摸索和思索中不断推进伟大事业的发展。从物质文明、精神文明"两个文明"一起抓，到协调推进经济、政治、文化建设"三位一体"，再到全面推进经济、政治、文化、社会建设"四位一体"，最后到新时代下确立了统筹推进经济、政治、文化、社会、生态文明建设"五位一体"总体布局，体现了我们党对推进伟大事业的战略谋划。习近平总书记指出："强调总布局，是因为中国特色社会主义是全面发展的社会主义。"[1] 从内在结构来看，社会主义市场经济、社会主义民主政治、社会主义先进文化、社会主义和谐社会、社会主义生态文明，共同构成了伟大事业的总体架构和内容要素，统一于实现民族复兴、强国建设的新目标。从内在联系来看，五大组成部分之间相互影响、相互促进，统一于推进伟大事业的新发展。其中，经济建设是根本，为推进伟大事业的发展奠定坚实的物质基础；政治建设是保障，为推进伟大事业的发展筑牢稳固的制度保证；文化建设是灵魂，为推进伟大事业的发展

---

[1]《习近平谈治国理政》，外文出版社2014年版，第11页。

提供强大的精神动力；社会建设是条件，为推进伟大事业的发展营造良好的社会氛围；生态文明建设是基础，为推进伟大事业的发展提供优良的环境基础。实际上，从"五位一体"总体布局所强调的"一体"中，可以明确看出伟大事业对各领域全面推进的整体性强调。为此，我们要在总结中国特色社会主义发展历程与伟大成就的基础之上，全面阐明伟大事业是由经济建设、政治建设、文化建设、社会建设和生态文明建设所组成的相互贯通、彼此联系的有机整体，将中国的发展优势转化为话语优势，构建具有中国特色的伟大事业话语。

4.凸显以人民为中心的价值理念

为中华民族站起来、富起来、强起来提供有力话语支撑是现实任务。"讲好中国故事，首先要站稳国家立场、人民立场。中国话语的任何言说本质上都是'解码中国''为人民说话'。"[1]这表明，以人为本、以人民为中心是伟大事业话语建构的价值定向。改革开放以来，中国特色社会主义事业之所以能不断前进、取得辉煌成就，正是依靠人民。习近平总书记指出："中国特色社会主义是亿万人民自己的事业，所以必须发挥人民主人翁精神，更好保证人民当家作主。"[2]这一重要论断，揭示了伟大事业背后所蕴含的以人民为中心的价值理念和深刻的"人民性"。因此，伟大事业话语建构的一个有效切入点就是要深刻阐明广大人民群众是坚持和发展中国特色社会主义事业的根本力量，凸显以人民为中心的价值理念。

中国特色社会主义是中国人民奋力开创的，是历史的选择，是人民的选择。党的十八大以来，习近平总书记以强烈的使命担当，接过历史的接力棒，在科学分析当今世界和当代中国发展大势、接续推进伟大事业的征

---

[1] 陈曙光、杨洁：《中国故事与中国话语》，《湖北社会科学》2018年第4期。
[2] 《习近平谈治国理政》，外文出版社2014年版，第13页。

程中，明确要牢牢把握人民群众对美好生活的向往，顺应实践要求和满足人民愿望。这意味着，伟大事业发展的目标不是跻身前列、称霸世界，而是满足人民的美好生活需要、实现人民对美好生活的向往。而作为这一伟大实践的话语表达和理论阐释，伟大事业话语的建构必须要站稳人民立场，说出人民心声，反映人民意愿，维护人民利益。实际上，立场问题从来都不是虚幻的，而是实实在在的。任何话语都是某种意识形态的反映和表征，代表着特定阶级的根本政治立场。在西方资本主义国家，"资本"是真正的主人，"资本逻辑"是社会的主导逻辑，这决定了西方话语本质上是服膺于资本逻辑、实现资本家利益最大化的话语。在中国，"人民"是真正的主人，"人本逻辑"是社会的主导逻辑，这决定了中国话语本质上是以人民为中心、代表人民根本利益和长远利益的话语。从本质上看，伟大事业话语是在"发展事实"的基础上更为深入地回答"中国共产党为什么能、马克思主义为什么行、中国特色社会主义为什么好"，而这三者共同指向的是增进人民福祉。可见，伟大事业话语的内容建构必须要凸显"以人民为中心"的价值理念，既要讲清楚人民群众是推进伟大事业、推动新时代中国发展进步的根本力量，又要讲清楚，人民群众是享受伟大事业发展所带来的一切成果的主体。

（三）伟大事业话语建构的实现路径

伟大事业话语的建构最后是要"言之有方"，即解决"怎么说话"的问题。话语体系的建构是一项复杂的系统工程，绝非易事。在解读中国特色社会主义事业、构建中国理论体系和话语体系上，我们应该最有发言权，但事实上"失语—挨骂"的问题没有得到根本解决。因此，掌握解读伟大事业的话语权和解释权具有重大现实意义，这就要求我们要打造一种行之有效的表达方式、话语方式，来传播好中国特色社会主义事业的故事、声音和经验。只有这样，广大人民群众才能进一步增强对这一伟大事业的信心和认同，国际社会才能更容易理解中国道路、中国理论、中国制度和中国文化。

1.扎根中国社会土壤，不断调整和创新话语的表达方式

中国话语必须扎根中国大地。话语作为思想表达的工具根源于社会实践。这表明，话语既不是思想家头脑风暴的主观臆造，也不是时代之外的遐想，而只能存在于人类的实践活动之中。基于这一认识，新时代伟大事业话语的建构，必须要扎根中国社会土壤，立足于中国特色社会主义实践，揭示新中国成立到改革开放尤其是党的十八大以来的创新理论、发展理论、治国方略等，构建反映伟大事业的话语体系和话语内容。例如，深化"四个伟大"的学理研究。"四个伟大"是为解决"发展起来以后的问题"而提出的，是新时代中国话语创新的典范。由于"四个伟大"是一个有机的整体，涵盖了治国理政的各领域各方面，这就需要用简明扼要的语言来概括关键要点，即各自的形成逻辑、科学内涵、内在本质，以及它们之间的逻辑关系。与此同时，要不断调整和优化话语的表达方式，善于运用时代话语，打造好新时代伟大事业话语建构的中国特色和中国风格，并充分运用传播载体以及大数据、云计算等技术工具，在多维载体的融合体验中输出伟大事业话语，不断增强大众对伟大事业话语的认同感。特别是要高度重视网络话语空间和网络话语资源，借鉴新型话语载体的视听传播，以群众喜闻乐见的叙事形式表达伟大事业所具有的强大生命力和优越性的内在机理，加深大众对"中国特色社会主义"实践进程的理解，在全社会形成对其的话语认同。

2.遵循民族性和世界性相统一、人民性和人类性相统一的导向原则

话语的本质，乃是"实践过程与意识形态交互的外化载体，内含着言

说主体的思维方式、价值立场和民族观念等意识形态内容，会直接影响到话语体系的说服力、吸引力。"[①]这意味着，话语的表达方式是对特定的意识形态内容的反映集合，与其所遵循的建构原则息息相关。仔细分析，中国特色社会主义实践本身所蕴含的话语旨向和实践特质，内在要求我们要遵循两大话语建构原则。

一是要坚持民族性与世界性相统一的原则。我们党不仅强调民族性，而且总是把民族性放在第一位，强调建设"民族的科学的大众的文化"。中国特色社会主义是在改革开放40多年的伟大实践、在中华人民共和国成立70多年的持续探索、在中华民族5000多年灿烂文明的继承发展中得来的，富有鲜明的民族特色。伟大事业话语建构必须要根植于中华优秀传统文化沃土，突出"民族性"。当然，伟大事业话语的建构不能只囿于民族主义的自我表达，而要在"解决民族性问题"的基础上"解决世界性问题"。从更大的视角来看，中国特色社会主义事业之所以伟大，就在于它创造了中国式现代化新道路和人类文明新形态，不仅改变了世界体系的"物质力量结构"，而且革新了世界体系的"精神文化结构"。前者集中体现在"物质—经济形态的建制"上，而后者则是集中体现在"精神—文化形态的建制"和"政治—法律的建制"上。中国不仅要进行"有原则的实践"，而且要在这一实践中提炼出顺应世界发展趋向的"现实的原则"。在此意义上，伟大事业话语建构必须要坚持民族性和世界性相统一的基本原则，对国际上普遍思考的"建设一个什么样的世界、怎样建设这个世界"这一问题作出强有力的回答，彰显伟大事业话语的时代价值和世界意义，为解决人类社会共同问题贡献中国力量。二是要坚持人民性和人类性相统一的原则。如前所述，坚持人民至上，是伟大事业话语建

[①] 艾四林、陈钿莹：《中国式现代化话语体系建构的三重维度》，《山东大学学报（哲学社会科学版）》2023年第2期。

构的基本立场和价值追求。但也要看到，中国特色社会主义事业不仅立足于中国人民的根本利益，而且还着眼于全人类发展的前途命运，是真正把中国人民的幸福同世界人民的幸福相连的伟大事业。伟大事业的实现，绝不意味着中国要取代美国成为下一个全球霸主，以东方中心主义取代西方中心主义，也不意味着中国要彻底颠覆和重塑现行国家秩序，以新的世界霸权取代美国霸权，而是把中国人民利益同各国人民共同利益结合起来，实现中国自身发展和世界各国发展的美美与共。因此，伟大事业话语的建构要坚持人民性和人类性相统一的原则，既要站稳人民立场，彰显人民性的中国价值、中国立场，又要始终站在全人类高度，厚植蕴涵天下情怀的话语要素，积极搭建为全人类谋幸福、谋进步、谋发展的话语体系。

3.注重政治话语、学理话语和大众话语的协调发展

建设中国特色话语和话语体系的根本目的，就在于使广大人民群众理解并认同中国特色社会主义，不断推进伟大事业向前发展，为实现全面建设社会主义现代化国家、中华民族伟大复兴而团结奋斗。"中国特色社会主义话语体系在表达上，要将政治话语、学理话语和大众话语有机结合起来，缺一不可。只有这样，中国特色社会主义才能在政治层面，说得对；学理层面，说得通；大众层面，老百姓听得懂。"[1]因此，新时代伟大事业话语的建构，要注重政治话语、学理话语和大众话语的有机统一、协调发展。具体来说，伟大事业的政治话语表达要符合国家意识形态要求、坚守根本政治方向，用权威、严谨的语言阐明建设中国特色社会主义的重大现实问题，主要包括发展道路、发展方向、发展原则、发展前景、领导核心等根本政治问题。伟大事业的学理话语表达要坚持马克思主义基本立场、基本观点和基本方法，用学理性、规范性、科学性的语言阐明中国特色社

---

[1] 唐爱军：《中国话语方式》，《社会科学战线》2015年第3期。

会主义的理论基础、历史渊源、现实问题、实践要求、价值意蕴等重大现实问题。伟大事业的大众话语表达要贴近人民群众的基本生活，适应人民群众的文化程度、思维方式、语言习惯，用生动活泼、易于传播理解的语言阐明中国特色社会主义理论方针政策，推动伟大事业话语传播的通俗化、大众化。比如，"实践是检验真理的唯一标准""发展是硬道理""撸起袖子加油干""小康不小康，关键看老乡""绿水青山就是金山银山"等。这种平易近人的话语不仅逐渐成为老百姓的日常话语，同时也有助于增进民众对中国特色社会主义道路、理论、制度、文化的理解、认同和自信。

四、伟大梦想与中国话语

伟大梦想话语是中国意识形态领域具有划时代意义的话语创新和话语再造。作为国家新的话语表达和文化图景，伟大梦想话语承载着向世界阐明中国和平崛起与文明崛起、展示真实立体全面的"中国形象"的历史使命，是中国话语体系的重要组成部分，是提升中国国际话语权的重要契机。伟大梦想话语建构必须把马克思主义作为伟大的认识工具，夯实话语建构的学理支撑，从当代中国所经历的最为宏大而独特的伟大实践中汲取话语建构的活水，坚持话语建构的原创性、民族性、群众性和斗争性原则，用中国话语阐明中华民族的伟大复兴。伟大梦想的中国话语建构对完善中国道路的话语表达、激发民众共同推进伟大梦想、重塑世界和平与发展新格局、实现与西方平等对话和推动中国话语崛起具有重要意义。

（一）伟大梦想话语建构的根本遵循

从话语的角度来看，话语是一个国家的身份标签，话语的独立是一个国家文化和精神独立的重要标志之一。伟大梦想话语反映的是中国人民在特定的时代背景下追求民族复兴的殷切希望，而不是对"美国梦""英国梦"等西方话语的重复使用和简单借鉴。伟大梦想话语是马克思主义中国化话语创新和话语再造，建构伟大梦想的中国话语必须坚持以马克思主义为指导、以中国特色社会主义实践为立足点、以共产主义为旗帜、以中国理论为支撑。

第一，伟大梦想话语建构必须以马克思主义为指导。马克思主义既是中华民族复兴的强大思想武器，也是伟大梦想话语的理论基础。伟大梦想作为马克思主义中国化创新性的话语表达，其理论基础来源于马克思主义理论。在《共产党宣言》1892年波兰文版序言中，恩格斯已经明确使用了"民族复兴"概念，并阐述了被压迫被奴役民族的"民族复兴"与国际社会主义事业的联系。"波兰工业的迅速发展……又是波兰人民拥有强大生命力的新的证明，是波兰人民即将达到民族复兴的新的保证。而一个独立强盛的波兰的复兴是一件不仅关系到波兰人而且关系到我们大家的事情"[①]，这为被压迫民族实现民族复兴指明正确方向。在马克思、恩格斯那里，民族复兴主要是指被压迫被奴役民族的复兴，主要包括民族的独立、解放、统一和国家强盛等方面，这为伟大梦想话语建构指明了方向。中国共产党自建党之初，就把马克思主义写在自己的旗帜上，作为全党的行动指南，指导中华民族伟大复兴进程。在马克思主义与中国具体实际相结合的过程中，相继产生了毛泽东思想、邓小平理论、"三个代表"重要思想、

[①]《马克思恩格斯选集》第1卷，人民出版社2012年版，第395页。

科学发展观、习近平新时代中国特色社会主义思想，指引中国革命、建设和改革。马克思、恩格斯认为民族复兴是人类历史上具有一定普遍性的社会历史现象，是一项利于世界和平发展的正义进步事业，民族复兴并不是出于民族主义动机，而是基于世界无产阶级解放和共产主义事业发展的立场。中国共产党人提出的伟大梦想不仅仅着眼于自身的发展，而且还具有"兼济天下"的情怀，自觉地把"为人民谋幸福，为世界谋大同"作为自己的使命，践行马克思主义基本立场。

第二，伟大梦想话语建构必须以中国特色社会主义伟大实践为立足点。"话语乃是由实践建构起来的，而不是由概念建构起来的。"[1]仔细分析，伟大梦想话语的背后是中国特色社会主义伟大实践。实践成功是话语建构的关键。伟大梦想话语能否建构，首先取决于中国特色社会主义伟大实践能否成功。改革开放以来，中国走出了一条中国特色的社会主义道路，创造了举世瞩目的中国奇迹。在经济领域我国已经连续40多年保持了超长且持续的增长，在社会领域我国城乡居民收入和居民财富持续增加，在扶贫领域我国脱贫攻坚战取得全面胜利，国际地位和国际影响力显著提升。这些"中国奇迹"和"中国故事"就是伟大梦想话语的言说对象，也是伟大梦想话语的逻辑起点。中国特色社会主义伟大实践是伟大梦想话语的最根本和最充足的依据，伟大梦想话语本身也是中国特色社会主义伟大实践的产物。其次，伟大梦想话语能否建构也取决于伟大梦想话语能否解释中国特色社会主义伟大实践。中国的发展模式与英美的盎格鲁——萨克逊模式、欧洲大陆的莱茵河模式、苏联的传统社会主义模式、日本的东亚模式、阿根廷的拉美模式等都是不可同日而语的。从根本上讲，中国特色社会主义伟大实践取得重大成就的原因在于中国共产党带领中国人民成功"开辟了中国特色社会主义道路，形成了中国特色社会主义理论体

---

[1] 陈曙光：《大国复兴》，人民日报出版社2019年版，第313页。

系，建立了中国特色社会主义制度，发展了中国特色社会主义文化"[①]。所以伟大梦想话语必须揭示出中国特色社会主义伟大实践的特殊性，讲清楚中国特色社会主义道路的异质性、中国特色社会主义理论体系的科学性、中国特色社会主义制度的优越性、中国特色社会主义文化的先进性，这些都是伟大梦想话语建构的支撑点。

第三，伟大梦想话语建构必须以共产主义为旗帜。马克思、恩格斯认为，只有通过共产主义运动，民族复兴才有可能。中国共产党一经成立，就把实现共产主义作为党的最高理想和最终奋斗目标，义无反顾地肩负起实现中华民族伟大复兴的历史使命。中国共产党之所以能够经受一次次挫折而又一次次奋起，归根到底是因为我们党有着共产主义的理想信念。革命理想高于天，"志不立，天下无可成之事。"20世纪20年代，对于近代中国人来说，肩负起民族复兴的重任并非易事，多种"主义""理想"，多种政治力量都没有给旧中国带来实质性的变化，而中国共产党的成立，特别是共产主义奋斗目标的确立，使得中国革命的面貌焕然一新，指引着中国从胜利走向胜利。100多年来，我们党已经从一个领导人民为夺取全国政权而奋斗的党转变成为在全国执政并长期执政的党，在追求民族复兴的路上一直进行着伟大的社会革命和伟大的自我革命，生动地诠释着共产主义的实践意蕴。马克思、恩格斯在《共产党宣言》中指出："代替那存在着阶级和阶级对立的资产阶级旧社会的，将是这样一个联合体，在那里，每个人的自由发展是一切人的自由发展的条件。"[②]这个重大论断是马克思、恩格斯对人类发展目标的美好憧憬，深刻揭示了共产主义精神在民族复兴进程中的时代意义。党的十九大把中国人民的美好生活和中华民族的伟大复兴，共同作为新时代中国共产党人奋斗的目标。"人民对美好生活的向

[①]《习近平谈治国理政》第3卷，外文出版社2020年版，第333页。
[②]《马克思恩格斯选集》第1卷，人民出版社2012年版，第422页。

往，就是我们的奋斗目标"①。伟大梦想的核心不是跻身世界前列，人民美好生活才是其应有之义。我们必须确认世界排名不应成为中华民族复兴的核心追求，伟大梦想应该具有更深层次的追求。"人们的存在就是他们的现实生活过程"②。实现中华民族伟大梦想的实质就是人民过上美好的生活，这是共产主义精神在民族复兴上的体现。

第四，伟大梦想话语建构必须以中国理论为支撑。"话语的背后是理论，理论的背后是意识形态。"③当今西方国家之所以拥有较强的话语权，能够对其他国家的学术界和理论界产生影响，能够"解释"其他国家的历史、理论和实践，一个重要原因就是它们具有一套完善的理论体系。当前我们一些学者运用西方话语、西方范式和西方理论来解释中华民族的伟大复兴，究其原因，我们还没有建构伟大梦想的科学理论体系。伟大梦想话语的当代建构只有"立足于我们民族自身的语言（所谓'中国语'）的基础上，才有可能实际地开展出来并积极地被构成"④。一言以蔽之：中国话语必然说"中国语"。只有建构起以马克思主义为指导的，被广大人民群众所接受的并且能够解释中华民族伟大复兴的实践、问题和经验的科学理论，中国话语才能有效表达伟大梦想的精神内涵，才能够解决中国话语在伟大梦想方面"三失"的问题，才能够破除西方话语和意识形态的渗透。在中华民族伟大复兴进程中，中国自身的历史文化因素是西方国家所没有的，中国社会主义现代化所面临的情况也是西方现代化所没有遇到过的，中国要解决的时代问题与西方要解决的时代问题已经有了实质性的区别，我们无法从西方的思想理论中找到现成的解决方案。中国哲学社会科学的正确道路应该是基于中国现实的需要去解决中国所面临的问题，建构中国

---

① 《习近平谈治国理政》，外文出版社2014年版，第424页。
② 《马克思恩格斯选集》第1卷，人民出版社2012年版，第152页。
③ 韩庆祥：《中国道路及其本源意义》，中国社会科学出版社2019年版，第216页。
④ 吴晓明：《论中国学术的自我主张》，复旦大学出版社2016年版，第27页。

理论，然后才有中国话语。在21世纪，哪个国家具有能解释实践、经验和问题的理论，哪个国家就有更多的话语权。所以习近平总书记特别强调我们不要辜负了这个需要理论而且一定能够产生理论的时代，要加快构建中国特色哲学社会科学。事实上，习近平新时代中国特色社会主义思想就是能够解释时代发展和中国实践的"中国理论"，我们要基于这一理论，来建构伟大梦想的话语体系。

（二）伟大梦想话语建构的基本原则

伟大梦想话语反映了新时代中国人民希望国家富强、民族振兴和人民幸福的夙愿。如何使伟大梦想话语诉求成为激发人民群众积极性、主动性、创造性，推动社会发展的话语，是我们面临的重要问题。我们不仅要阐述伟大梦想的理论内涵，还要找到表达伟大梦想的中国话语及其叙事方式。"话语不仅是表现世界的实践，而且是在意义方面说明世界、组成世界、建构世界"[1]，伟大梦想话语建构要体现原创性原则、民族性原则、群众性原则和斗争性原则。

伟大梦想话语建构要体现原创性原则。对于话语体系建构来说，没有原创性，就没有时代性。离开了原创性和时代性，就无法构建话语体系。伟大梦想话语建构需要提炼具有原创性和时代性的话语。话语的原创性既包括在继承和发展前人话语基础上的解析和建构，又包括开放吸收外来话语进行选择和提炼。话语的时代性就是针对时代课题和难题提出的话语解答。当前我国面临的话语格局仍然是敌强我弱，建构伟大梦想话语的时代性就是要构建中国特色话语和话语体系，针对国际社会对我们的误解

---

[1]〔英〕诺曼·费尔克拉夫著，殷晓蓉译：《话语与社会变迁》，华夏出版社2003年版，第60页。

误读,要用国际社会听得懂听得进的语言来讲好中国故事,在国际社会争夺话语权,实现与西方话语平等对话。当代中国正经历着我国历史上最为广泛而深刻的社会变革,也正在进行着人类历史上最为宏大而独特的实践创新。伟大梦想的话语创新要植根于中国特色社会主义的伟大实践和生活本体,要扎根于中国特色社会主义建设之中,对中国特色社会主义伟大实践进行理论总结,提炼出新概念新范畴新表达,回应时代所需,解决时代所问。"要围绕我国和世界发展面临的重大问题,着力提出能够体现中国立场、中国智慧、中国价值的理念、主张、方案。"[①]同时伟大梦想也不是一成不变的,而是在实践中不断运动变化的,伟大梦想的话语也要面向未来,基于现实面向未来进行科学探索。伟大梦想话语建构既要开动脑筋、解放思想,又要实事求是、有的放矢。因此在中国特色话语和话语体系建设中,要坚持不忘本来,提升面向未来的精神。

伟大梦想话语建构要体现民族性原则。中国共产党总是把民族性放在第一位来建设我们的文化。中华民族是在延续和继承5000多年灿烂文明中复兴起来的,伟大梦想话语是内涵民族性特色的。首先,伟大梦想话语来源于中华优秀传统文化,伟大梦想话语从"振兴中华""小康社会""天下为公""和而不同""和谐万邦"等思想观念中吸取精华,提出中国梦不仅是中国人民的梦,也是世界人民的梦,中国梦是造福世界的梦。其次,伟大梦想话语生成于中国特色社会主义,中国特色社会主义是改革开放以来党的全部理论和实践的主题,实现伟大梦想必须坚持和发展中国特色社会主义。中国特色社会主义是中国共产党和中国人民的伟大创造,富有鲜明的民族特色。所以,伟大梦想的话语建构必须与中国传统的优秀文化和中国特色社会主义先进文化相衔接,这些都是伟大梦想话语建构的前提资源。当然,我们强调伟大梦想话语建构的民族性原则并不意味着语言学上

[①]《习近平谈治国理政》第2卷,外文出版社2017年版,第340页。

的"民族主义"和"孤立主义",而是说我们只有立足于我们民族自身的语言,我们与外部世界的交流和理解才能成为现实的和可能的。

伟大梦想话语建构要体现群众性原则。马克思指出,"理论只要说服人,就能掌握群众;而理论只要彻底,就能说服人"①。伟大梦想具有深厚的历史背景、丰富的基本内涵和深远的时代意义,要让伟大梦想话语获得最广泛的认同,必须建构出让人民群众易于接受、便于理解、喜闻乐见的话语表达。毛泽东强调要向人民群众学习语言。为人民服务不仅要深入现实生活中,也要深入人民群众的心里面。"洋八股必须废止,空洞抽象的调头必须少唱,教条主义必须休息,而代之以新鲜活泼的、为中国老百姓所喜闻乐见的中国作风和中国气派。"②伟大梦想的语言表达要简明易懂、喜闻乐见和开放吸收。一方面,从伟大梦想话语的创造主体来看,虽然伟大梦想话语的创造主体是党的领导或者专业理论工作者,但是人民群众是社会的历史的创造者和完成伟大梦想的实践主体,因此,伟大梦想话语是基于广大人民群众的实践所需。所以,伟大梦想话语具有鲜明的群众属性,这点是区别于西方话语的重要特征。另一方面,从伟大梦想的话语使用主体来看,中国最广大的人民群众是伟大梦想话语最直接的言说主体,伟大梦想话语必须牢牢掌握人民群众,契合人民群众的需要,从根基上满足人民群众对于美好生活向往的话语需求。现阶段我们要改变说大话、说空话、说假话的现状,就必须用唯物史观武装头脑,走群众路线,找到与人民群众利益息息相关、与人民群众生活密切联系的话语表达方式。在信息化时代,网络语言已经成为人们生活的一部分,特别是年轻人生活的一部分,要以年轻人能够接受的方式讲话。

伟大梦想话语建构要体现斗争性原则。实现中华民族伟大复兴的中国

---

①《马克思恩格斯选集》第1卷,人民出版社2012年版,第9—10页。
②《毛泽东选集》第2卷,人民出版社1991年版,第534页。

梦,必须进行伟大斗争,建构伟大梦想话语同样也需要进行伟大斗争。话语本身反映了一定社会思潮在特定的社会历史环境下相互斗争和影响的关系。正如福柯所说:"必须将话语看作是一系列的事件,一种政治事件:通过这些政治事件才得以运载着政权、并由政权又反过来控制着话语本身。"[①]任何一种新型话语要成为主流话语都必须与其他话语进行斗争。现如今新时代的中国经济总量已经居于世界第二位,中国拥有全球最大的消费市场和最全的工业体系,可我国的发展优势还没有转化为话语优势,"西强我弱"的国际话语格局并未发生根本改变,国际话语领域的斗争依然十分激烈和复杂。面对日益强大的中国,西方国家处心积虑设置障碍、散播谣言、煽风点火制造麻烦,利用各种途径和手段污蔑中华民族的伟大复兴。所以,要建构伟大梦想话语,必须要发扬斗争精神。斗争精神是马克思主义的理论品格,也是中国共产党人的优秀传统。强调斗争并不是铺天盖地、毫无科学依据的乱斗,也不是四面树敌、毫无意义的盲斗,而是要掌握斗争规律,讲求斗争方法,坚持有理有利有节的原则。一方面要科学分析当前伟大梦想话语建构和传播的必要性和迫切性,善于把当前伟大梦想话语建构和传播的不利因素转化为有利因素,始终与各种西方恶意言论和思想作坚决的斗争,牢牢掌握伟大梦想话语议题设置的主动权,"包括主导议题概念的定义权、议题核心内容的提供权、议题话语的解释权、议题话语标准的制定权、议题话语的设置权、议题议程的主导权、议题争议的裁定权等"[②]。另一方面要善于把握历史规律,树立大历史观,从历史长河、时代大潮、全球风云中分析演变机理,提出因应的战略策略,抓住主要矛盾和矛盾的主要方面,坚持斗争过程和斗争实效相统一。伟大梦想话语建构的途径要多样化,适应新媒体发展的需要;建构的内容要平

---

① 冯俊:《后现代哲学讲演录》,商务印书馆2003年版,第417页。
② 杨安、张艳涛:《议题设置与中国话语建构》,《理论探索》2020年第6期。

民化，贴近百姓生活日常；建构的价值取向要现实化，符合人民的利益取向。

（三）伟大梦想话语建构的价值意蕴

伟大梦想话语的提出适逢中国发展的关键时期，世界秩序也面临大变革。伟大梦想话语富有深刻政治内涵和丰富价值意蕴，它不仅为中国人民和世界人民投射了中国社会建构理想和价值趋向，也为解决人类问题给出了中国方案。

第一，有利于坚持中国道路，完善中国道路的话语表达方式。伟大梦想话语展现了中国道路的内在逻辑，这一逻辑获得了世界广泛性的认同并产生了积极的影响，昭示了实现伟大梦想是中国道路的必然结果。建构伟大梦想话语的目的就是要保证中华民族沿着社会主义康庄大道实现伟大复兴。回顾中国历史，中国道路形成发展的历史就是伟大梦想形成和实现的历史。"站起来"是实现伟大梦想的基础性任务，表明只有社会主义道路才能救中国；"富起来"是实现伟大梦想的关键性任务，表明只有中国特色社会主义道路才能发展中国；"强起来"是实现伟大梦想的根本性任务，表明只有走中国特色社会主义道路才能强大中国。中国道路呈现出现代化特性、社会主义特性和民族复兴的特性。"当代中国的伟大社会变革，不是简单延续我国历史文化的母版，不是简单套用马克思主义经典作家设想的模板，不是其他国家社会主义实践的再版，也不是国外现代化发展的翻版，不可能找到现成的教科书。"[1]中国道路超越了资本现代性逻辑、传统社会主义逻辑，呈现了中国道路的独特的现代性逻辑。国强必霸是近代西方500年历史发展的不变旋律，中国走的是一条社会主义和平发展和平崛

---

[1]《习近平谈治国理政》第2卷，外文出版社2017年版，第344页。

起之路。中国道路逐渐被外国学者和政府所重视,也反映了伟大梦想的实现道路在世界范围内被外国学者和政府所认同,使国际社会更加深刻地接受和理解伟大梦想话语。因为伟大梦想话语的建构不仅为当前中国道路的发展指明方向,也为解决人类面临的共同问题提供中国方案。

第二,有利于凝聚精神共识,共同建设伟大梦想。中华民族的伟大复兴不仅需要物质、技术、制度等,还需要精神、意志和信念。实现中华民族伟大复兴是全体中国人民共同的精神坐标,也是全体中国人民强大的精神旗帜,鼓舞着中国人民为实现中华民族伟大复兴而团结奋斗。伟大梦想话语关切的核心对象是中国广大人民群众,中国梦归根到底是人民的梦,是为人民谋求幸福的梦。民族复兴不仅仅是国家的事情,也是每一个中国人的事情,是涉及每一个中国人切身利益的事情。伟大梦想话语自上而下贯穿国家的发展当中,激发了中国人民的爱国主义精神和改革创新精神,催生了中国人民为民族复兴而奋斗的情怀,具有强烈的亲和力和感染力。人民群众始终都是历史的创造者,中国广大人民群众在新民主主义革命时期、社会主义革命和建设时期、改革开放和社会主义现代化建设新时期都发挥了重大作用,也必将在实现中华民族伟大复兴的征程中发挥重要的主体作用。用伟大梦想的话语表达方式来传递国家战略目标,弱化了意识形态和国家利益的特性,不仅容易获得本国人民的情感认同,而且也容易获得外国政府和人民的认同,吸引越来越多的有识之士加入其中。

第三,有利于超越西方话语逻辑,实现与西方的平等对话。长期以来,西方国家利用其强大的政治、经济、文化和科技优势实现了其对世界话语的统治。在国际话语场,有关"中国道路""中国文化""中国制度""民族复兴"等话语权几乎被西方话语主导和控制,西方话语把西方社会的价值观念和模式看成人类文明的标准,对中国进行无理指责和歪曲评判。这种"西方中心主义是一种独断性话语体系"[①]，是西方国家看待现实社会的选择性机制和集体无意识。所以我们要加强话语体系建设，建立起平等的话语对话机制。伟大梦想的话语建构一方面可以体现马克思主义创新的理论品格，开辟了马克思主义理论话语创新的新起点；另一方面可以实现学术话语与政治话语、民间话语与官方话语、中国话语与世界话语的统一，打破此前马克思主义话语单调刻板的形象。在国际上，所谓"西方梦""美国梦"等话语随着西方国家经济增长缓慢而逐渐显露其面目狰狞的一面，以破坏其他国家发展和安全为代价来获得本不属于自身的利益。伟大梦想话语的建构超越了"西方梦""美国梦"狭隘的民族主义，从本国现实利益和国际社会整体利益出发，提出了体现全球社会发展规律和世界人民福祉的方案，有利于在国际社会树立起中国可信、可爱、可敬的国际形象。伟大梦想话语是在特定的中国道路成功的特定历史条件下形成的，为此我们必须坚持和发展中国特色社会主义，积极开展与其他文明和文化系统的对话，建构一个"交互主体"的话语体系，提高自身话语的影响力与辐射力，不做西方话语的追随者。

[①] 韩震：《大国话语》，人民日报出版社2018年版，第64页。

第六编

价值观论争

与

中国话语

一、当前我国思想理论界思想状况

改革开放40多年，中国从经济结构到社会结构再到人的心理结构，从人们的生产方式、生活方式、生存方式到思维方式和行为方式再到心灵秩序，都发生了广泛而深刻的变化，这些变化既为中国当前思想创新和理论创造提供了新契机，又进一步增加了思想创新和理论创造的难度。只有深刻分析并精准理解这些变化，才能为中国文化强国建设提出有针对性的建议。近年来，中国思想理论界更加活跃、更多激荡，各种理论思潮交流、交锋更加频繁，可以说既是一个思想理论空前活跃的时期，也是思想理论相对混乱的时期。实践证明，中国道路、中国理论体系、中国制度、中国战略是成功的。然而，面对中国的成功实践，中国思想理论界明显概括总结不够；面对中国当下的社会现实，中国思想理论界反思明显不够；面对中国未来发展道路，中国思想理论界明显理论储备不足。因此，习近平总书记提出了"着力打造融通中外的新概念新范畴新表述，讲好中国故事，传播好中国声音"[①]的战略任务，但是中国思想理论界对这一战略任务还缺乏理解，面对中国发展对中国思想理论提出的巨大思想理论需求，中国思想理论界的思想理论供给明显不足。

在新形势下如何加快构建面向中国问题的中国特色哲学社会科学？习近平总书记在哲学社会科学工作座谈会上发表的重要讲话对于加快构建中国特色哲学社会科学具有重要的指导意义，归纳起来就是要体现继承性、民族性、原创性、时代性、系统性、专业性。黑格尔曾深刻指出："一个民族除非用自己的语言来习知那最优秀的东西，那么这东西就不会

---

① 《习近平著作选读》第1卷，人民出版社2023年版，第150页。

真正成为它的财富，它还将是野蛮的。"[①]中华民族必须要创造自己的哲学社会科学理论，并以此提升哲学社会科学的民族性和标示出中国思想的路标。

文化是民族的血脉，是人民的精神家园。为了把脉当前中国社会思想动态，真实反映马克思主义中国化的最新成果，必须把握思想理论界的主流和基本面。当前，我国思想理论界的主流是努力用思想把握时代精神，力图充分发挥思想解放的巨大牵引作用，但是总体上处于思想焦虑和理论匮乏之中。概括起来，我国思想理论界整体上看是"分化有余而整合不足""需求巨大而供给不足"，主要原因是随着多元社会的到来，主流和主导工作做得不到位，具有真知灼见的思想理论供给明显不足。思想具有时代性，思想的时代性是指向当下的，对待时代应该深思，所谓深思就是"切中中国现实"。仔细分析，中国道路不仅对世界作出了"生存性贡献"和"发展性贡献"，而且还作出了"和平性贡献"与"文明性贡献"。就此而论，中国道路所蕴含的"中国现代性"及其展开有可能构成一个对现代西方文明模式的"补充性方案"或"替代性方案"。未来划分国家的主要标准将不是"发达国家"和"发展中国家"，而是"创新能力强的国家"和"创新能力弱的国家"、"文明国家"和"野蛮国家"。

在中国整体思想理论图景中，既有西方所谓"普世价值"的追随者，又有"文化保守主义"的倡导者，还有"马克思主义中国化"的推进者；既有一些面对中国问题的独立思考者，也有一些向西看、向过去看者，还有一些"面向未来"的向前看者。随着马克思主义研究的"多元化""回归学术"以及"文本解读"热潮日益兴起，在中国马克思主义研究图景中"学院派"研究逐渐凸显，试图谋求所谓"纯学术"话语和"正宗"地

[①] 苗力田译编：《黑格尔通信百封》，上海人民出版社1981年版，第202页。

位，大有主导当代中国马克思主义研究之势。不可否认，学院派马克思主义研究具有历史的合理性和现实的针对性，对于深化马克思主义研究具有不可替代的作用，但割裂政治与学术的内在关联，似乎关注政治就不是学问，研究现实也不是学术，只有解读文本才是真正的学问和学术，才是真正在进行学术研究，这种看法是值得商榷的。学术研究从来就是"条条大路通罗马"的，根本就不存在"自古华山一条路"的情况。其实，学院派马克思主义仅仅是众多研究路径、研究风格和研究方法中的"一种"，但是如果把"之一"超拔为马克思主义研究的基调甚至是"唯一"合理路径，则是值得商榷的。当代中国马克思主义学者不仅要讲马克思，还应接着马克思往下讲，不仅要阐释，而且要有所发挥，努力使马克思真正活在当下的中国。

总之，当前中国思想理论界对一系列重大问题的研究仍显得缺乏动力和活力，概括起来，主要是复述西方的多，自主创新的少；介绍宣传的多，消化吸收的少；谈坚持的多，谈解放思想的少；主流媒体上政治表态多，有思想有启发的深入研究少；思想理论独白多，思想理论交锋少；引进来的多，走出去的少。甚至出现"耕了别人的地，荒了自己的田"的状况。

二、社会主义核心价值观建构路径

价值观是社会精神文化系统中深层的、相对稳定而起主导作用的成分，是人的精神心理活动的中枢系统。价值观的变迁，是经济社会变化的反映。因此，随着经济社会的进一步发展，必然提出建构社会主义核心价值观问题，而社会主义核心价值观则必须是一种具有权威解释力、涵盖力、包容力和凝聚力的全社会普遍认同的价值观。只有这样的价值观，才能为广大人民群众提供一种共同的价值导向，为人的自由全面发展创造条件，为经济社会持续、健康和快速发展提供价值支撑。

改革开放以来，中国社会发生巨大变化，其中最大的变化就是催生出一个多样化社会：政治上，民主化与法治化进程稳步推进；经济上，市场化蓬勃发展；文化上，"百花齐放、百家争鸣"；社会充满生机与活力。与此同时，中国也进入了发展机遇期与矛盾凸显期并存的阶段。在这一时期，新旧矛盾交织、利益调整剧烈、社会转型加快。为了有效整合社会各方面发展动力、有效应对各方面挑战，迫切需要整合、凝聚和提升具有时代气息的社会主义核心价值观。历史地看，中国改革开放以来，无论是综合国力还是人民生活水平都有了很大提高。现实地看，随着改革开放的深化，社会分化日益凸显，区域差距加剧。在改革走过了"动员参与期""利益分化期""诉求表达期"，走到今天"整合凝聚期"的现实境遇下，弄清如何迅速而有效地整合与凝聚各阶层、各群体的合理诉求，对于实现改革、发展、稳定与和谐的目标具有重要的现实意义。

（一）问题的提出：
建构社会主义核心价值观的必要性

1. 针对"分化有余而整合不足"的社会现实

当代中国社会发展把核心价值观问题推到前台，其内在的原因之一是随着改革开放的深化，社会一定程度上出现"分化有余而整合不足"的局面。随着社会主义市场经济在当代中国的发育与完善，中国逐渐实现从传统农业社会向现代工业社会、从传统身份制社会向现代法治社会的转型，这一转型与市场经济密切相关。市场经济内在要求一系列转变：在社会关系层面表现为从"身份"到"契约"；在政府权限层面表现为从"无限"到"有限"；在人格特质层面表现为从"依赖"到"独立"。与之相应，在市场和政府共同作用下，给强者以公平，给弱者以公正，使个人与社会和谐共进，使个人与他人和谐共处成为现实问题。然而，发展不平衡是影响中国社会和谐的重要原因之一。长期以来，由于城乡、区域和经济社会发展不平衡，利益分配体制和机制不健全、不完善，社会收入差距不断拉大，加之社会保障水平较低，公共资源分配失衡，一些关系群众切身利益的问题较为突出，并直接影响中国社会的和谐与稳定。实际上，越是分化的社会，就越需要提升整合力与凝聚力。现代人仿佛一个个孤立的原子，渴望他人的关心。在这样的现实境遇下，如何有效凝聚各种不同但却合理的诉求，是摆在哲学社会学者面前的艰巨任务。

2. 针对"离散有余而团结不足"的社会现状

社会"离散有余而团结不足"的现实迫切需要构建具有整合力量、凝聚人心功能的社会主义核心价值体系。这一价值体系至少蕴涵以下内容：重建个人所有制，以此确立对产权的尊重；以人为本，以此确立对人性与人权的尊重与认可；机会均等；公平公正；是非荣辱观念，等等。无疑，改革开放是强国之路，市场经济是富民之路，但在改革开放和发展市场经济的过程中，不能仅仅以物的发展为主导价值观。当代中国需要对工具理性和价值理性给予同样的关注，对资本与劳动、物与人、活力与和谐进行深层分析与理性探讨。因为，中国的现代化正处在爬坡阶段，中国人的发展形态整体上正行进在由"对人的依赖"向"对物的依赖基础上人的相对独立性"途中。此时尤其需要从价值观高度对社会发展方向、人生价值取向进行哲学观照，尤其需要在物质生产与精神生产之间保持必要张力，寻求理性平衡。这不是对"以经济建设为中心"的冲击，更不是对"发展是硬道理"的偏离，恰恰相反，是继续把发展经济放在首位，同时努力避免死的资本迈着同样的步子，对现实的人的价值、尊严和人格等漠不关心。①归根结底，无论是社会的进步，还是生产力的发展，最终都要反映到个人的自由全面发展这个基点上来。这就需要在政府的引导下进行必要的"社会整合与凝聚，就是通过协调社会系统各部分和各力量之间的关系来维持一定的社会和谐"②与社会"有机的团结"。

3. 针对"多元发展有余而一元主导不足"的现象

当前，中国社会价值观的多元性与多样化主要是1978年以来改革开放的产物。首先有必要声明，我们强调社会的多元化并不是否定主旋律。自1978年改革开放以来，随着所谓正统的马克思主义哲学一元"话语霸权"的式微，马克思主义哲学研究的多元化格局日益生成。在多元语境中，思想创新的关键是范式的转换与创新。改革开放以来，中国马克思主义哲学研究取得的进步主要体现在：研究范式由"一元独尊"向"多元互竞"转换；表达范式由"一种声音"向"百家争鸣"转换；思想范式由"被动接受"向"哲学自觉"转换。在"多元发展有余而一元主导不足"的现实境遇下，执政党的基本任务和主要功能是运用国家公共权力，整合一切合理诉求，凝聚一切积极力量，注重不同社会阶层和利益群体的协调与合作以及社会和谐，以维护社会政治稳定，促进经济社会发展，满足人民群众的物质文化需要，所以其指导思想彰显"整合意识""建设意识"和"对话意识"。

---

① 参见《马克思恩格斯全集》第3卷，人民出版社2002年版，第227页。
② 韩庆祥：《思想是时代的声音：从哲学到人学》，新世界出版社2005年版，第242页。

（二）问题的分析：
建构社会主义核心价值观的关键是思维范式转换

1. 由"两极对立"到"共赢共生"

从"两极对立"思维到"共赢共生"思维是时代的进步。从总体上看，随着战争与革命时代的结束及和平与发展时代的到来，谋发展、求共荣、促和谐成为时代主旋律，世界各国的竞争舞台从军事转到经济，由战场转到市场。革命年代，多用革命的方式解决问题，而在建设时期，多用发展的手段解决问题。在和平发展时期，以突出斗争思维为特征的马克思主义哲学已经不能完全适应改革开放新形势的需要，迫切需要扬弃两极对立的思维方式，确立共赢共生的思维方式。在思维方式上，从"两极"走向"中介"是思维领域的重大变革。"共赢共生"思维要求我们在分析和解决一切问题时，把符合客观规律同反映人性发展要求结合起来，把物的尺度和人的尺度、科学尺度与价值尺度结合起来。具体而言就是要：由"以阶级斗争为纲"到"发展是硬道理"；由"造反有理"到"建设有理"；由"你死我活"的"斗争哲学"向"共赢共生"的"和谐哲学"的转换。它强调在合作中求生存，在竞争中谋发展，在共同创造社会成果的同时共享社会发展成果，在尊重多样性的前提下追求和谐性。

2. 由"统一性思维"到"多样性思维"

由"统一性思维"到"多样性思维"本身也是社会进步的表现。目前中国社会存在的多样性主要是1978年以来改革开放的产物。自改革开放以来，我国经历着一场深刻的社会转型，社会结构发生了深刻的变化，它直接影响每一个中国人的生存方式、价值观念等方方面面。随着市场经济的发育，个体获得了对于群体的一定的独立性，与之相伴，个体意识、能力意识、竞争意识均得到了承认和增强，个体的优先性和能力的生成性日益凸显。实际上，从计划经济到市场经济不仅是经济体制的转型，更是社会心理和人的思维方式的转换。在计划经济条件下，我们所面临的时代背景主要是，权力配置资源，社会心理主要是"官本位"和"关系本位"，实行一元化，人们普遍追求做官，强调服从和听话，强调管制，这极容易形成依附性人格。与此不同，在市场经济条件下，市场在资源配置中起主导作用，社会倡导的主要是"能力本位"与个性差异，人们普遍追求利益最大化。于是，利益主体多样性、差异性和多元化日益凸显出来，凭本事吃饭，凭能力发展，凭能力公平竞争，成为时代的强音，这在客观上要求人格独立，也为多样性思维提供了现实基础。在思想领域，如果只有"多"而没有"一"，必然分化。另外，在思想领域，如果只有"一"而没有"多"，必然僵化。[①]实际上，分化和僵化都是我们应该避免的。因此，应在坚持主旋律的前提下，倡导多样性思维。

3. 由注重阶级价值观到注重阶层价值观与共同价值观的统一

由注重阶级价值观到注重阶层价值观与共同价值观的统一，是中国共产党人在思想观念上的巨大进步。在革命年代，中国共产党为了唤醒民族意识与国家意识，为了动员群众参与斗争的需要，比较注重"两极对立"的阶级价值观。而在和平和建设时期，随着改革的深入、社会的发展和利益的分化，矛盾和冲突凸显出来了，社会表达的多样化诉求应运而生。为了整合凝聚一切积极力量建设和谐社会，中国共产党人逐渐开始注重阶层价值观与共同价值观的统一。如前所述，这一过程大体经历了"动员参与期""利益分化期""表达诉求期"和"整合凝聚期"的逻辑轨迹。

随着社会经济的进一步发展，为了整合凝聚力量进行建设，必然提出阶层价值观与核心价值观统一的问题，而新的核心价值观则必须是一种具有权

---

① 参见韩庆祥、李海青：《努力在深入人心上下工夫》，《党建》2008年第3期。

威解释力、涵盖力、包容力和凝聚力的全社会普遍认同的价值观。只有这样的价值观，才能为广大人民群众提供一种共同的价值导向，为人的自由全面发展创造条件，为经济社会持续、健康和快速发展提供价值支撑。具体而言，就是要通过经济整合，寻求公平与效率、活力与秩序、富民与强国的新途径和新方式；通过政治整合，构建面向公共服务的能力型"有限—有效"政府和整合型稳定模式，促进社会公平正义；通过文化整合，构建社会主义核心价值观与基本价值观，培育自立人格与独立个性；通过社会整合，培育公民社会，构建和谐社会，促进个人的自由全面发展与社会的和谐进步。

4. 由注重"强国"到注重"强国"与"富民"的统一

大国崛起的逻辑是注重"强国"与"富民"的统一。中国共产党人在武装夺取政权的过程中，为动员群众，增强革命队伍的凝聚力，为建立新国家，对于"强国"非常执着，所以常不自觉地将国家民族利益置于个人利益之上，认为"强国"代表国家与民族的长远利益，因此一段时期里强调通过农业积累为工业化奠定初步基础，这无疑具有一定的历史必然性。随着党的地位由领导革命的党到执政党的历史转换，党的工作重心也必然要由革命向建设转变。与领导革命的党不同，执政而搞建设的党则往往从执政的现实出发，将"强国"与"富民"统一，更加注重民生、民意和人民诉求。

如今，坚持以社会主义核心价值体系引领社会思潮，尊重差异，包容多样，最大限度地形成共识成为社会主义核心价值观建构的关键。正如马克思所说："理论只要说服人，就能掌握群众；而理论只要彻底，就能说服人。所谓彻底，就是抓住事物的根本。"[①] 人的根本就是人本身。以人为本构建社会主义和谐社会作为整合凝聚的核心理念无疑具有重要价值，但关键是要把这一理念真正贯彻下去，使全体人民受益。和谐社会的基本价

---

① 《马克思恩格斯选集》第1卷，人民出版社1995年版，第9页。

值原则"定位"在以人为本，和谐社会的最高价值标准"定性"在人民的根本利益，和谐社会的最终价值目标"定格"在人的全面发展。和谐既包含稳定、协调，又高于稳定、协调，它是稳定和协调的本质与核心；既包含社会发展的动力机制，又包含社会发展的平衡机制，它是动力机制与平衡机制的统一；既体现公平，又促进效率，它是公平和效率的统一；既是一种价值目标，又是一种不断推进的现实社会历史过程，它是价值目标和社会历史过程的统一。所以，社会主义和谐社会是一种各尽其能、尊重诉求、各得其所、和谐相处而又共生共进的社会。

（三）问题的解决：
建构社会主义核心价值观的现实路径

在计划经济体制下，加强社会主义核心价值观整合力与凝聚力主要是靠政治动员，同样在社会主义市场经济条件下，社会主义核心价值观的建构也不可能完全是一个自发过程，需要适当的范导。

1. 深入研究社会主义的基本价值，充分认识经济文化落后国家建设社会主义的复杂性、艰巨性和长期性

马克思所设想的社会主义运动，应该发生在发达的资本主义国家。但俄国"十月革命"的胜利和新中国的成立改变了人们对马克思关于社会主义和资本主义命运的传统看法。事实上，马克思并没有讲过资本主义即将灭亡，他只是实事求是地指出了资本主义本质上是轻视人、蔑视人，进而使人非人化的制度，因而资本主义制度最终必然灭亡。但取代资本主义社会的新社会，究竟是一个什么样的社会，应不应该拘泥于计划经济，应不应该局限于公有制，应不应该囿于按劳分配，应不应该重建个人所有制等一系列问题，都是马克思所没有解答的难题，都需要我们沿着马克思开

辟的道路进行艰苦的探索。"由于现实社会主义都是在经济文化不够发达、政治民主化、社会法治化严重缺失的基础上建立起来的,腐朽传统的影响一时难以消解,以及对马克思主义的误解等等,几乎所有社会主义国家都产生过与以人为本的价值取向严重背离的失误。"① 一般而言,社会主义革命开始容易而完成则比较难,革命(破)相对容易而建设(立)则比较难。正如列宁所言:"由于历史进程的曲折而不得不开始社会主义革命的那个国家愈落后,它由旧的资本主义关系过渡到社会主义关系就愈困难。"② 怎么办?出路就在于在坚持社会主义基本价值的前提下深化改革。社会主义基本价值之一就是解放人与开发人。这必然要求在哲学理论上深入研究中国特色社会主义的基本价值,如劳动与资本、物与人、效率与公平、活力与和谐、自由与秩序,等等。只有在研究这些基本价值的过程中,才能树立社会主义核心理念。

2.增强社会主义先进文化的认同感,整合凝聚人心

建构社会主义核心价值体系,同样需要解决好认识、认知、认同的问题。文化认同的核心是运用自身文明的成就创造新的价值观。时下,文化认同危机问题不可忽视。"文化认同危机不仅危及文化安全,而且必然导致政治合法性危机,中国共产党人对重建文化认同,恢复民族文化自尊心和自信心应有更大的贡献。"③ 文化整合的出发点是多元价值观和强化文化认同,其落脚点则是构建核心价值观与明晰基本价值观,具体包括社会主义初级阶段核心价值观、社会主义和谐社会核心价值观、马克思主义基本价值观和中国特色社会主义基本价值观。笔者认同"中国特色社会主义价

---

① 参见徐贵权:《以人为本:价值取向的历史性回归》,《探索与争鸣》2005年第6期。

② 《列宁选集》第3卷,人民出版社1995年版,第436页。

③ 参见赵剑英:《文化认同危机与建构社会基本价值观的紧迫性》,《马克思主义与现实》2005年第2期。

值观应当是以劳动为核心价值观建构的价值体系"[1]和"认真研究中国特色社会主义的核心价值观问题，争取构建中国特色社会主义的核心价值观，可能是把中国特色社会主义理论和实践推向前进的一个着力点，也是进一步丰富和发展科学社会主义理论的一个切入点"[2]的观点。因为"一个社会的本质、特征和理想追求集中表现为该社会的基本的价值观念和价值取向。中国特色社会主义基本价值既是当代中国社会的本质规定、应然趋向以及大多数社会成员的根本利益的集中体现，同时也是马克思主义的本质精神与当代中国社会主义现代化建设实践相结合的结晶。在当代中国现代化建设过程中，民主、自由、富强、公正、和谐作为社会主义的基本价值各有其特殊的地位和作用。作为中国特色社会主义的基本价值，它们无论是在基本价值体系中还是在中国改革开放和社会主义现代化建设中都各有其特殊的地位和作用"[3]。传统文化是民族的文脉，是民族文化整合与文化认同的巨大思想资源。因此应"提升中国文化上的软实力，吸收世界各民族的优秀文化成果，丰富、优化自己的多重文化构成，同时坚持自己的核心文化特性，保持自己文化生成的自主能力和创造活力"[4]。使最广大人民的根本利益得到全面的实现是中国特色社会主义价值目标，中国特色社会主义有着多方面的内容和特征，处于核心地位的，是它的价值内涵和价值目标，尤其是核心价值。坚持中国特色社会主义，说到底，就是坚持中国特色社会主义的核心价值；建设中国特色社会主义，就是要使中国特色社会主义的价值目标，即最广大人民的根本利益得到全面的实现。[5]

---

[1] 谭培文：《当代马克思主义核心价值观的经济哲学视角探索》，《马克思主义与现实》2006年第1期。

[2] 李忠杰：《构建中国特色社会主义核心价值观》，《科学社会主义》2005年第2期。

[3] 参见侯才、栾亚丽、邓永芳：《中国特色社会主义的基本价值观》，《学习时报》2006年2月13日。

[4] 韩震、李雅儒：《多重文化认同》，《学习时报》2005年10月31日。

[5] 参见李忠杰：《构建社会主义和谐社会：对中国特色社会主义的新认识》，《求是》2005年第13期。

三、社会主义核心价值观的独特贡献

西方往往对中国改革发展有种根深蒂固的曲解和误解，认为中国的成功，对内主要靠"摸着石头过河"，对外主要靠"搭全球化便车"，由于缺乏自身明确的价值观和制度特质，因此中国成功具有极大的偶然性和不可持续性。社会主义核心价值观的提出、培育并践行有力地回击了这种曲解和误解，它表明中国在道路自信、理论自信、制度自信、文化自信基础上逐渐形成"价值自觉"和"价值观自信"，这有助于讲清楚中国成功的价值根源与独特贡献。

当今时代，社会思想观念和价值取向日趋活跃，价值观竞争成为全球话语体系和话语权竞争的重要方面。改革开放40多年，党的面貌、国家的面貌、人民的面貌、军队的面貌、中华民族的面貌都发生了前所未有的变化，这些变化为中国由大国迈向强国奠定了坚实的基础。不仅如此，改革开放还推动中国经济实力、科技实力、国防实力、综合国力进入世界前列，推动中国国际地位实现前所未有的提升。在笔者看来，从价值观和主体性的角度看，中国改革开放40多年最大的成就也许就是提出、培育并践行社会主义核心价值观。这使中国人从精神上和价值观上由被动转为主动，成为价值观的同时代人。中国共产党人不是价值观上的虚无主义者，而是有着坚定的价值追求和价值观自觉。这种价值追求概括起来就是为中国人民谋幸福、为中华民族谋复兴；这种价值观自觉概括起来就是以永不懈怠的精神状态和一往无前的奋斗姿态弘扬和践行社会主义核心价值观。

（一）社会主义核心价值观的出场背景

当前，在世界范围内，各种思想理论交流交融交锋日益频繁，为防止理论依附和思想混乱，中国在价值是非和思想原则上必须要保持战略自信和战略定力，关键是提升对中国和世界重大现实问题的判断力、批判力和建构力。

第一，提升判断力，精准判定"当代中国历史方位"。在过去、现在和未来的时间向度上，为防止在历史方位判定上缺位、错位和越位，既要看到中国发展的阶段性特征，也要明确中国发展的阶段性目标和阶段性任务，这样才能从思想理论上把握"中国向何处去"这一根本问题。笔者认为，中国社会发展的方式和任务取决于其所处的阶段。从中国社会发展方式和阶段性特征视角看，改革开放之初是"动员参与期"，其任务主要是动员参与，各尽其能，使社会活力迸发出来；继之而来的是"利益分化期"，其任务主要是各谋其利，造成社会差距拉大；再后来是"表达诉求期"，其任务主要是各言其志，尊重各阶层社会成员的正当利益诉求并使各种诉求通过合适的渠道表达出来；新时代是"整合凝聚期"，其任务主要是各得其所，协调各种力量和各方面的利益关系，寻求最大公约数，整合凝聚中国力量积极保障和改善民生。当前，中国是世界上最大的发展中国家，正在向社会主义现代化强国迈进。此时"如果一个社会没有共同理想，没有共同目标，没有共同价值观，整天乱哄哄的，那就什么事也办不成"[①]，也就不可能实现"两个一百年"奋斗目标和中华民族伟大复兴的中国梦。"中国特色社会主义是改革开放以来党的全部理论和实践的主题，是党和人民历尽千辛万苦、付出巨大代价取得的根本成

---

① 《习近平谈治国理政》第2卷，外文出版社2017年版，第335页。

就。"①党的十八大以来，中国特色社会主义进入新时代，中华民族迎来了从站起来、富起来到强起来的伟大飞跃。当前我国社会主要矛盾已经转化为人民日益增长的美好生活需要和不平衡不充分的发展之间的矛盾，但是"我国仍处于并将长期处于社会主义初级阶段的基本国情没有变，我国是世界最大发展中国家的国际地位没有变"②。为此，我们想问题、办事情一定要从社会主义初级阶段这一实际出发，而不能犯超越中国历史发展阶段的错误。

第二，提升批判力，精确回击所谓"普世价值"论。在当代中国，"普世价值"争论和"共同价值"建构决不是一个无关紧要的小问题，而是一个必须高度重视的大问题。原因在于，"普世价值"争论和"共同价值"建构不仅涉及如何理解价值和价值观的学理问题，而且涉及社会思想状态和大众人心稳定问题，还关涉中国如何在全球视野下建构自己的话语体系和提升自身话语权的政治问题③。仔细分析，理论争论和思想分化背后往往是利益分化，因为理论和思想背后往往是利益。分化并不是问题，问题是缺少整合的力量。当代中国最大的挑战也许就在于在多元分化的现实境遇下如何凝心聚力、建构秩序。"冷战结束以来，在西方价值观念鼓捣下，一些国家被折腾得不成样子了，有的四分五裂，有的战火纷飞，有的整天乱哄哄的。"④在价值观论争方面，根本分歧不在于纷繁复杂的表象，而在于西方价值观表述背后特定的立场和理念。所谓"普世价值"后面其实是特定的利益诉求、制度特质和意识形态。当代中国人决不能当"普世

---

①习近平：《决胜全面建成小康社会　夺取新时代中国特色社会主义伟大胜利——在中国共产党第十九次全国代表大会上的报告》，人民出版社2017年版，第16页。

②习近平：《决胜全面建成小康社会　夺取新时代中国特色社会主义伟大胜利——在中国共产党第十九次全国代表大会上的报告》，人民出版社2017年版，第12页。

③赖怡静、张艳涛：《共同价值的哲学基础与现实意义》，《人民论坛》2016年第14期。

④《习近平谈治国理政》第2卷，外文出版社2017年版，第327页。

价值"的思想俘虏。"普世价值"绝非单纯的学术概念,在浓密的学术外衣包裹之下则是以美国为首的西方发达国家的全球话语霸权及其强势政治诉求。正如马克思所指出的:"如果事物的表现形式和事物的本质会直接合而为一,一切科学就都成为多余的了。"[①]这提醒人们要拨开笼罩在自由、平等、民主和正义上面的迷雾,透视"普世价值"的实质,看清西方"非此即彼"思维方式的弊端,切中资本主义的本质。只有揭开笼罩在"普世价值"论上的面纱,才能从"价值自觉"和"价值观自信"的高度把握社会主义核心价值观核心要义,才能开辟人类共同价值凝练的新道路。我们认为,和平、发展、公平、正义、民主、自由,是全人类的共同价值。

第三,提升建构力,精心建构"中国理论"。面向中国问题,建构中国理论是当代中国学者的历史使命。当前中国正处于整体性结构转型关键期,此时中国道路与中国实践提出了大量问题,这给中国理论创新和思想创造提供了难得的契机。这既是一个需要理论而且一定能够产生理论的时代,也是一个需要思想而且一定能够产生思想的时代。一切有理想、有抱负的中国学者都应该立时代之潮头、通古今之变化、发思想之先声,积极为党和人民述学立论、建言献策,担负起历史赋予的光荣使命。如今,如何把"中国实践"和"中国经验"凝练概括提升为一种"中国理论",则是摆在中国学者面前的现实任务。"中国理论"既要力图本土化,又要具有世界眼光。因为"中国理论"决不仅仅是地方性知识,而且具有普遍的世界历史意蕴。中国理论创新和思想创造的主要目标是坚持和发展中国特色社会主义理论体系,根本价值追求则是彰显中华民族自立于世界民族之林的思想能力。只有如此才能从思想理论上把握"中国理论"建构这一重大现实问题。

人类社会发展的历史表明,"对一个民族、一个国家来说,最持久、

[①]《马克思恩格斯文集》第7卷,人民出版社2009年版,第925页。

最深层的力量是全社会共同认可的核心价值观。核心价值观，承载着一个民族、一个国家的精神追求，体现着一个社会评判是非曲直的价值标准"[1]。核心价值观不会自动生成，它需要人们选择、判断、凝练与建构。"简单否定自由、平等、民主、正义等人类共同价值是缺乏自信的表现；盲目接受西方的自由、平等、民主、正义等观念是自卑和迷信的表现。正是因为缺乏自信和迷信西方，因此当社会主义核心价值观提出后，有一种声音认为，中国终于接受了西方的"普世价值"，这是一种误解"[2]。社会主义核心价值观的提出、培育并践行有力地回击了这种曲解和误解，它表明中国在道路自信、理论自信、制度自信、文化自信基础上逐渐形成"价值自觉"和"价值观自信"，这有助于讲清楚中国成功的价值根源与独特贡献。

（二）社会主义核心价值观蕴涵的三大因素

社会主义核心价值观不是横空出世，也不是空穴来风，而是具有深厚的中国传统文化、现代化和社会主义基础。其实，社会主义核心价值观主要蕴涵三大因素：中国传统文化因素、现代化因素和社会主义因素，与之相应，社会主义核心价值观的价值根源与独特贡献就蕴涵在复兴、包容与创新之中。在转化与发展、吸收与借鉴、坚持与发展中凝结中国精神、凝练中国价值、凝聚中国力量，为中国由大国迈向强国提供价值指引。

1.不忘本来，才能开辟未来。所谓复兴，不是复古走"老路"，而是要推进中华优秀传统文化的创造性转化与创新性发展，传承中华优秀传统文化的基因

中华优秀传统文化是涵养社会主义核心价值观的重要源泉，关键是处

---

[1]《习近平谈治国理政》，外文出版社2014年版，第168页。
[2] 张艳涛：《普世价值争论走向共同价值凝练》，《人民论坛》2017年第8期。

理好转化和发展的关系，重点要做好创造性转化和创新性发展。

对人类发展有较大贡献是实现中华民族伟大复兴的中国梦的应有之义。中国应当对世界文明有较大的贡献，当代中国人应该有这个雄心壮志。古代中国曾对世界文明作出过巨大贡献。近代以来，随着工业革命以及殖民主义的扩张，此时主导力量向资本和科技转移，由于近代中国缺乏这两种力量，从此西方国家主导人类历史长达300多年。中国作为世界几千年历史上唯一连续的文明体，诚如毛泽东在1956年发表的《纪念孙中山先生》一文中所写："中国应当对于人类有较大的贡献。而这种贡献，在过去一个长时期内，则是太少了。这使我们感到惭愧。"[①]邓小平在20世纪80年代曾指出，到21世纪中叶中国可以达到中等发达国家的水平，"为人类做更多的事情"，并说，中国坚持社会主义和和平政策，"我们的路就走对了，就可能对人类有比较大的贡献"[②]。习近平总书记指出："中国的发展是世界的机遇，中国是经济全球化的受益者，更是贡献者。"[③]可见，中国发展不是"破坏性力量"，而是"建设性力量"。实现中华民族伟大复兴主要是在对人类文明的贡献意义上讲的。如今，我们比历史上任何时期都更有信心、更有能力实现这一伟大梦想。

历史地看，社会主义核心价值观是社会主义核心价值体系的内核，不仅反映了社会主义核心价值体系的丰富内涵和实践要求，更是对中华文化的创造性转化与创新性发展。核心价值观是文化软实力的灵魂和文化软实力建设的重点，它承载着一个民族、一个国家的精神追求，是最持久、最深层的力量。如果缺少这一追求和力量，中国不可能崛起、中国梦也不可能顺利实现。"一个国家的文化软实力，取决于其核心价值观的生命力、

[①]《毛泽东文集》第7卷，人民出版社1999年版，第156—157页。
[②]《邓小平文选》第3卷，人民出版社1993年版，第224、233、158页。
[③]《习近平谈治国理政》第2卷，外文出版社2017年版，第484页。

凝聚力、感召力"①。中华文明绵延数千年，必然有其独特的价值体系，为此，培育和践行社会主义核心价值观，应推动中华优秀传统文化创造性转化和创新性发展，从中汲取丰富营养。社会主义核心价值观是中国最大公约数，对内，有利于凝心聚力为实现"两个一百年"奋斗目标和中华民族伟大复兴的中国梦奠定价值基础，对外，有利于塑造良好的中国形象。"人无精神则不立，国无精神则不强。精神是一个民族赖以长久生存的灵魂，唯有精神上达到一定的高度，这个民族才能在历史的洪流中屹立不倒、奋勇向前。"②可见，培育和践行社会主义核心价值观，有助于更好地弘扬中国精神、创新中国文化、坚持中国道路。

2.吸收外来，才能开辟未来。所谓包容，不是西化走"邪路"，而是要吸收借鉴一切先进文化和文明成果，为我所用。现代化因素是涵养社会主义核心价值观的重要养分，关键是处理好吸收与借鉴的关系，重点要做好自主性吸收和批判性借鉴

现实地看，人类文明并无高低优劣之分，各种文明只有在相互交流中取长补短和互学互鉴，才能获得共同的繁荣和进步。为此，不能要求有着不同文化传统、历史遭遇、现实国情的国家都采用一种发展模式。"世界上没有放之四海而皆准的具体发展模式，也没有一成不变的发展道路。历史条件的多样性，决定了各国选择发展道路的多样性"③。实际上，人类文明因平等包容而变得丰富多彩。为此，应尊重不同道路选择，因为一个国家道路合不合适，只有这个国家的人民才最有发言权。正是由于中国崛起及其示范效应，广大发展中国家才认识到后发现代化国家实现现代化不仅是必要的，而且是可能的，关键是走对路。

核心价值观蕴含着新的时代精神，是最现代、最先进的力量。每个时

---

① 《习近平谈治国理政》，外文出版社2014年版，第163页。
② 《习近平谈治国理政》第2卷，外文出版社2017年版，第47—48页。
③ 《习近平谈治国理政》，外文出版社2014年版，第29页。

代都有每个时代的精神，每个时代都有每个时代的价值观念。一个国家、一个民族的精神追求，必须契合时代精神。我们积极倡导富强、民主、文明、和谐，这是国家层面的价值目标；倡导自由、平等、公正、法治，这是社会层面的价值目标；倡导爱国、敬业、诚信、友善，这是个人层面的价值目标。"三个倡导"确立了当代中国最基本的价值观念，回答了我们要建设什么样的国家、建设什么样的社会、培育什么样的公民的重大问题。社会主义核心价值观把国家、社会、公民的价值要求融为一体，"既体现了社会主义本质要求，继承了中华优秀传统文化，也吸收了世界文明有益成果，体现了时代精神"[1]。当代中国思想解放和价值观念更新必须以社会主义核心价值观为导向，不能偏离和背离社会主义核心价值观，而要着眼于中国国家文化软实力的增强和中国话语权的提升。

3.面向未来，才能开辟未来。所谓创新，不是僵化和保守，而是走"新路"，坚持实践创新、道路创新、理论创新、制度创新、文化创新以及其他方面创新，坚定道路自信、理论自信、制度自信、文化自信。社会主义先进文化是培育社会主义核心价值观的重要资源，关键是处理好坚持与发展的关系，重点要做好"在坚持中发展"和"在发展中创新"

用未来的眼光看，核心价值观蕴含着国家、社会、人民的价值追求，是最根本、最内在的力量。只有改革创新，中国才能跻身世界优秀民族之林，也才能赢得尊重、赢得未来。社会主义核心价值观不仅传承了中国优秀传统文明的精华，而且吸收借鉴了人类文明一切有益成果，更为关键的是坚守了社会主义先进文化的前进方向。经过40多年的改革开放，在跨过一定物质层面门槛后，决定中国前途命运的，一定程度上是精神层面特别是核心价值观的凝练和确立。当今世界，大国崛起必定伴随文化软实力

---

[1]《习近平谈治国理政》，外文出版社2014年版，第169页。

和精神力量强大。如果中国要成为一个强国、中国社会要成为一个和谐社会、中国人要成为当代思想的同时代人，就必须重视社会主义核心价值观建设。

社会主义核心价值观不仅体现了社会主义意识形态的本质要求，而且体现了社会主义制度在思想和精神层面的根本性质和基本特征，凝结着社会主义先进文化的精髓，是中国特色社会主义道路、理论体系、制度及文化的现代表达。因此，培育和践行社会主义核心价值观有助于更好地塑造中国形象、有助于建设和谐社会、有助于培育现代公民。培育和践行社会主义核心价值观，关键是把社会主义核心价值观内化为人们的精神追求，外化为人们的自觉行动。这就需要在落细、落小、落实上下功夫，引导人们在为家庭谋幸福、为他人送温暖、为社会作贡献的过程中自觉提升精神境界、培养文明风尚、滋养美好心灵。

（三）社会主义核心价值观的独特贡献

社会主义核心价值观的独特贡献就在于复兴、包容与创新三个向度，体现了创造性转化与创新性发展的统一、自主性吸收和批判性借鉴的统一、在坚持中发展和在发展中创新的统一。具体而言，社会主义核心价值观引领和推动下的中华民族的伟大复兴，既包括复兴中华文明并推动中华文明走向世界，又包括包容西方文明并建构人类共同价值体系，还包括创造人类文明新形态并构建人类命运共同体，实现人类互利共赢永续发展，深化了对共产党执政规律、社会主义建设规律、人类社会发展规律的认识，使中华民族以更加昂扬的姿态屹立于世界民族之林。

当前，面对中华民族伟大复兴的战略全局及世界百年未有之大变局，笔者认为，有效防止西化、分化和僵化，关键是改革创新，实事求是地分析和解决问题，切实把马克思主义和中国特色社会主义说清楚、讲明白，真正入心入脑。改革开放以来，中国增强了对世界的认识和理解，同时，世界各国也越来越想知道中国人的世界观、人生观、价值观。我们要从价值观进步和人的现代化角度准确评估中国的历史性进步，认识到我们所追求的中国特色社会主义，不仅物质财富要极大丰富，精神财富也要极大丰富，不仅要丰富人民精神世界，而且要增强人民精神力量。

第一，坚定文化自信和保持战略定力，不为各种错误思潮所左右。

中国逐渐强大，更要坚定自信。所谓更要坚定自信就是，既要坚定中国道路自信、理论自信、制度自信、文化自信，又要坚定价值观自信，牢牢掌握我国意识形态的领导权和话语权。正如习近平总书记所指出的，当今世界，要说哪个政党、哪个国家、哪个民族能够自信的话，那中国共产党、中华人民共和国、中华民族是最有理由自信的。唱响主旋律，弘扬正能量，传承红色基因，巩固马克思主义在意识形态领域的指导地位，永远在路上。尤其是在互联网语境下，更要高扬马克思主义旗帜。"马克思主义是我们党的指导思想，共产主义是我们党的远大理想。没有马克思主义信仰、共产主义理想，就没有中国共产党，就没有中国特色社会主义。"[①]"国内外各种敌对势力，总是企图让我们党改旗易帜、改名换姓，其要害就是企图让我们丢掉对马克思主义的信仰，丢掉对社会主义、共产主义的信念。"[②]。我们要认清西方"普世价值"暗藏的玄机，如果中国用西方资本主义价值体系来裁剪中国实践，那后果将不堪设想。我们要加强对各种社会思潮的辨析和引导，不当旁观者，要敢于发声亮剑，善于解疑释惑，不为各种错误思潮所左右。关键是要不为任何风险所惧，不为任何干扰所惑，坚定"任凭风浪起，稳坐钓鱼船"的战略定力和大国心态。

---

① 《习近平谈治国理政》第2卷，外文出版社2017年版，第326页。
② 《习近平谈治国理政》第2卷，外文出版社2017年版，第327页。

第二,做好思想储备和理论储备,建构面向中国问题的"中国理论"。

中华民族必须要创造自己的哲学社会科学理论,并以此提升哲学社会科学的民族性和标示出中国思想的路标。在中国崛起的过程中,思想者必定会有更大的作为。然而长期以来,一些人习惯于用"西方理论"来解释中国现实,认为西方理论不证自明和天然正确,一些人热衷于用"西方话语"来解说中国现实,认为中国处处不如西方,一些人用西方所谓"普世价值"来解构中国现实,认为中国在向西方靠拢和看齐。这些非反思和非批判的观点和看法在理论上是根本站不住脚的,在实践上是危险且有害的。当前,中国必须跳出西方话语体系和"西方标准"的陷阱,实现中国话语理论的创新,关键是切中中国问题,建构融通中外的新概念、新范畴、新表述。为此,要从政治话语、学术话语、大众话语和世界话语四个层面全面推进中国话语的世界表达,多管齐下讲清中国道路、讲透中国文化、讲好中国故事、讲出中国精神,切实把中国发展优势和制度优势转化为话语优势和理论优势。

第三,积极参与全球治理,为人类对更好社会制度的探索提供中国方案。

当前,人类正处在大变革大调整时期,如何使发展起来的中国对人类有较大的贡献?关键是积极参与全球治理,为人类对更好社会制度的探索提供中国方案、贡献中国智慧。中国方案就是构建人类命运共同体,实现共赢共享,这是中国成功的根本秘诀,也是中国的比较优势。当前,"中国特色社会主义进入新时代,在中华人民共和国发展史上、中华民族发展史上具有重大意义,在世界社会主义发展史上、人类社会发展史上也具有重大意义"[1]。西方推行的所谓"普世价值"论始终坚持"西方的就是最好

---

[1] 习近平:《决胜全面建成小康社会 夺取新时代中国特色社会主义伟大胜利——在中国共产党第十九次全国代表大会上的报告》,人民出版社2017年版,第12页。

的"，而中国方案则揭示了"没有最好，只有更好"。中国方案作为一种全新的现代化路径，打破了西方对现代化道路解释权的垄断，结果把世界现代化道路从"单选题"变成了"多选题"，是一种新发展观和新文明观。

党的十八大以来，中国用马克思主义中国化的最新成果——习近平新时代中国特色社会主义思想指导中国实践，这使中国获得了强大的理论创造力、思想主动性和民族自信心。我们要认识到中国道路自信源于中国道路创新、中国理论自信源于中国理论创新、中国制度自信源于中国制度创新、中国文化自信源于中国文化创新、中国价值观自信源于中国价值观创新，可见，没有创新也就没有自信。

综上所述，社会主义核心价值观引领下的中国道路不仅对世界作出了生存性贡献和发展性贡献，而且还作出了和平性贡献与文明性贡献。就此而论，中国道路所蕴含的社会主义核心价值观及其展开有可能构成一个对现代西方文明模式的"补充性方案"或"替代性方案"。在中国由大国迈向强国的历史征程中，我们不仅要建设现代文明国家、现代文明社会，而且还要培养现代文明公民，这不仅造福中国，而且造福世界。

参考文献

一、著作类

1.《马克思恩格斯选集》(第1—4卷),人民出版社1995年版。

2.《马克思恩格斯文集》(第1—10卷),人民出版社2009年版。

3.马克思:《1844年经济学哲学手稿》,人民出版社2000年版。

4.《列宁选集》(第1—4卷),人民出版社1995年版。

5.《列宁专题文集·论马克思主义》,人民出版社2009年版。

6.《列宁专题文集·论辩证唯物主义和历史唯物主义》,人民出版社2009年版。

7.《列宁专题文集·论资本主义》,人民出版社2009年版。

8.《列宁专题文集·论社会主义》,人民出版社2009年版。

9.《列宁专题文集·论无产阶级政党》,人民出版社2009年版。

10.《毛泽东选集》第1卷,人民出版社1991年版。

11.《毛泽东选集》第4卷,人民出版社1991年版。

12.《邓小平文选》第2卷,人民出版社1994年版。

13.《邓小平文选》第3卷,人民出版社1993年版。

14.《江泽民文选》第3卷,人民出版社2006年版。

15.《胡锦涛文选》第3卷,人民出版社2016年版。

16.《习近平总书记系列重要讲话读本(2016年版)》,人民出版社2016年版。

17.《习近平谈治国理政》第1卷,外文出版社2018年版。

18.《习近平谈治国理政》第2卷,外文出版社2017年版。

19.《习近平谈治国理政》第3卷,外文出版社2020年版。

20.《习近平谈治国理政》第4卷,外文出版社2022年版。

21.《习近平著作选读》第1卷,人民出版社2023年版。

22.《习近平著作选读》第2卷,人民出版社2023年版。

23.何毅亭主编:《以习近平同志为核心的党中央治国理政新理念新思想新战略》,人民出版社2017年版。

24.韩庆祥:《思想的力量:习近平总书记治国理政的总体思路与特点》,中共中央党校出版社2015年版。

25.韩庆祥、黄相怀等:《中国道路能为世界贡献什么》,中国人民大学出版社2017年版。

26.韩庆祥:《思想是时代的声音:从哲学到人学》,新世界出版社2005年版。

27.韩庆祥:《中国式现代化开创人类文明新形态》,浙江人民出版社2024年版。

28.韩庆祥:《领悟思想的力量》,吉林人民出版社2023年版。

29.韩庆祥:《面向"中国问题"的马克思主义哲学》,武汉大学出版社2010年版。

30.郑永年:《通往大国之路:中国的知识重建和文明复兴》,东方出版社2012年版。

31.陈曙光:《中国话语:说什么?怎么说?》,湖北人民出版社2017年版。

32.徐梦秋等:《规范通论》,商务印书馆2011年版。

33.王亚南:《中国官僚政治研究》,中国社会科学出版社1981年版。

34.高清海:《找回失去的哲学自我:哲学创新的生命本性》,北京师范大学出版社2004年版。

35. 唐爱军：《中国式现代化道路研究》，商务印书馆2023年版。

36. 施旭主编：《当代中国话语研究》(第一辑)，浙江大学出版社2008年版。

37. 张曙光：《现代性论域及其中国话语》，武汉大学出版社2010年版。

38. 吴瑛：《中国话语权生产机制研究》，上海交通大学出版社2014年版。

39. 高清海、胡海波、贺来：《人的"类生命"与"类哲学"》，吉林人民出版社1998年版。

40. 王晓升：《走出现代性的困境：法兰克福学派现代性批判理论研究》，江苏人民出版社2021年版。

41. 《黄枬森自选集：哲学的科学化》，首都师范大学出版社2008年版。

42. 孙皓晖：《强势生存：中国原生文明的核心力量（修订版）》，中信出版社2023年版。

43. 陈学明等：《走向人类文明新形态》，天津人民出版社2022年版。

44. 张奎良：《时代呼唤的哲学回响》，黑龙江人民出版社2000年版。

45. 陈先达：《走向历史的深处》，上海人民出版社1987年版。

46. 俞吾金：《重新理解马克思：对马克思哲学的基础理论和当代意义的反思》，北京师范大学出版社2005年版。

47. 刘森林：《历史唯物主义：现代性的多层反思》，中山大学出版社2016年版。

48. 何中华：《马克思与孔夫子：一个历史的相遇》，中国人民大学出版社2021年版。

49. 孙正聿：《思想中的时代：当代哲学的理论自觉》，北京师范大学出版社2004年版。

50. 孙利天：《让马克思主义哲学说中国话》，武汉大学出版社2010年版。

51. 白刚：《瓦解资本的逻辑：马克思辩证法的批判本质》，中国社会科学出版社2009年版。

52. 陈锡喜：《马克思主义：意识形态和话语体系》，华东师范大学出版社2011年版。

53. 李文阁：《回归现实生活世界：哲学视野的根本置换》，中国社会科学出版社2002年版。

54. 聂锦芳：《清理与超越：重读马克思文本的意旨、基础与方法》，北京大学出版社2005年版。

55. 许全兴：《马克思主义哲学自我革命》，中国社会科学出版社2009年版。

56. 石元康：《从中国文化到现代性：典范转移？》，生活·读书·新知三联书店2000年版。

57. 侯才：《马克思哲学的遗产》，黑龙江人民出版社2009年版。

58. 张有奎：《现代性的哲学批判：从马克思生存论角度的分析》，社会科学文献出版社2005年版。

59. 费孝通：《费孝通论文化与文化自觉》，群言出版社2005年版。

60. 丰子义：《走向现实的社会历史哲学：马克思社会历史理论的当代价值》，武汉大学出版社2010年版。

61. 韩庆祥、张艳涛等：《战略全局与能量凝聚：论伟大梦想》，浙江人民出版社2023年版。

62. 韩庆祥、张健、张艳涛：《中国特色社会主义基本原理》，人民出版社2013年版。

63. 韩庆祥、张艳涛：《论"四个伟大"》，北京联合出版公司2018年版。

64. 张艳涛：《现代性的哲学反思与"中国现代性"建构》，厦门大学出版社2021年版。

65.〔英〕乔纳森·沃尔夫著，段忠桥译：《当今为什么还要研读马克思》，高等教育出版社2006年版。

66.〔英〕特里·伊格尔顿著，李杨、任文科、郑义译：《马克思为什么是对的》，新星出版社2011年版。

67.〔美〕本杰明·史华兹著，叶凤美译：《寻求富强：严复与西方》，江苏人民出版社1995年版。

68.〔美〕杰里米·里夫金著，张体伟等译：《第三次工业革命：新经济模式如何改变世界》，中信出版社2012年版。

69.〔美〕伊曼纽尔·沃勒斯坦著，路爱国译：《转型中的世界体系：沃勒斯坦评论集》，社会科学文献出版社2006年版。

70.〔美〕马克斯韦尔·麦库姆斯著，郭镇之、徐培喜译：《议程设置：大众媒介与舆论》，北京大学出版社2008年版。

71.〔英〕诺曼·费尔克拉夫著，殷晓蓉译：《话语与社会变迁》，华夏出版社2003年版。

72.〔美〕亨廷顿著，周琪等译：《文明的冲突与世界秩序的重建》，新华出版社2010年版。

二、报刊类

1. 高清海：《中华民族的未来发展需要有自己的哲学理论》，《吉林大学社会科学学报》2004年第2期。

2. 陈先达：《历史唯物主义的史学功能：论历史事实·历史现象·历史规律》，《中国社会科学》2011年第2期。

3. 谢伏瞻：《加快构建中国特色哲学社会科学学科体系、学术体系、话语体系》,《中国社会科学》2019年第5期。

4. 孙正聿:《"说中国话"的马克思主义哲学:〈让马克思主义哲学说中国话〉的思路与意义》,《学习与探索》2012年第8期。

5. 李海青:《理解中国道路:有效建构中国话语的前提》,《理论视野》2015年第6期。

6. 韩庆祥:《全球化背景下中国话语体系建设与中国话语权》,《中共中央党校学报》2014年第5期。

7. 韩庆祥、张艳涛:《马克思哲学的三种形态及其历史命运》,《中国社会科学》2010年第4期。

8. 严书翰:《加强我国哲学社会科学话语体系建设的几个重要问题》,《党的文献》2014年第6期。

9. 韩庆祥:《中国话语体系的八个层次》,《社会科学战线》2015年第3期。

10. 韩震:《寻找和构建"真诚"的中国话语》,《对外传播》2015年第7期。

11. 陈曙光:《中国话语与话语中国》,《教学与研究》2015年第10期。

12. 陈曙光:《中国式现代化的世界历史意义》,《马克思主义与现实》2023年第4期。

13. 欧阳康:《中国哲学话语体系的反思与建构》,《光明日报》2015年6月10日。

14. 郭建宁:《构建当代中国哲学社会科学话语体系的正确维度》,《中国社会科学报》2014年11月5日。

15. 孙正聿:《从大历史观看中国式现代化》,《哲学研究》2022年第1期。

16. 贺来:《哲学理论创新的基本要素:以德国古典哲学研究为个案》,《江海学刊》2014年第1期。

17. 袁祖社：《当代文明形态变革之主题自觉发展与中国式发展理念的实践—价值逻辑》，《学习与探索》2016年第1期。

18. 王庆丰：《历史唯物主义与中国问题》，《天津社会科学》2011年第4期。

19. 孙亮：《历史唯物主义对"中国问题"的三重建构意义》，《中国社会科学报》2010年9月30日。

20. 丰子义：《中国式现代化道路的文明价值》，《前线》2022年第3期。

21. 丰子义：《为世界文明发展作出重大贡献》，《人民日报》2022年11月2日。

22. 崔唯航：《让马克思主义哲学说汉语：旨趣与路径》，《山东社会科学》2012年第7期。

23. 郗戈：《历史唯物主义中国化与中国现代性建构》，《江海学刊》2012年第1期。

24. 许锦云：《文明类型理论与中国特色社会主义》，《探索》2011年第1期。

25. 姜飞：《18世纪以降文化与文明的话语博弈》，《华中师范大学学报（人文社会科学版）》2013年第6期。

26. 刘森林：《文化、虚无主义话语与社会发展：德国和俄国对中国的启示》，《西南大学学报（社会科学版）》2014年第1期。

27. 梁孝、童萍：《话语权：社会科学普遍性与特殊性之争的焦点》，《思想战线》2011年第1期。

28. 刘同舫：《构建人类命运共同体对历史唯物主义的原创性贡献》，《中国社会科学》2018年第7期。

29. 吴晓明：《马克思主义中国化与新文明类型的可能性》，《哲学研究》2019年第7期。

30. 韩庆祥、张艳涛：《当代中国的整体转型与力量转移》，《毛泽东邓小平理论研究》2016年第1期。

31. 丰子义：《从世界现代化看中国式现代化》，《北京师范大学学报（社会科学版）》2023年第1期。

后　记

习近平总书记强调，要"加快构建中国话语和中国叙事体系，……形成同我国综合国力和国际地位相匹配的国际话语权"。在全球化时代，中国人要牢牢掌握阐明中国道路、解读中国奇迹的话语权。2024年是中华人民共和国成立75周年，借助举国庆祝的契机，立足强国建设和民族复兴的视野，我循着"中国道路—中国奇迹—中国理论—中国方案—中国话语"的逻辑，再一次深入思考"全球视野下中国话语体系建构与中国话语权提升"问题。本书部分内容曾在国内学术期刊发表，如《哲学研究》《人民论坛》《思想教育研究》《厦门大学学报（哲学社会科学版）》《吉首大学学报（社会科学版）》《福建论坛》《社会科学》《中国浦东干部学院学报》《中共天津市委党校学报》等，首先，感谢这些报刊和论文的编辑，没有他们的帮助，就没有我学术的成长与成熟。

其次，感谢中共中央党校出版社的任丽娜主任和桑月月、马琳婷编辑，她们认真专业的编校使我在该社出版的第一本学术著作能够顺利出版，这也是我献给母校的一份小礼物。我于2004年9月至2007年6月在中共中央党校攻读博士学位，师从韩庆祥教授，一晃已经20年了，秉承中共中央党校"实事求是"的校训和"为党育才、为党献策"的初心，我如今又到中共厦门大学委员会党校任副校长，我会用情用力耕耘好党校事业这份"责任田"。

最后，感谢博士研究生钟文静、高晨、吴美川、杨安、刘金华、陈惠莲、王婧薇和硕士研究生张晓、林倩倩、张瑶、潘虹旭在该研究中的大力支持,如今她(他)们大多已毕业并工作,从一定意义上来说,本书是师生集体智慧的结晶。博士研究生洪钧,硕士研究生柯陈朗、温良潇、王博文、青羽锐校对了书稿,在此一并表示感谢!

张艳涛于厦门大学囊萤楼

2024 年 10 月 7 日